KB138811

셸던의
중국 지도

셸던의 중국지도

2018년 10월 12일 제1판 1쇄 인쇄
2018년 10월 26일 제1판 1쇄 발행

지은이   티모시 브룩
옮긴이   조영헌, 손고은
펴낸이   이재민, 김상미

편집   이상희
디자인   달뜸창작실, 정희정

종이   다올페이퍼
인쇄   천일문화사
제본   정문바인텍

펴낸곳   너머북스
주소   서울시 종로구 자하문로24길 32-12 2층
전화   02) 335-3366, 336-5131 팩스 02) 335-5848
홈페이지   www.nermerbooks.com
등록번호   제313-2007-232호

ISBN 978-89-94606-53-8 93910

너머북스와 너머학교는 좋은 서가와 학교를 꿈꾸는 출판사입니다.

셀던의
중국 지도

잃어버린 항해도, 향료 무역

그리고 남중국해

티모시 브룩 지음

조영헌 · 손고은 옮김

너머북스

차례

한국어판 머리말 》

　이 책은 17세기에 세상에서 사라진 후 21세기에 와서야 모습을 드러낸 중국의 벽지도壁地圖 한 장을 다루었다. 이 지도가 세계적으로 이동하는 과정도 이 책의 관심사이지만, 더 중요하게 다룬 부분은 이 지도가 탄생한 과정을 밝혀내는 작업이었다. 동시대에 제작된 다른 지도와 다르게 생겼다는 단순한 이유만으로도 이 지도는 '이상한' 지도다. 모든 지도는 이전 지도를 복사하면서 시작된다는 지도 역사의 첫 번째 규칙을 깨는 것처럼 보이기 때문이다. 그러나 이 경우에는 꼭 그렇게 볼 수 없으며, 적어도 꼭 그렇지는 않다. 그 속에 내가 하려는 흥미로운 이야기가 담겨 있다.

　이 지도는 이를 구입하고 옥스퍼드대학교 보들리안도서관에 기증한 영국 변호사 존 셀던John Selden(1584~1654)을 기리기 위하여 '셀던 지도'로 불린다. 셀던은 이 지도를 '중국 지도'라고 불렀고, 옥스퍼드대학교에 기증될 때 도서관 사서 역시 그렇게 목록화했다. 그러나 한국 독자들이라면 즉각 알아차리겠지만, 이는 중국에 관한 지도가 아니다. 한국을 비롯하여 광범위한 도서 지역을 포함하는 동아시아 지역 전체 지도다. 그렇다면 왜 한국은 이 책의 주제로 등장하지 않는가? 이것은 타당한 질문이다. 그 답은 셀던 지도의 내용, 목적과 관련이 있다.

한국이 이 책에 등장하지 않는 이유는 이 지도의 목적이 중국이나 심지어 동아시아를 보여주려는 것이 아니었기 때문이다. 이 지도의 목적은 독자들에게 이 지역 항구 도시들 사이를 항해하는 방법을 보여주는 것이었다. 한국 독자들은 17세기 초에 조선이 외국과 무역을 환영한 나라가 아니었다는 사실을 잘 알 것이다. 조선인들은 어업을 하거나 해안을 따라 여행하려고 바다로 나갔지만, 무역이 주목적이 아니었고 게다가 합법적이지도 않았다. 해상무역은 금지되었다. 외국 항구로 항해하는 것을 꿈꾸는 조선인 선장은 없었을 테고, 어떤 외국 상인도 허락 없이 조선 항구로 항해하는 것을 꿈꾸지 않았을 것이다.

그런 이유로 중국 명조 이래 많지 않은 항해 기록 어디에도 조선이 도착지로 포함되지 않았다. 셀던 지도 제작자 역시 이러한 기록에 의존했으므로 조선 항구 또는 조선 항구와 다른 항구의 거리에 대한 정보를 갖고 있지 않았다. 조선이 지도에는 등장하지만, 그의 계산에는 빠져 있었다. 그는 조선이 위치한 곳을 가늠해서 그리고 그곳에 '조선朝鮮'이라고 적었지만 그 모양은 이상했다. 우리가 현재 알고 있는 한국과 달리 셀던 지도에서는 양쯔강 하구까지 남쪽으로 길게 뻗어 있는 좁은 반도로 보인다. 이것이 이 중국 해양지도 제작자가 할 수 있는 최선이었다. 그에게 조선은 사실상 지도에서 중요하지 않았다.

셸던 지도가 처음 채색되었을 때 바다는 파랗게 보였겠지만, 시간이 흐르면서 페인트에 들어 있던 구리가 녹색으로 변했다. 지도를 자세히 보면 구리 산화가 훨씬 많이 된 두 부분이 있다는 것을 알 수 있다. 하나는 유럽인들이 향료제도Spice Islands라 부르는 보르네오 동남쪽으로, 지도 오른쪽 아랫부분에 있다. 다른 하나는 조선을 둘러싼 해역이다. 두 곳은 모두 지도 제작자나 다른 누군가가 원래 부분에 덧칠해 수정한 것으로 보인다. 한국과 산둥성山東省 사이 해양 공간은 이전에 그려진 부분에 덧칠해 지운 흔적이 희미하게 남아 있다. 덧칠하기 전 조선이 어떻게 생겼는지 우리는 알 수 없다. 우리가 아는 것이라곤 아마도 조선이 어떻게 보여야 하는지에 대한 생각을 달리한 지도 제작자가 무언가를 바꿨다는 사실이다.

더욱 흥미로운 것은 모양 자체다. 조선이 포함된 명나라 지도는 대부분 조선을 크고 뭉뚝하게 그렸지만, 일부 지도에서는 아시아 대륙 끝에 걸려 있는 길고 가는 반도로 묘사했다. 마침 후자의 예시로 스페인 세비야Seville의 인도문서보관소General Archives of India에 소장되어 있는 「고금형승지도古今形勝之圖」라는 1555년 인쇄된 지도가 있다. 우리가 이 특정 지도에 변화의 책임을 지게 할 수 있을지는 확언하기 어렵지만, 그 뒤부터는 유럽의 지도 제작자들이 한국을 이런 식으로 그리는 경향이 있었다. 이 책에는 그림 19와 그림 25 두 가지 예가 실려 있다. 네덜란드의 지도 제작자 혼디우스Hondius에게 1584년 한국은 단지

길고 가는 반도가 아니라 섬이었다(그는 '한국 섬'으로 표기했다). 영국의
지도 출판인 존 스피드John Speed는 1626년 아시아 지도에서 한국을 본
토에 다시 연결했지만, 여전히 가늘고 긴 형태를 따랐다.

　이런 식으로 조선을 묘사한 명나라 지도가 하나도 없기 때문에 사람
들은 셀던 지도 제작자가 조선을 그리려고 유럽의 아시아 지도를 참조
했다고 생각할지 모른다. 그가 만약 그랬다면 그것은 놀라운 일일 수
도 있지만 그렇지 않을 수도 있다. 무역은 세계 해양을 통해 더욱 복잡
한 관계망을 형성했는데, 바다를 항해하고 항해했던 곳을 지도로 남기
는 선원과 도선사導船士를 하나의 공동체로 끌어들였다. 셀던 지도 제
작자는 당시 조선인이 아니라 유럽인을 만나 그들의 지도를 보았을 개
연성이 훨씬 더 컸다. 세상은 빠르게 변하고 있었다.

　한국 독자들이 이 놀라운 이야기를 즐긴다면 이는 조영헌 교수 덕분
이다. 이 책은 그가 내 책을 한국어로 두 권째 번역한 결과물이다. 그가
내게 보여준 관심과 수고로운 번역 작업에 감사한다. 이번에는 손고은
선생이 동참했기에 그녀에게도 감사하는 마음을 전한다.

머리말 》

고지도 소식이 신문 1면을 장식하는 것은 매우 드문 일이지만, 2003년 미국 국회도서관에서 마르틴 발트제뮐러Martin Waldseemüller가 1507년에 만든 세계지도를 획득하면서 이 고지도가 신문 1면에 실리게 되었다. 아메리카의 출생증명서라고 알려진 발트제뮐러의 지도 가격은 무려 1,000만 달러를 호가했다. 정교하게 조각된 12개 목판으로 인쇄된 이 지도가 대단히 아름다웠으므로 1901년 이 지도를 재발견한 예수회학교 교사 조셉 피셔Joseph Fischer는 이것을 알브레히트 뒤러Albrecht Dürer(1471~1528)라는 위대한 예술가의 수공예 작품으로 생각했다. 물론 피셔의 추측은 잘못되었으나 그럴 만했다. 이 목판으로 1,000장이 넘는 지도를 인쇄했을 테지만, 현재 미국 국회도서관 현관에 전시된 것이 현존하는 유일한 판본이기 때문이다.

이 지도가 고가에 낙찰된 것은 아주 사소한 이유 때문이다. 바로 이 지도에 '아메리카America'라는 이름이 처음으로 나타났기 때문이다. 발트제뮐러는 남미의 검은색으로 칠해진 공간, 오늘날 파라과이가 위치한 지점에 '아메리카'를 새겨넣었다. 이 지명은 남극에서 북극으로 올라가는 왼편의 상당히 괴상하게 생긴 지형에 슬그머니 새겨놓았지만, 미국 의회는 이 지도가 그들의 필요를 만족시킨다고 생각했다. 이 지도로 새로운 대륙이 새 이름을 갖게 되었기 때문이다. 이는 발트제뮐러가 순전히 탐험가 아메리고 베스푸치Amerigo Vespucci(1454~1512)의 열렬한 추종자였기 때문이다. 만약 그가 크리스토퍼 콜럼버스 Christopher Columbus(1451~1506)를 추종했다면, 새로운 대륙을 콜럼비아라고 칭했을 것이다. 하지만 발트제뮐러에게 새로운 세계의 발견자는 베스푸치였다.

지도가 발행되고 9년이 지난 뒤 발트제뮐러는 완전히 새로운 방식으로 지도를 제작하기 위해 혁신적이었던 기존 지도를 폐기했다. 그 결과 1507년 만들어진 원판은 불필요한 존재가 되었고, 지도 역시 후세에 전해지지 않게 되었다. 하지만 지도가 한 장이라도 살아남은 것은 신부였다가 수학자가 된 자유분방한 영혼의 소유자 요하네스 쇠너 Johannes Schöner(1477~1547)가 이 지도를 구입해 사망하기 전까지 잘 보관한 덕분이다. 그는 이 지도를 가죽으로 된 서류가방에 넣어놓았는데, 최종적으로 독일 남부에 있는 볼페그Wolfegg성에 보관되었다. 그리고 1901년 볼페그성 기록 보관 담당자였던 헤르만 하프너Hermann Hafner가 이 성의 역사 기록물에 지대한 관심을 보인, 국경선 바로 건너편에 사는 오스트리아의 한 교사에게 성의 도서관 운영을 제의하면서 비로소 이 지도가 세상의 빛을 보게 되었다. 이 교사가 바로 조셉 피셔였다. 그는 바이킹Viking의 열광적인 팬으로, 초기 노르웨이 항해에 관심이 많아 이와 관련된 기록을 찾고 있었다. 이와 같이 여러 우연한 일이 연속되지 않았다면, 이 지도는 발트제뮐러에서 우리에 이르기까지 5세기라는 시간을 견뎌내지 못했을 것이다. 이 긴 역사를 시작한 쇠너는 과거의 거의 모든 것을 탐구하는 데 유용한 사물이 무시되는 것을 경계했다. 그는 1533년 "당신은 이 시대를 알고 있다You know the times"라고 언급했다. 그는 학예가 '너무 침묵한 나머지 경시되어 혹시라도 무지한 자들이 이를 완전히 쓸어 없애지는 않을까' 우려하며 지도를 보관했다.

이 책에서는 '셀던 지도Selden map'라고 불리는 색다른 지도를 다뤘다. 존 셀던이라는 영국 변호사가 1654년 이 지도를 옥스퍼드대학교 보들리안도서관에 유증遺贈했기에 지도에 이러한 이름이 붙었다. 지난 7세기 동안 가장 중요한 중국 지도로, 당시 중국인이 알고 있던 세계라는 조각, 즉 서쪽으로는 인도양에서 동쪽으로는 향료제도까지, 남쪽으로는 자바에서 북쪽으로는 일본까지 담고 있다. 이 지도가 오늘날까지 남게 된 것은 이것이 셀던 손에 들어갔고, 그가 지식의 생존에 대한 쇠너의 열정을 공유했기 때문이다. 이 지식은 영어로 된 것에 국한하지 않고 모든 언어로 된 지식을 말하는데, 여기에는 그가 이해하지 못한 중국어도 포함되었다. 이러한 노력 끝에 매우 다행스럽게도 셀던 지도가 살아남았다. 1,000여 장이 인쇄된 발트제뮐러 지도와 달리 셀던 지도는 색감을 입히는 모든 작업을 수작업으로 진행한 이 세상에 하나밖에 없는 지도다.

셀던 지도는 세로 160센티미터, 가로 96.5센티미터에 이른다. 물론 발트제뮐러 지도의 반밖에 되지 않는 크기이지만, 그래도 당시 이 지도가 만들어진 지역에서 아주 큰 벽걸이 지도Wall map 가운데 하나라고 볼 수 있다. 당시 중국이나 유럽에서 이렇게 큰 종이를 만들어내지 못했으므로, 벽걸이 지도를 이런 크기로 제작하려면 상당한 재주가 필요했다. 셀던 지도를 그린 사람이 활용할 수 있었던 가장 큰 종이는 128×65센티미터였다. 그는 이 종이 두 장을 활용해 크기 문제를 해결했다. 즉 한 장의 세로 부분(65센티미터)을 가운데로 잘라서 반쪽을 다른 종이 아래에 풀로 붙이고, 다른 반쪽을 오른쪽에 붙인 뒤 남는 부분을 잘라냈다.

발트제뮐러는 더 작은 종이(42×77센티미터)를 활용했다. 그는 종이를 풀로 붙여 큰 지도를 만들지 않고 지도를 12부분으로 나누어 목판 12장에 새긴 뒤 이를 종이 12장에 각각 인쇄했다. 이 지도 12장을 하나로 합치는 것은 온전히 지도 구입자 몫이었다. 발트제뮐러의 지도 디자인이 바뀌자 지도 구입자들도 기존에 구입한 12장짜리 지도를 모두 버렸다. 단 하나 예외가 쇠너 지도다. 이 지도는 도서관에 묻혀 있었기에 보존될 수 있었는데, 셀던 지도와 같은 것이었다. 두 지도 모두 새로 발견되면서 대중의 관심을 받기 시작했는데, 발트제뮐러 지도는 1세기 전부터, 셀던 지도는 바로 몇 년 전부터다.

두 지도 모두 매우 중요한데 그 이유는 각기 다르다. 발트제뮐러가 지도를 그린 당시는 '신대륙'이 알려지기 시작하던 때였다. 유럽에서 신대륙을 처음 알게 되면서 그는 기존의 목판 지도들이 더는 쓸모없다고 생각했다. 그래서 9년 뒤부터는 지구를 새롭게 더 잘 담을 수 있는 새로운 기하학을 활용한 목판 지도로 대체해버렸다. 마찬가지로 셀던 지도는 중국 쪽에서 '새로운 세계'를 알게 되면서 영향을 받았는데, 방향이 지구 반대편으로 바뀐 것이다. 이 지도 제작자는 중국의 전통적 지도 제작법을 잘 알았지만, 중국 너머의 세계를 담아내기 위해 전통 방식에서 벗어나 기존의 다른 중국 지도 제작자들이 하지 않은 방식을 시도했다. 그는 발트제뮐러와 같이 중국 너머의 땅과 바다에 대한 새로운 지식이 쇄도하자 이를 반영하는 지도의 세계를 다시 설계했다. 또 동아시아의 넓은 육지에 분포한 산, 나무, 꽃이 활짝 핀 자연을 섬세하게 담아냈는데, 종종 기발한 묘사 방식을 사용했다. 가령 모험하는 나비 두 마리가 고비사막을 날아다니는 묘사는 내가 좋아하는 부분이다.

발트제뮐러 지도가 아메리카라는 지명으로 마땅히 있어야 할 새로운 보금자리라고 볼 수 있는 미국 국회의사당에 자리 잡고 나라의 기초를 기념하는 주요 문서의 하나로 인정받기까지는 약 1세기가 걸렸다. 셀던 지도도 유사한 운명에 놓인 것인가? 비싼 값을 치르고 2011년 힘들게 복원된 셀던 지도는 현재 보들리안도서관에 전시되어 있다. 그럼 이 지도 이야기는 여기서 끝날까? 누군가 이 지도를 중국의 국가 정체성을 확인하는 기초 자료로 활용하기로 한다면, 이 지도의 미래는 아주 복잡해진다. 하지만 셀던 지도는 중국의 출생증명서가 아니다. 이 지도에는 중국에 대한 중국인의 호칭(중국中國)이나 당시 중국을 지배한 왕조(명明) 이름이 등장하지 않는다. 하지만 중국은 아주 오랫동안 알려진 지역이므로 중국이나 명이라는 지명은 당시 시점에서 역사적으로 중요한 요소가 아니었다.

출생증명서가 아니라면 어쩌면 입양증명서라고 할 수 있을까? 현재 중국은 동아시아의 모든 해양국가와 분쟁을 겪고 있는데, 그들은 동중국해와 남중국해에 흩어져 있는 섬 1,000여 개가 자신들 영토라고 주장하고 있다. 가장 잘 알려져 있으면서 논란의 대상이 된 사례로 타이완 동북 방향에 위치한 댜오위다오釣魚島, 남중국해에 위치한 파라셀Paracel군도(난사군도)와 스프래틀리Spartly군도(시사군도)다. 셀던 지도는 19세기 이전 이 지역의 바다와 섬들을 유일하게 중국 상황에서 그렸으므로, 현재 중국 정부가 주변국을 상대로 한 외교 분쟁에서 오랫동안 사라졌던 이 지도를 비장의 카드로 쓸 수 있다고 기대하는 이들이 있다.

이 책에서 나는 이 문제에 대해 셀던 지도가 외교 분쟁과는 무관하다는 점을 밝히겠다. 그럼에도 민족주의적 감성과 국가 이익을 위해 역사적 사실을 왜곡하는 강력한 힘은 있을 수 있고, 이에 대해 누가 뭐라 말할 수 있겠는가? 셀던 지도의 보험 가격은 발트제뮐러 지도 가격의 5분의 3 수준으로 책정되었다. 이것은 이미 4세기 가까이 시장에서 거래되지 않은 물건에 대한 임의적 추정일 뿐이다. 만약 이것이 실제 시장에서 거래된다면 그 값어치는 훨씬 높아질 것이다.

나는 이 지도가 값이 얼마나 나가는 골동품인지를 알리려고 이 책을 쓰지 않았다. 오히려 이 지도가 그려진 시대를 조망하려고 이 지도를 골랐다. 당시는 놀랄 만한 창의력을 바탕으로 변화가 이뤄지던 시대였다. 오래된 기초가 흔들리며 새로운 차원이 열렸고 논란 속의 새로운 생각이 기존의 진리를 대체해갔다. 수많은 일반 백성은 이러한 변화 속에서 일하고 살아남고 모험에 도전했다. 수많은 선박이 유럽 각지를 떠나 아시아를 향해 항해했다. 한 대륙에서 생산된 여러 상품과 물자가 다른 대륙의 경제를 새롭게 만들었다.

이러한 배경과 상반되게, 윌리엄 셰익스피어William Shakespeare (1564~1616)는 오페라 「템페스트The Tempest」를 초연했고, 벤 존슨Ben Jonson(1572~1637)은 뮤지컬을 만들어 제임스 1세 국왕을 즐겁게 했다. 시인이자 성직자인 존 던John Donne(1572~1631)은 연애시를 포기하고 설교문을 작성하라는 같은 귀족들의 압력을 받으면서도 이 둘을 모두 탁월하게 해나갔다.

셀던은 이러한 동시대인들과 함께 평생 런던에서 살았고, 법률 공부에 전심을 쏟아야 하는 시기에 충실하게 시를 많이 지었다. 그 시들은 분명 이류였는데, 아직 젊은이로 자신의 전문 분야를 찾지 못했기 때문이다. 그는 이후 동양학Oriental scholarship과 헌법에 기념비적 업적을 이루었다. 그 역시 유명한 작가들과 마찬가지로 영국 사회구조를 바꾸려고 했다. 그리고 이 모든 것이 이루어지면서 그의 이름을 딴 이 지도가 손에 들어오게 된 것이다.

나는 이 책을 이 지도로 시작하지 않으려고 하는데, 그 이유는 우리가 지도를 본격적으로 보기 전에 고려할 문제가 많기 때문이다. 사실상 이 지도를 설명하는 다른 문서가 거의 존재하지 않기에, 먼저 다른 분야부터 파헤칠 필요가 있다. 이 지도는 아주 복잡하게도 지구를 반 바퀴 돌아 이 지도를 만든 사람과는 전혀 다르게 세상을 보는 사람들 손에 들어갔고, 이것만으로도 설명해야 할 이야기가 두 배로 늘어난다. 당시를 수동적으로 묘사하는 것이 아니라 이 지도가 제작되고 이용되고 덧붙여진 시간과 공간을 밝혀내기 위한 밀도 있는 문서 작업이 필요하다. 지도 제작자보다 아는 바가 더 많든 적든 간에, 이 지도를 제대로 해독하려면 더 많은 분야를 파헤쳐야 한다.

이상하게 들릴지 모르지만, 이 책 한 권으로 이 지도의 세세한 부분에 숨겨진 모든 문을 열기는 턱없이 부족하다. 더구나 이 문들 사이로 연결된 수많은 복도를 여행하는 것도 쉽지 않은데, 이 복도를 통해 연결된 여러 방으로 들어가는 것은 더욱 힘든 일이다. 내가 들어갔던 방에서 마주한 엄청난 사건과 사람들은 처음 지도를 접했을 때 기대했던 것들과 완전히 다르다. 몇 가지만 소개하면, 런던에서 일본의 음란물을 불태운 사건, 만력제의 교역정책, 중국 나침판의 디자인, 새뮤얼 테일러 콜리지Samuel Taylor Coleridge(1772~1834)가 일부러 잘못 쓴 '제너두Xanadu'에 대한 일, 사람의 유해를 보들리안도서관에 기증하는 것, 성전 기사단Knights Templar의 선조 교회 등이다. 이 가운데 내가 예상했던 것은 나침판뿐이고, 나머지는 모두 전혀 기대하지 못했던 주제다. 하지만 아직까지 정확한 관련 정보가 거의 없는 셀던 지도를 역사적으로 정당하게 취급하려면 이 모든 요소를 빠짐없이 고려해야 한다.

마지막으로 이 책은 사실 지도에 관한 책은 아니다. 오히려 이 지도와 관련된 흥미로운 사람들의 이야기책이다. 만약 이 시대가 얼마나 풍요롭고 복잡했으며, 얼마나 지구적으로 긴밀히 연결되어 있었는지 보여줄 수 있다면 이 책의 모험은 성공할 것이다.

이 지도는 우리에게 다음과 같은 경고를 상기시킨다. 만약 현재 우리가 처한 곤경의 근원이라고도 할 수 있는, 과거 인간들이 부와 힘을 획득하기 위해서 한 노력과 관행에 무지하다면, 지금 우리 시대를 제대로 이해하는 일 역시 어려울 것이다. 물론 17세기 당시 그 누구도 남중국해에서 발생한 작은 사건과 갈등이 이후 도래할 제국의 시대 또는 오늘날 볼 수 있는 국가 지원 기업들이 연합하는 시대의 전조가 되리라고 예측하지는 못했을 것이다. 셀던 지도에 나타나는 항해자와 무역가들이 바다를 항해한 것은 단순히 돈을 벌기 위해서지 다른 무엇을 염두에 두지 않았다. 재미없는 욕망이 세상을 바꾸었다는 사실이 흥미롭다. 하지만 그들의 세상이 반드시 우리 시대와 달랐을 거라고 생각할 수 있을까? 쇠너가 담담하게 지적했듯이 "당신은 이 시대를 알고 있다 You know the times."

등장인물 》

리처드 콕스(Richard Cocks, 1566~1624)

영국 상인이며, 1613년부터 1623년 사이 일본의 영국 동인도회사 거
점을 운영했다.

마이클 심(심복종)(Michael Shen, 沈福宗 c.1658~1691)

난징의 한 의원의 아들로, 예수회 선교사 필립 쿠플레의 제자였다.
1683년부터 1691년까지 유럽에 체류했으며, 토머스 하이드와 함께 셸
던 지도에 주석을 단 인물이다.

벤 존슨(Ben Jonson, 1572~1637)

제임스 1세 치세 시기에 시인, 풍자 작가, 각본가, 엔터테이너로 활동
했으며, 존 셸던과 절친한 사이였다.

새뮤얼 퍼처스(Samuel Purchas, b.1577~1626)

목사였으나 에디터로 직업을 바꿔 유명한 여행자들의 이야기를 시리
즈로 엮어 출판했다. 1613년 『퍼처스의 순례』를 시작으로 1625년 『퍼
처스의 순례자들』을 출간했다. 존 셸던의 친구로 존 사리스와 친분이
있었다.

윌리엄 로드(William Laud, 1573~1645)

1628년 런던의 비숍으로 임명되었으며, 1630년 옥스퍼드대학교 총장
으로 선출되었다. 1633년 캔터베리이대주교로 임명되어 활동했으나
1645년 의회에서 처형당했다.

윌 아담스(Will Adams, 1564~1620)

영국인 선장으로 네덜란드 배에서 일하다가 1600년 조난을 당해 일본에 머물렀다. 1614년부터 1618년 사이 영국 동인도회사를 위해 여러 차례 일본과 동남아시아를 오가는 항해를 지휘했다.

이단(李但, b.1560s~d.1625)

일본의 '중국의 캡틴' 또는 히라도 중국인 공동체의 수장이다. 영국 동인도회사와 무역 파트너였으며, 정지룡의 멘토였다. 정지룡의 아들 정성공은 타이완의 아버지로 알려져 있다.

장섭(張燮, 1574~1640)

푸젠성 장저우 출신으로, 월항 지역 사람이다. 푸저우에서 1594년 과거시험을 통과해 거인擧人 자격을 획득했으며, 『동서양고』를 저술하였다.

장황(章潢, 1527~1608)

장시성 출신으로 과거에 낙방한 뒤 차세당此洗堂을 세워 운영했으며, 방대한 지식을 모아놓은 『도서편』을 편찬했다.

존 사리스(John Saris, 1579/80~1643)

1605년부터 1609년까지 반탐의 영국 동인도회사 직원이었으며, 동인도회사가 출항시킨 여덟 번째 항해단의 지휘관이었다.

존 셀던(John Selden, 1584~1654)

시인, 변호사, 동양학자, 법률 역사가, 의회 의원, 헌법 이론가로 활동했으며, 『닫힌 바다』의 저자이기도 하다.

존 스피드(John Speed, 1542~1629)

　판화가이자 지도 제작자이며, 영국사를 연구하던 역사가로 1627년에 영국의 첫 번째 세계 지도책을 출판했다.

지올로(Giolo, c.1661~1692)

　태평양제도 원주민이지만 1680년대에 이슬람 노예 무역상에게 잡혀 필리핀 남쪽 민다나오섬으로 팔려갔으며, 1692년 옥스퍼드에서 생을 마감했다.

토머스 하이드(Thomas Hyde, 1636~1703)

　동양학자이며 1659년에는 보들리안도서관 보조 책임자로, 1665년부터 1701년까지는 총책임자로 일했다. 1691년에는 아랍어 교수로, 1697년에는 히브리어 교수로 옥스퍼드대학교에서 재직했다. 셀던 지도에 주석을 단 인물이기도 하다.

주요 장소 》

난사군도(南沙群島, SPARTLY ISLANDS(Southern Shoals[Nansha]))

남중국해 보르네오의 북서쪽에 있으며 작은 섬 여러 개로 구성되어 있다. 중국, 베트남, 브루나이, 말레이시아, 타이완, 필리핀이 이곳의 영유권을 주장하고 있다.

류큐섬(RYUKYU ISLANDS)

일련의 섬으로 구성되어 있으며, 그중 가장 큰 섬은 오키나와다. 일본과 타이완 사이에 있다. 과거에 독립된 왕국으로 명조에 조공을 바쳤으나 이후 16세기부터 일본의 지배를 받았고 1895년 일본에 정식으로 합병되었다.

바타비아(BATAVIA, Jakarta)

자바 서쪽에 위치한 항구 도시로 1619년 네덜란드가 점령하여 네덜란드 동인도회사의 작전기지로 삼았다.

반탐(BANTAM, Bantan, Bantem)

자바의 서쪽 끝에 위치한 도시로 유럽인들이 남중국해에 도착했을 때 첫 번째 무역항으로 삼은 곳이며 1604년부터 1609년까지 존 사리스의 거처가 있던 곳이다. 1619년 이후로는 바타비아로 인해 쇠퇴하게 되었다.

시사군도(西沙群島, PARACEL ISLANDS(Western Shoals[Xisha], Hoangsa Islands))

남중국해 북서쪽에 있는 이곳에는 작은 섬 여러 개가 흩어져 있으며, 중국과 베트남이 서로 영유권을 주장하는 곳이기도 하다.

테르나테(TERNATE)

말루쿠Moluccas/Malukus 또는 향료제도Spice Islands의 작은 섬으로 17세기 향료 무역의 중심지였다. 1512년 포르투갈이 처음 '발견'했으며, 1580년에는 프랜시스 드레이크Francis Drake가, 1613년에는 존 사리스가 이곳을 방문했다. 1607년부터 1663년까지 스페인과 네덜란드가 이곳을 점령했다.

템플(THE TEMPLE)

영국 런던의 플릿가Fleet Street와 템스Thames 사이에 있는 지역으로, 예전에는 성전기사단Knights Templar이 거주하던 곳이었으며 나중에는 이너와 미들 템플Inner and Middle Temples이 위치했다. 이너와 미들 템플은 영국의 법정 변호사들이 소속되어 있는 4개 법학회관Inns of Court 중 2개다. 존 셸던의 사무실이 이너 템플에 있었으며, 그의 묘소도 템플교회에 있다.

하이난섬(HAINAN ISLAND)

중국 광둥성 남쪽 연해로부터 떨어져 있는 섬으로 명대에는 충저우琼州현이었다.

히라도(平戶)

큐슈의 항구 마을로 나가사키에서 가깝다. 1609년 당시에는 일본에서 중국과 유럽 상인들이 거주할 수 있었던 몇 안 되는 항구 중 하나였으며, 이단과 리처드 콕스가 머물렀던 곳이다.

타임 라인 》

1600   영국 동인도회사(EIC)가 런던에 세워짐

        윌 아담스가 일본 연해에서 조난을 당함

1602   네덜란드 동인도회사(VOC)가 암스테르담에 세워짐

        토머스 보들리가 옥스퍼드대학교에 보들리안도서관을 세움

        존 셀던이 런던의 법학회관(Inns of Court)에 들어가기 위해 옥스퍼드대학교를 떠남

1603   야코프 판헤임스커르크(Jacob van Heemskerck)가 포르투갈 함선 산타 카타리나호를

        장악함

1604   존 사리스가 영국 동인도회사 직원 신분으로 반탐에 도착함

1607   네덜란드 동인도회사가 테르나테에 거점을 마련함

1608   암스테르담에 있던 요도쿠스 혼디우스가 자신이 만든 세계 지도집(Map of the

        World)을 출판함

1609   장황이 죽음

        하위흐 더 흐로트(그로티우스)가 『자유로운 바다』를 출판함

        존 사리스가 반탐에서 런던으로 돌아옴

        에도 막부가 류큐를 복속함

1611   존 사리스가 아시아로 가는 여덟 번째 항해에 참여하라는 영국 동인도회사의 명을

        받아 런던을 떠남

1612   윌리엄 셰익스피어가 제임스 1세를 위해 『템페스트』를 무대에서 선보임

        존 셀던이 법정 변호사가 됨

1613	존 사리스가 일본에 도착하여 리처드 콕스를 히라도에 있는 영국 동인도회사를 총괄하도록 임명함
	새뮤얼 퍼처스가 『퍼처스의 순례』를 출간해 존 셀던에게 바침
	장황이 방대한 지식을 모아 편찬한 『도서편』이 출판됨
1614	명조가 연해안의 치안 유지를 위한 예산을 대폭 삭감함
	존 사리스가 영국으로 돌아감
1617	장섭이 『동서양고』 편찬을 마침
1618	제임스 1세가 존 셀던에게 그가 쓴 『십일조의 역사』에 대해 질의함
1619	네덜란드 동인도회사가 자카르타를 점령하고 그곳을 바타비아라고 새롭게 명명함
1620	만력제가 죽음
	벤 존슨이 제임스 1세에게 『달에서 발견된 신세계로부터 온 소식』을 무대에서 선보임
1621	제임스 1세가 '자신에게 알려진 국가적 이유'를 근거로 존 셀던을 구금함
1624	리처드 콕스가 영국으로 돌아오는 항해 도중 사망함
	이단의 무역 네트워크가 붕괴됨
1625	새뮤얼 퍼처스가 중국 지도 두 개가 포함된 『퍼처스의 순례자들』을 출간함
1627	존 스피드가 제작한 세계 지도집 『세계 유명지 일람』이 출간됨
1630	윌리엄 로드가 옥스퍼드대학교 총장으로 선출됨
1635	존 셀던이 『닫힌 바다』를 출간함
1644	만주족이 명조를 침략했고 그들이 세운 청조에 명을 흡수함

1652   말차몬트 니덤이 무단으로 『닫힌 바다』 역서를 출간함

1654   존 셀던이 런던에서 사망함

1659   셀던이 소장하던 도서들이 보들리안도서관으로 옮겨짐

        토머스 하이드가 보들리안도서관 보조 책임자로 임명됨

1661   정성공이 타이완에 주둔하던 네덜란드 동인도회사 세력을 몰아내고

        동녕왕국(東寧王國)을 세움

1665   토머스 하이드가 보들리안도서관 총책임자로 임명됨

1683   청조가 정성공이 세운 타이완의 동녕왕국을 정복하여 복속함

        엘리아스 애슈몰리가 옥스퍼드대학교에 애슈몰리박물관을 세움

1687   마이클 심(심복종)이 옥스퍼드대학교에 있는 중국 도서의 목록을 만들기 위해

        하이드를 방문함

1691   마이클 심이 중국으로 돌아가는 도중 모잠비크에서 사망함

1692   지올로가 런던에 도착한 뒤 옥스퍼드에서 사망함

이 지도에서 무엇이 문제인가

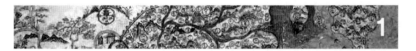

1

1976년 여름, 나는 우이관友誼關, Friendship Pass을 거쳐 중국을 떠났다. 탑승했던 기차가 우이관 남쪽의 둥그런 언덕들을 지나 천천히 베트남 북쪽으로 향하자 우리 시선에 열차 아래에 십자로 깊게 파인 도랑이 들어왔다. 아주 깊은 개울 몇 곳에서는 맑은 물이 자연의 흐름에 따라 콸콸 흘러갔다. 다른 곳들은 강바닥을 확장해 논으로 연결해놓았고, 벼 이삭은 아직 푸릇한 게 추수하기에는 일렀다.

뒤집어진 증기기관차 한 량이 그 협곡 가운데 놓여 있는데, 새까맣게 그을린 면을 위로 하고 널브러져 있는 모습이 마치 멸종된 주라기 괴물Jurassic beast같이 보였다. 베트남전쟁은 1년 전에 막 끝이 났으나, 전쟁의 상흔은 여전히 풍경 가운데 남아 있었다. 가령 새로운 기차 교량 아래로 이전 교량에서 재활용한 뒤틀린 대들보가 연결된 것은 대단히 인상적인 장면이지만, 좀 더 평범한 흔적은 더 많았다. 이미 전쟁은

잊히고 있었다. 풍경 속에서도 과거를 잊을 준비가 되어 있는 것처럼 보였다. 뒤집어진 기관차를 아래로 내려다보면서, 나는 복구 부대가 도착하기 전에 이미 협곡 인근의 아열대식물이 파괴된 기관차 주변에서 자라나 서서히 기관차를 덮어갈 모습을 상상할 수 있었다.

우이관은 '큰형' 중국과 '작은 아우' 베트남을 잇는 기찻길이 만나는 곳을 통칭하는 이름이다. 양국의 우정을 상징하는 장소였지만, 동시에 서로 적대시하는 의심의 눈초리가 도사리고 있는 경계선인 이곳에서는 이따금 소모적인 침략전이 일어나기도 했다. 1979년에는 중국이 베트남을 침략했는데, 이런 바보 같은 짓은 3년 전 내가 방문했던 평화롭고 아름답던 여름부터 지속되었다. 중국에서 교환학생 2년이 끝날 때쯤 나는 중국을 떠나 귀국하는 길로 라오스, 버마, 인도 그리고 아프가니스탄을 거쳐 돌아가는 제법 긴 우회로를 선택했다.

우리는 북쪽으로부터 우이관에 도착했다. 중국 열차가 흔들리며 멈추어 섰고, 협곡을 지나가는 베트남 열차로 갈아타기 전에 모두 기차역 안에 있는 국경 검열소를 통과해야 했다. 중국인도 베트남인도 아닌 사람은 우리 두 사람뿐이었으므로, 우리는 다른 줄에 서서 특별대우를 받았다. 내 차례가 오자 국경 검열관이 내 가방 안에 있는 물건들을 확인하기 위해 가방을 열어달라고 했다. 그는 무언가를 찾았고 곧 그것을 발견했다.

상하이를 떠나기 한 달 전, 베트남으로 떠나는 열차를 타기 전에 나는 책과 기타 소지품들을 캐나다로 보내고자 세관을 방문했다. 나는 검열을 받기 위해 모든 것을 풀어서 보여주어야 했는데, 검열관의 주요 임무는 외국인이 무엇을 해외로 반출하는지를 검사하는 일이었다. 세관의 중간급 유니폼을 입은 검열관은 상냥했으나 동시에 매우 철저했다. 내 책들과 여러 소지품을 검열한 뒤 그는 내가 해외로 가지고 나갈 수 없는 물건 두 가지를 옆으로 빼놓았다. 모두 지도였다. 하나는 중국 지도책이고, 다른 하나는 벽걸이용 중국 지도였다. 둘 모두 상하이 난징로南京路에 있는 새로운 서점의 지점에서 구입했는데, 이곳은 사실상 중국에 하나밖에 없는 공식적인 서점이었고 구입을 증명할 수 있는 영수증도 소지한 상태였다.

이 지도들에는 외국인은 구입할 수 없다는 '내수용'이라고 인쇄된 딱지가 붙어 있지 않았다. 우리는 오로지 '외수용' 출판물에만 접근할 수 있었다. 이것은 문화대혁명이 가져온 논리에서 흥미로운 뫼비우스의 띠 가운데 하나다. 바로 국가의 존엄을 위해, 중국인에게 외국인이 알고 있는 모든 것을 알게 해서는 안 되고, 또한 중국 안에 있는 외국인에게는 중국인이 알고 있다고 생각되는 부분을 알지 못하도록 하는 것이다.

상하이의 세관원에게 왜 내가 이 지도들을 가질 수 없는지 성가시게 질문하자, 그는 내가 이것들을 가질 수 있으나 다만 해외로 가져갈 수는 없다고 무뚝뚝하게 답했다. 내가 조금 더 강하게 항의하자 그는 지도가 국가 안보와 관련이 있다며 이 문제에 대한 논의를 끝내버렸다. 그 시절, 그리고 아마 지금도 마찬가지로 외국 유학생들이 중국 사회에 접근하는 것을 제한하려고 중국 검열관들이 꺼내드는 최후의 카드는 '국가 안보national security'다. 도대체 그것이 어떤 관련이 있는지, 아마 누구도 따질 수 없었을 것이다. 내가 유일하게 허가를 받아 가져갈 수 있었던 지도는 여행이 허용된 도시들의 관광용 지도였다. 이 지도는 의도적으로 공간을 왜곡했으므로 만약 이를 근거로 적군 전투기가 폭탄을 투하할 경우, 조종사는 이 지도 때문에 혼돈되어 목표물을 놓칠 것 같았다(이것이 얼마나 황당한 말인지 나도 알고 있다. 하지만 당시는 이처럼 황당한 시대였다).

나는 지도책과 지도를 들고 다시 기숙사로 돌아와 어떻게 할지 고민했다. 지도책은 매우 크고 무거웠으며 표지도 두꺼웠으므로 이것을 가방에 넣고 아시아를 횡단하여 돌아가는 것은 무리였다. 그래서 나는 중국 친구에게 지도책을 주었고, 그는 이것을 기쁘게 받았다.

다른 지도 한 장은 달랐다. 나는 이 지도를 버리고 싶지 않았다. 이 지도는 매우 가볍고 작은 사각형으로 접을 수도 있었다. 가방에 넣어서 떠나는 것은 어떨까? 게다가 세관의 검열관이 내 흥미를 자극했다. 나는 지도를 다시 펼쳐 살펴보았다. 도대체 무엇이 검열관을 불편하게 했을까? 이 지도에서 무엇이 문제인가?

없었다. 첫눈에 살폈을 때 별다른 문제점은 보이지 않았다. 점차 나는 이 지도의 문제는 중국 내부에 있다기보다는 변두리, 즉 중국과 인접한 여러 주변국과 접선에 있다는 사실을 깨달았다. 당시 나는 중국이 국경 분쟁 문제로 소련과 인도를 상대로 해서 교전을 벌였다는 사실

을 알고 있었다. 물론 다른 나라와도 유사한 영토 분쟁을 겪고 있었을
것이다.

이 지도에서 중국이 정당하게 점유하는 영토보다 더 넓은 부분을 중
국 땅으로 그렸는가? 바로 나는 남중국해를 훑어보았다. 넓지만 상대
적으로 수심이 깊지 않은 중국의 남쪽 수역은 서로 다른 세 지역, 즉 서
쪽으로 베트남, 남쪽으로 말레이시아와 보르네오, 동쪽으로 브루나이
Brunei와 필리핀으로 둘러싸여 있다. 중국은 국제법상으로 바다에 인접
한 모든 나라에 부여된 12해리海里(22.2킬로미터)를 제외한 모든 해상에
대한 소유권을 선포하였다. 이것은 변경에 대한 중국의 어처구니없는
일방적 주장이다. 이것이 내가 소유한 지도에 표현되어 있었는데, 중
국 본토에서부터 그려진 9개 선이 남중국해를 둘러싸고 있었다.

배트남인은 이 바다를 동해東海로 부른다. 그들은 특히 유럽인이 파
라셀Paracels(포르투갈인이 브라질 남부의 현지어를 가져다 붙인 이름으로, 그
뜻은 '앞바다를 보호하는 암초'다)이라고 부르는 30여 개 군도群島에 관심
을 두고 있다. 베트남인은 이 군도를 황색 모래톱이라는 뜻의 호앙사
Hoàng Sa군도라 부르고, 중국인은 시사西沙, 즉 서쪽의 모래톱이라 부
른다. 중국인이 이곳을 시사라고 부르는 이유는, 이곳 외에도 시사
에서 동남쪽으로 700해리(1,296킬로미터) 지점, 보르네오 서북쪽에 넓
게 흩어져 있는 또 다른 군도가 있기 때문이다. 중국인은 이곳을 난
사南沙군도라 부른다. 다른 사람들은 이곳을 스프래틀리군도Spratly
Islands(1843년 영국 대령 리처드 스프래틀리Richard Spartly가 이곳을 항해한 여정

을 런던에서 출간한 뒤 그의 이름을 따서 스프래틀리군도로 불리게 되었다)라고 부른다. 이 지역에 몰려 있는 작은 섬들은 수천 개에 달하지만, 그 숫자는 조류의 높낮이에 따라 변동하는 섬의 돌출부로 달라진다. 역사적으로 이곳은 무인도였으며, 다른 지역에서 지속적으로 지원을 받지 않으면 생존이 불가능한 섬들이다.

중국의 소유권 주장 때문에 10여 년이 넘도록 중국은 동남아시아 주변국과 대립하고 있다. 첫 번째 심각했던 충돌은 1974년 1월, 파라셀군도에서 이틀간 지속된 중국과 남베트남 사이에 벌어진 전쟁이다(이 전쟁에서 베트남이 패배했다). 이것은 양국 모두에게 잠시 시선을 돌리게 하는 데 유용하게 사용되었다. 불행히도, 이 작은 무력 충돌로 당시 중국에 교환학생으로 가 있던 우리는 수많은 과장된 애국주의적 시를 암송하도록 강요당했다.

그리고 나는 1976년 여름, 반출이 금지된 중국 지도를 배낭에 넣고 베트남으로 향했다. 국경 검열관은 엄중한 표정으로 내가 다가가는 모습을 응시했다. 그는 내 배낭을 열어 내용물을 검색했고, 그 속에서 지도를 꺼내들었다. 그는 자신이 국가 기구의 중요한 구성원이라는 자부심을 감추지 않으며, 이미 외국으로 반출하지 말라는 경고를 분명히 받았는데도 이 지도를 가지고 나가려는 이유를 내게 물었다. 이제 알았다. 그는 이미 내가 상하이의 세관에서 검열받은 사실을 모두 알고 있다는 것을 말이다. 과거 기록이 검열관이 갖고 있던 서류에 모두 담겨 있었고(불가능한 일이겠지만, 그 두꺼운 파일들을 지금 읽는다면 무척 즐거운 일일 것이다), 그는 그것을 이미 읽은 뒤였다. 놀라운 일이었다. 당시는 1976년이었다. 안보 서류는 아직 전산화되어 정리되기 전이었고, 복사기조차 흔치 않던 시절이다. 어쨌든, 안보의 제일 원칙은 정보가 절대 밖으로 새지 않도록 통제하는 것이다. 나는 외국인이었고, 언뜻 보아도 보안상 상당히 위험한 인물이었다. 내가 어디를 가든지, 나에 대한 서류는 마치 잘 길들인 개처럼 나를 따라다녔다. 우이관을 통한 출국이 허가되었으므로, 내 서류는 그곳에서 나를 기다리고 있었다.

나는 아무런 답변을 하지 않았는데, 혹여 답변이 검열관에게 빌미를 제공할까 염려해서였다. 지도에 대해 중국이 과민하게 반응하는 것은 실제가 아니라 집착 때문이라고 설명하지도 않았다. 지도는 그저 종이에 인쇄된 것일 뿐, 언제든지 변경되거나 부정될 수 있는 일시적인 묘사물이었다. 내게 그 지도는 그저 집으로 돌아가면 구하기 힘든 물건 혹은 최소한 같은 가격으로 되살 수 없는 유용한 도구일 뿐이었다. 하지만 국경 검열관은 전혀 다른 관점에서 생각했다. 지도는 중국의 주권을 단순히 표현하는 매체가 아니라 주권 자체였다. 그에게는 이 지도가 실제 세상보다 훨씬 더 의미 있는 현실로 인식되었다. 국가 자체보다 그 종이가 더 현실적이라고 보았다.

지도에 집착하는 것은 중국인의 전유물이 아니다. 우리는 모두 자기 기준으로 중요한 만큼 상대방에게 관심을 표명한다. 군주제 시기, 왕의 몸은 성스러움의 형상으로 숭배되었고, 누구든지 왕의 신체를 범할 경우 반역죄로 다스려졌다. 지금은 이전의 군주제 시대를 지나 신체를 숭배하는 원시적인 분위기는 국가의 몸으로 승화되어 전이되었다.

왕은 자신의 통지 영역을 잃을 수 있는데, 가령 자기 자녀를 결혼시킬 때마다 이러한 영역 분리는 자주 발생했지만 누구도 이를 신성모독이라고 하지 않았다. 하지만 누가 그를 작은 칼로 찌르면, 그것은 가장 중한 반역죄를 범한 것이 되었다. 근대 사회는 이러한 칼에 대해서는 면역력이 있지만, 주변국이 아주 작은 땅덩어리라도 침범하면 가만두지 않는다. 단 1센티미터의 작은 땅이라도 가져가면 곧 주권 침해로 간주한다. 지도상에서 경계를 움직이는 것 역시 그것과 같은 끔찍한 모욕이라고 간주된다. 국가 지도가 국가의 성스러움을 체현한다고 생각하는 한, 지도는 실제 국가보다도 더 현실적인 것이 되며, 주권에 대해 불안함을 느끼는 정권은 지도가 사라지는 것을 견딜 수 없게 된다. 결국 나는 지도를 국경에 남겨두고, 조금은 덜 지독한 형태의 사회주의 국가로 떠날 수밖에 없었다.

———————

그때로부터 25년이 지나 중국은 다시 한번 자신의 주권을 선포했는데, 이번에는 훨씬 더 위험했다. 2001년 4월 1일, 중국 해군의 제트기가 중국 해안을 따라 비행하며 오키나와로 향하던 미국 해군의 정찰기를 요격했다. 미국에 따르면, 'PR32 미션'은 '일상적인 정찰 업무'였다. 이 비행기는 프로펠러가 네 개 달린 에어리스 투Aries II 기종으로, 바다를 건너 정찰한 후 기지로 되돌아오는 도중에 요격을 당했다. 끊임없이 습격할 기회를 노리는 공중 정찰의 세계에서 사건이 일어나는 것은 일반적인 일이라고 할 수 있다. 어느 나라든지 자국 영공에서 외국 전투기가 포착되면 제트기를 긴급 발진시키는 것이 자연스러운 순서다. 그날 아침 급파된 중국 비행조종자 두 명은 이전에도 미국 항공기를 쫓아내기 위해 파견된 경험이 있었고, 에어리스에 탑승한 승무원 23명에게도 이러한 것이 새로운 경험은 결코 아니었다. 이러한 일들은 항상 일어났다.

2인 탑승용 제트기인 핀백Finbacks이 에어리스의 뒤꽁무니에 일부러 바짝 붙어, 마치 술래잡기를 하듯 제트 엔진에서 세찬 기류를 뽑아내며 꽁무니를 흔들었다. 핀백의 앞좌석에 탄 조종사는 해군 소령 왕웨이王偉로, 이전에도 미군 비행기를 추격한 경험이 있었다. 미군 비행기 조종사 셰인 오스본Shane Osborn 중위 역시 남중국해상에서 항공 군사 훈련을 하는 데 베테랑이었다. 두 사람 모두 자신들이 무엇을 하는지 잘 알았다. 이러한 특별 게임의 규칙을 잘 알았던 것이다.

왕웨이는 자신의 제트기를 속도가 느려지던 에어리스 옆으로 붙이고는, 미군 비행기의 왼쪽 날개와 단 10피트(약 3미터)도 떨어지지 않은 곳에서 순항하기 위해 위치를 접근시켰다. 180노트 속도로 날아가는 속에서 이러한 접근은 매우 위험했다. 대단히 훌륭한 조종사만이 다른 비행기와 근접해 같은 속도를 유지하는 작업을 해낼 수 있다. 왼쪽 날개 옆에서 잠시 비행하던 왕웨이는 프로펠러기에서 떨어져 나와 원을 그린 뒤 다시 그 후면에서 접근해왔다.

그 뒤에 어떤 일이 있었는지는 누구 말을 믿느냐에 달렸다. 중국 제트기의 또 다른 조종사는 이후 셰인 오스본을 고발하면서, 당시 오스본이 '넓은 각도로 방향을 바꾸어' 왕웨이의 제트기와 충돌했다고 했다. 하지만 오스본은 정상 절차에 따라 안정된 위치에서 에어리스를 오키나와로 향하고 있었으며, 규정된 진로에서 이탈하지 않았다고 주장했다.

문제는 왕웨이가 두 번째 접근할 때 속도를 높인 것이다. 에어리스의 날개에 인접했을 때 왕웨이는 속도를 줄이려고 했으나, 속도나 거리를 오판했다. 제트기가 위를 향해 날아오르는 순간, 에어리스의 엔진 바깥쪽 프로펠러 날개에 제트기가 걸렸다. 프로펠러는 핀백의 기체를 반으로 조각냈다. 앞머리는 앞쪽으로 튀어 앞쪽에 있던 미군 비행기와 부딪쳤고, 조수석과 동체는 옆으로 튕겨나가기 전 에어리스 아래쪽에 부딪치면서 간신히 오른쪽 날개의 프로펠러를 빗겨나갔다. 왕웨이가 탈출하는 것을 보았다는 미군 승무원의 증언이 있으나, 아직까지 그의 흔적을 찾지 못했다.

에어리스는 충돌 여파로 뒤집혀 돌면서 거꾸로 하강하기 시작했고, 오스본은 14,000피트(약 4.3킬로미터)를 곤두박질친 이후에야 조종관을 잡을 수 있었다. 그가 추정한 바로는 목적지인 오키나와는 26분 거리에 있었다. 그는 과연 비행기가 그렇게 멀리까지 갈 수 있을지 확신할 수 없었기에, 비상 착륙할 수 있는 곳을 찾았다. 가능한 범위에서 착륙

할 수 있는 유일한 곳은 중국의 남쪽 끝에 위치한 하이난섬의 링수이陵水 비행장으로, 평소 중국 전투기들이 이착륙하던 기지였다. 미군 병사들은 정해진 규정에 따라 다른 나라로 유출되는 것을 원치 않는 정보와 장비들을 파괴하기 시작했다. 승무원 가운데는 신속히 파쇄하려고 뜨거운 커피를 아예 디스크 드라이브와 본체 기판에 부어버리는 이도 있었다.

살아남은 중국인 조종사는 링수이 비행장에 무전을 보내 미군 비행기를 격추할 수 있도록 허가를 요청했다. 하지만 이 요청은 거절되었고, 조종사는 기지로 돌아오라는 명령을 받았다. 미군 비행기 또한 조난 신호를 비행장으로 보냈는데, 국제협정에 따르면 비행장은 응답해야 했다. 미국인들은 15번이나 조난 신호를 보냈으나 응답이 없었다. 이는 이후 중국이 자신들의 착륙 허가 없이 미군 비행기가 착륙한 일이 명백한 불법이라고 주장하는 근거가 되었다. 오스본은 착륙 허가와 상관없이 착륙을 시도할 수밖에 없었다. 그의 비행기는 다시 오키나와의 기지까지 갈 상황이 아니었다. 물론 비행기 계기판이 망가지고 왼쪽 날개의 보조 날개가 전혀 작동되지 않는데다가 연료는 너무 많이 남아 있었으므로 하이난섬에 착륙을 시도하는 것 역시 위험한 도전이었다. 비행기는 링수이 비행장에 170노트로 착륙을 시작했고 항로가 끝나기 직전에 간신히 멈춰 섰다.

비행기가 멈추자 무장한 군인들이 항로에 진입해 비행기를 둘러싸고 총부리를 겨누며 승무원들을 이동시켰다. 양측의 치열한 외교전이 벌어지는 동안 미군들은 11일간 억류되면서 불법 심문의 대상이 되었다. 미군들은 미국이 이 사건과 왕웨이 소령의 사망에 애도를 표시하는 신중한 성명서를 발표한 이후에야 비로소 석방되었다. 중국은 심지어 그들의 비행기도 철저히 조사한 뒤 돌려주었다. 중국은 록히드 마틴Lockheed Martin 기술자들에게 비행기를 분해하도록 허락했으나, 분해된 조각들은 러시아 화물수송용 제트기에 실려 오키나와로 반환될 수 있었다. 비행기 부품은 이후 조지아에서 다시 조립되어 사용되었다. 미국은 오스본 장교에게 공군십자훈장Distinguished Flying Cross을 수여했다. 중국은 군사 영웅을 국가 수호자로 신격화하는 오랜 전통에 따라 왕웨이 소령에게 영해와 영공의 수호자라는 '해공위사海空衛士'라는 칭호를 수여했다.

이 사건은 22,500피트(약 6.9킬로미터) 상공에서 벌어졌으나 주목을 받은 것은 그 아래 바다였다. 비행기가 어느 바다 위를 날 수 있는지에 대한 법이 아직 완벽하게 합의되지 못했다. 이러한 규정들은 대부분 해양법으로 알려진 변모하는 해양협약에서 비롯한다. 이러한 법들은 바다가 누구 소유이며 어떤 배가 그 바다를 건널 수 있는지를 규정한다. 이러한 규정은 상공을 통제하는 데도 적용된다. 배가 다른 나라 영해에 명백한 허가 없이 함부로 들어갈 수 없듯이, 비행기 역시 다른 나라 영공을 허가 없이는 출입하지 못하게 금지되어 있다. 우리가 이러한 해양법에 대해 조금만 알게 되면, 'PR32 미션'과 관련해 발생한 사건을 좀 더 잘 이해할 수 있을 것이다.

영해는 해안선을 따라 일정하게 연장되어 영토를 두른 선 안의 바다를 의미한다. 전통적으로는 연해에 있는 배에서 화포를 쏘면 연안에 닿을 수 있는 거리를 지칭했는데, 1982년 12해리로 정해졌다. 연안국은 이 공간에 대한 완벽한 관할권을 주장할 수 있다. 그럼에도 제2차 세계대전 이후 몇몇 국가는 이러한 바다에 대한 관할권을 더욱 확장하고자 했는데, 이는 외국 선박이 어업을 하거나 지하에 매장된 광물을 획득하지 못하게 제한하기 위해서였다.

결국 두 번째 해안 경계선인 배타적 경제수역은 연안에서 200해리(370킬로미터)로 정해졌다. 연안국은 이 구역에 대한 경제적 독점을 주장할 수 있으나 다른 나라의 배가 지나가는 것을 강제로 쫓아낼 수 없다. 심지어 그 배가 군용 함선이라 하더라도, 12해리 이내로만 진입하지 않으면 200해리 이내에서는 강제로 쫓아낼 수 없다. 이러한 규칙이 '무해통항無害通航, innocent passage'으로 알려진 권리로 인정되어, 어느 나라 국기를 꽂은 선박이든 다른 나라 영해를 신속하고도 빠르게 통과할 수 있게 되었다.

바다의 선박에 적용되는 규칙은 하늘의 비행기에도 똑같이 적용되었다. 통상적으로 비행기 조정자가 다른 나라 영공에 들어가려면 사전에 구두 허락을 받도록 되어 있으나, 영공 비행에 대한 규정이 완벽하게 확정된 것은 아니다. 비행기가 연결을 시도했을 당시, 에어리스는 하이난섬에서 동남쪽으로 60해리(110킬로미터) 떨어진 지점에 있었으므로, 적어도 12해리의 제한 구역에서는 벗어나 있었다. 미국의 설명은 비행기가 남중국해상의 대륙붕에서 무해통항을 하던 중이었다는 것이다. 중국은 통항을 지켜볼 권리는 있으나 방해하거나 비행기와 탑승한 병사들의 생명을 위협하는 움직임을 주도할 권리는 없었다. 이런 식의 요격은 공격이나 다름없었다. 중국의 관점은 반대로, 정찰기가 영공에서 비행했다는 것이다. 중국 영공에 들어와 중국 주권을 침해하기에 이르렀기 때문에 중국은 완벽한 권한을 가지고 비행기를 내쫓았다고 주장했다.

신기하게도 중국은 법률적으로 남해 전체에 대한 소유권을 주장하지 않았는데, 이는 지혜로운 처신이었다고 할 수 있다. 전체에 대해 주장하는 것은 일방적이며, 발견한 자가 소유 권리를 지닌다는 것은 역사적 당위성이라 할 수 있다. 중국인 선원이 처음으로 남중국해의 섬들을 발견하였는데, 이러한 주장은 곧 그 섬들과 이것을 둘러싼 바다가 모두 중국 것이라는 주장으로 이어지곤 한다. 라틴어 법정용어로 이런 주장을 '테라 눌리우스terra nullius'라 하는데, '땅은 누구의 것도 아니며, 내가 처음으로 발견했기 때문에 내 것'이라는 뜻이다. 이것은 유럽인이 1492년부터 세계 정복을 정당화한 역사적 주장이다. 유럽인이 당도했을 때 땅은 대부분 'nullius(주인 없는 상태)'와는 거리가 멀었다. 하지만 유럽인은 자신들의 법에 따라 기존에 살고 있던 원주민을 야만인으로 규정했다. 그리고 그곳을 주권을 행사할 국가가 없는 땅으로 간주했다. 그곳에 이미 사람들이 살고 있었지만 그 땅은 그들 소유가 아니었다.

'테라 눌리우스'는 여전히 법적으로 주장할 수 있다. 물론 이런 식의 주장을 내세울 수 있는 곳이 더는 지구상에 거의 남아 있지 않을 테지만 말이다. 중국이 만약 이런 식의 주장을 국제중재재판에서 시도했다면 많은 어려움에 직면했을 것이다. 인정한다. 이 조그마한 땅들은 주인이 없는 상태였다. 하지만 이곳에 대한 소유를 주장하려면 점유해야 하는데, 중국이 인접한 일부 섬에 활주로를 건설하기 전까지 이곳을 점유한 적이 없었다. 인정한다. 중국 사료에 따르면, 중국이 14세기부터 남해에 산재한 작은 섬들을 인식했다는 사실을 발견할 수 있다. 하지만 이것이 그들이 발견했다는 증거일까? 아니면 단순히 그 지역에 있던 모든 사람이 이미 알고 있던 사실을 기록한 것일 뿐인가?

문제는 국가 존엄이 훼손되었다고 느끼는 점이다. 하지만 더 큰 문제는 바다 아래 있는 석유자원에 대한 것이다. 사실 아무도 이 섬에 관심을 갖지 않는다. 그들이 관심을 갖는 것은 섬 아래 있는 무언가다. 그리고 그렇게 왕웨이는 바다에 떨어져 죽었다.

7년 뒤, 나는 새로 문을 연 보들리안도서관 지하에서 실제 존재할 것이라고 상상해보지 못한 무언가를 탐독하고 있었다. 내가 도착했을 때, 그것은 붙여놓은 두 책상 위에 펼쳐져 있었다. 그것은 아시아의 동쪽 끝을 그린 아주 오래된 중국 종이 지도였다. 크기가 매우 컸는데, 너비가 1미터가 넘고 길이는 거의 2미터에 가까웠다. 밑단의 롤러는 이 지도가 언젠가는 벽에 걸려 있었다는 것을 보여주었다. 수작업으로 그

려진 이 지도에는 검정 잉크로 중국의 연안과 동남아시아의 섬들이 묘
사되어 있었다.

지도 자체가 독특한 전경을 담고 있었다. 옅은 모래색으로 된 육지
는 옅은 파란색과 고동색이 칠해진 산들로 장식되어 있고, 검정 잉크
로 찍힌 점은 중국식 풍경화법으로 나무를 묘사한 것이며, 그 사이로
작고 붉은 얼룩점이 나뭇잎임을 보여주고 있었다. 초목은 제멋대로 지
도 전체에 분포했는데, 고사리와 대나무, 소나무와 느릅나무, 붓꽃과
엽란葉蘭, 심지어 난초도 몇몇 있었다. 바다는 균일하지 않은 녹색 담
채로 가득한데(이것은 아마도 구리 색소가 산화되기 전에는 파란색이었을 것이
다) 구름과 같은 창파 패턴은 파도를 의미했다. 지도 곳곳에 점찍어진
도시와 항구는 이름이 한자로 표기되었고, 검은색으로 동그라미 쳐진
가장자리에 다시 노란색 동그라미가 있었다. 그리고 바다의 항구와 항
구 사이에는 자로 그린 듯 직선이 서로 교차했는데, 배들이 항해했던
항로를 보여주었다(이처럼 큰 종이에 바다의 항로를 그린 지도는 이것이 최초
일 것이다).

나는 아시아 지도에 익숙한 편이었으나 이러한 지도를 본 적이 없었
다. 지도는 아름답고 독특했다. 동시에 역사적 문서이자 예술작품이
며, (지도사학가 코넬 리Cordell Yee가 사용한 완벽한 표현을 빌리면) 누군가가
상상한 아시아 세계의 모습을 담은 '정신세계mindscape'였다. 지형학적
사실에 대한 무미건조한 표기보다 훨씬 더 생생하게 모든 세상을 그리
고 있었다. 이 지도는 완벽했다.

그림 1 셀던 지도

그날 아침 데이비드 헬리웰David Helliwell이 내게 메시지를 보내 최대한 빨리 도서관에 와달라고 했다. 내가 중국사를 연구한 기간만큼이나 헬리웰은 보들리안도서관의 중국학 소장품을 관장해왔으므로, 그를 흥분시키고 놀랍게 한 물건이라면 충분히 볼 가치가 있음을 간파했다. 무언가 중요한 자료가 빛을 보게 된 것이다. 나는 아침 수업을 끝내자마자 서둘러 헬리웰의 사무실로 갔다. 그는 외부인의 출입이 금지된 지하실로 나를 데리고 내려갔고, 그곳에 지도가 놓여 있었다.

보들리안은 옥스퍼드대학교의 도서관으로, 토머스 보들리Thomas Bodley(1543~1613) 이름을 따서 명칭을 붙였다. 보들리는 대륙의 우수한 대학들처럼 대학이라면 도서관이 있어야 한다고 제안하고, 신학교Divinity school의 복도에 보관되어 있던 잔존 필사본 자료를 가지고 도서관을 만들었다. 도서관은 공식적으로 1602년에 설립되었고, 2년 후 보들리는 처음으로 중국 서적을 수납했다. 당시 영국에서 말 그대로 중국 서적의 머리와 꼬리를 구분할 수 있는 사람은 아무도 없었다. 중국에서는 책의 쪽을 왼쪽에서 오른쪽으로 넘기기에 오른쪽에서 왼쪽으로 넘기는 유럽인들과 달랐다. 이로써 서적의 위와 아래를 혼동하는 것은 물론이고 앞표지와 뒤표지가 어디인지도 혼란스러워했다.

하지만 언어에 대한 무지가 보들리로 하여금 중국 도서의 수집이나 해독할 수 없는 다른 언어로 쓰인 책들을 모으는 일을 그만두게 하지는 못했다. 도서관에 독자가 없는 책들이 소장되는 것은 문제가 되지 않았다. 그는 언젠가 누군가는 이것들을 읽을 수 있을 테고, 그날이 오면 무언가 유용한 정보가 세상의 빛을 볼 것이라고 확신했다. 급할 게 없었다. 책들은 그것들이 필요할 때까지 가만히 책꽂이에 꽂혀 있거나 상자 안에 담겨 있으면 충분했다. 보들리는 장기적인 안목으로 자료를 수집했다.

헬리웰은 이미 관련 기록들을 확인해보고 내게 알려주길, 이 지도가 보들리안도서관에 들어온 것은 1659년 내가 한 번도 들어본 적이 없는 토지 법률가 존 셀던John Selden이 책과 필사본을 대량 기증했을 때라고 했다. 다른 정보는 없었다. 한 가지 덧붙인 것이라면, 로버트 베첼러 Robert Batchelor라는 영국사를 전공하는 미국 사학자가 오래된 도서목록에 중국 지도가 들어 있다는 정보를 알려준 것이 이 지도를 찾아낸 계기라는 것이다. 헬리웰은 지하 저장고로 내려가 무더기 속에 섞여 있는 얇고 길쭉한 상자를 찾아냈다. 이것은 거의 1세기 동안 아무도 손대지 않았던 것으로, 내가 보게 된 것이다. 베첼러의 관심 덕분에 도서관에 3세기 반이 되도록 보관되었던 자료이자, 우리 추측으로는 약 4세기 전에 그려진 이 지도가 여기 우리 앞에 놓인 것이다.

이 지도는 검토하면 할수록 나를 더 곤란하게 만들었다. 먼저 내가 그동안 보아온 명조明朝(1368~1644)의 지도들과 닮지 않았다. 전부 다 이상했다. 이 지도는 다른 어떤 명조의 지도에 비해 중국 이외의 공간을 넓게 포괄하고 있었다. 이러한 모습은 명대의 중국인들이 지도에서 자신을 중앙에 넣고 변경 이외의 지역(오른쪽 위의 일본부터 왼쪽 아래의 수마트라까지)을 그리는 기존 방식이 결코 아니었다. 필리핀과 보르네오

는 일반적인 예상처럼 바다 쪽에 그려져 있었다. 익숙한 베트남 연안
이나 말레이반도와 오늘날 인도네시아의 큰 섬들도 그려져 있었다.

중국의 지도 제작자들에게는 이 지역을 어떻게 그려 넣을지에 대한
관례가 있는데, 일반적으로는 가장 핵심적인 중국 대륙 주변에 빽빽하
게 채워 넣는 것이다. 이러한 관례가 명 말부터 변화하기 시작하는 것
은 분명하지만, 명 말 지도도 분명 이렇게 그려진 것은 없었다. 지도 역
사에서 첫 번째 가르침이라면, 지도들은 다른 지도들의 복사본이라는
사실이다. 그런데 이 지도는 내가 아는 다른 어떤 지도를 베낀 것이 아
니었다.

또 다른 이상한 점은 이 지도가 묘사한 지역들의 균형이다. 지도 중
심이 중국이 아니었다. 중국만 그린 것이든, 천하를 그린 것이든, 명대
지도들은 그 중심에 중국이 있을 것이라고 내게 가르쳤다. 그 대신 이
지도의 중심은 남중국해였다. 오늘날 시끄러운 논쟁 지역인 남중국해
는 지도가 만들어지던 당시 동아시아의 모든 항구와 국가들의 공동 무
역지대였으며, 향신료 무역이 17세기에 접어들면서 유럽을 휩쓸자 멀
게는 고아Goa, 아카풀코Acapulco, 암스테르담Amsterdam의 항구와 국가
들도 참여하던 무역지대였다. 광대한 바다를 중심에 놓고 지도를 그리
는 것은 지도 제작자에게는 대단히 낯선 일이었다. 전통적인 관례에
맞지 않을 뿐 아니라 바다라는 공간에는 아무것도 존재하지 않기 때문
이다. 지도 중심에 구멍이 하나 있는 셈이다. 육지가 지도 제작자의 정
신세계를 지배한 것이 아니라, 오히려 지도 제작자가 육지를 주변부로

밀어내고 우리로 하여금 바다를 고찰하도록 한 것이다.

마지막으로, 가장 문제가 된 것은 이 지도가 우리 눈에 너무나 익숙하다는 것이었다. 오늘날 우리가 동아시아를 지도학적으로 보는 것과 우리가 인식하는 대륙과 바다 모양은 방대한 후속 역사의 결과다. 이 지역에 대한 우리의 시각적 관념은 명대의 것과는 필연적으로 다를 것이다. 이것은 우리가 옳고 그들이 틀렸기 때문이 아니다. 그들과 우리의 관점은 서로 다르게 보는 방식으로 시작되어, 서로 다른 체계로 지리적 현실을 종이에 구현해왔다. 따라서 이 두 방식은 같은 그림을 만들 수 없으나, 4세기 전에 그려진 이 중국 지도는 첫눈에 볼 때 훨씬 낯설게 보여야 하는데도 그 시간과 스타일 차이를 최소화했다. 이 지도는 다만 너무 완벽했다. 그뿐만 아니라 지도에 표현된 해양 루트에 대한 관심은 오늘날 중국이 전 세계의 물품과 이를 세계 곳곳으로 운송하는 선박의 주요 공급자가 된 상황과 너무나 자연스럽게 들어맞았다. 이 지도에서는 그 이전에 동양이나 서양에서 제작된 어떤 지도보다 탁월하게 상업세계를 지도로 구현했다. 이것은 완벽히 이해되면서도 동시에 전혀 이해되지 않았다.

그날 나는 이 지도가 '셀던 지도'로 불린다는 사실을 알게 되었는데, 그렇지 않다면 이 지도는 그 자체의 제목으로 불릴 것이다. 나는 존 셀던이라는 사람에 대해 문외한이었기에 지도와 기증자의 관계에 처음에는 별다른 흥미를 느끼지 못했다. 하지만 새로운 사실을 알게 되면서 상황이 바뀌었다. 지도는 어떤 사람의 손에든 들어갈 수 있었겠지만, 이 지도는 마침 최초로 국가가 바다에 대한 관할권을 주장할 수 있다는 국제해양법을 주장한 사람에게 입수되었음을 알게 되었다. 이런 주장은 곧 현재 중국이 남중국해에 대해 취하는 주장이기도 했다.

바다에 대한 국가의 관할권에 법적 문제가 처음 제기된 때는 콜럼버스가 대서양을 처음 항해한 바로 이듬해였다. 1494년 교황의 특사는 스페인의 토르데시야스Tordesillas라는 도시에서 유럽의 해양 강국으로 부상하던 스페인과 포르투갈의 만남을 주선했는데, 그 목적은 두 국가가 관할하는 지구의 땅을 구분하기 위해서였다. 아프리카 서북쪽에 위치한 카보베르데Cape Verde제도 서쪽으로 370레구아league(길이의 단위, 1,200해리) 떨어진 지역에 남북으로 선을 긋고 '테라 눌리우스(아무도 소유하지 않은 땅)'라고 볼 수 있는 모든 지역을 양분했다. 이 선을 기준으로 동쪽의 모든 땅은 포르투갈에 "귀속되며, 소유로 남고, 영원히 존재한다"라고 선언되었다. 그 결과 포르투갈은 아시아와 브라질의 대부분을 갖게 되었다.

교섭 관계자들이 알았는지 몰랐는지 정확하지 않으나, 이 영역은 선의 서쪽 밖으로 튀어나와 있었다. 마찬가지로 이 선을 기준으로 서쪽의 모든 땅(아메리카와 태평양)은 스페인에 "귀속되며, 소유로 남고, 영원히 존재한다"고 선언되었다. 동시에 토르데시야스조약은 두 나라가 각각 다른 편의 바다에서 무해통항을 할 수 있는 권리를 인정하였다.

토르데시야스조약은 서로 영토를 인접한 포르투갈과 스페인 양국 사이의 갈등을 해결하고, 이 둘이 공존할 수 있는 기본 틀을 제공하며,

나아가 이후의 갈등을 예방하는 경계의 조약으로 인식되었다. 왜냐하면 이 조약이 육지가 아닌 바다에 대한 규정이었으므로, 그 영향이 두 국가에만 한정되는 것은 아니었기 때문이다. 이 조약은 배를 바다로 내보내는 모든 국가에도 영향을 주었는데, 이는 사실상 거의 모든 유럽 국가에 적용되었다. 따라서 토르데시야스조약에 대한 저항이 쌓이면서 국제법도 서서히 형성되었다.

해양법과 국제법을 만든 영예는 일반적으로 17세기 네덜란드의 탁월한 학자이자 라틴어 이름인 그로티우스Grotius로 더 널리 알려진 하위흐 더 흐로트Huig de Groot에게로 돌아간다. 하지만 나는 이 영예가 존 셀던에게도 동등하게 나누어져야 한다고 생각한다. 그에 대해서는 다음 장에서 살펴보겠지만, 그는 흐로트 주장에 법적 도전을 제기함으로써 실행 가능한 해양법의 기초를 만들었다. 흐로트는 바다에서 특정 국가가 주권을 주장할 수 없다고 생각한 반면, 셀던은 가능하다고 생각했다. 셀던은 특별히 남중국해가 어떤 국가의 지배권에 속한다고 주장한 적이 없고, 당연히 그 시절에는 이렇게 주장했을 리가 없다. 하지만 그는 바다가 육지와 같이 국가 소유가 될 수 있다는 태도를 견지했다. 흥미롭게도 이러한 주장은 오늘날 중국의 입장과 같다.

셀던이 남중국해에 관해 어떤 생각을 지녔는지 오늘날 우리가 알 길은 없다. 하지만 그는 해양법에 대해 고민했고, 이는 분명 그가 획득한 지도에서 시각적으로 보이는 특징이기도 하다. 당시 바다는 전 세계의 주목을 받았으므로, 해양법에 대한 그의 관심은 일반적인 관심보다

특화된 모습이라 할 수 있다. 당시 바다에 대한 세상의 관심 정도를 보여주는 근거로 1660년대 어느 유럽인 역사학자의 추성치를 꼽을 수 있다. 이에 따르면, 셀던 지도가 보들리안도서관에 소장된 이듬해에 물건과 시장을 찾아 바다로 떠난 선박이 1만 척에 달했다. 물론 모든 선박이 아시아로 향한 것은 아니나, 다수가 아시아를 목표로 했다. 같은 목표를 가지고 아시아로 항해를 떠난 선박이 얼마나 되었을지 셈하기는 어려우나, 1만 척은 훨씬 넘었을 것이다. 당시 유럽인이 세계를 항해하며 다른 지역 경제와 교역할 수 있었던 것은, 유럽인이 아닌 현지인들이 이미 형성해놓은 지역 네트워크에 의존할 수 있었기 때문이다.

17세기 유럽의 항해자들은 근본적으로 아시아판 드라마의 조연일 뿐이었다. 그렇지만 그들은 몇몇 기술적 장점을 이용하여 아시아의 상대에 대응할 수 있었다. 중국으로 파송된 예수회 선교사 루이즈 루콩트Louise Lecomte의 진술에 따르면, 중국인은 '포르투갈 사람들만큼 안전하게' 넓은 바다를 항해할 수 있었다. 그는 중국과 포르투갈 선박에 모두 승선한 경험이 있었기 때문에 이를 잘 알았다. 양끝에서부터 지구의 바다는 하나로 엮여 있었던 것이다.

셀던은 해양이 격변의 시기를 겪고 있음을 누구보다 잘 감지했다. 새로운 철학과 규정, 새 교역로와 새로운 형태의 부, 개인과 그 주변의 올바른 관계에 대한 새로운 생각이 발흥하는 시대였다. 누군가는 한때 신성한 운명이라 여겼던 군주제에서 살다가 이제는 사람이 통치하는 방식을 받아들이게 되었다. 광대한 토지의 넓이로 평가되던 부 역시 화물 선박의 다수로 대체되었다. 이러한 변화와 동시에 낡은 중세사회의 기반에서 오랫동안 정체되었던 유럽이 급속하게 변화하는 세상에서 살아남기 위해 전례 없는 준비를 시작하고 있었다. 새로운 질서를 유지하기 위한 완전히 다른 구조의 법이 필요했다. 셀던은 바로 이런 일을 하는 법률가였다.

하지만 셀던은 법과 판례를 약간 고치는 것에 만족하지 않았다. 그는 동시대의 다른 어떤 법률학자들보다 신중하게 과거 기록(그 속에는 중국 지도까지 포함되었다)을 찾아냈으므로 미래를 내다볼 수 있었다. 그가 과거 기록에서 얻으려고 한 것은 단순히 해양법에 대한 판례가 아니라 훨씬 더 혁명적인 사상의 기초였다. 즉 법의 목적은 지배자의 권력을 보장하는 것이 아니라 사람들의 자유를 보장하는 것이라는 생각이다. 그의 모토는 'peri pantos ten eleutherian', 즉 '그 무엇보다 자유'라는 것이다. 이것은 마치 허영심이 많은 젊은 남성의 가식적 선언처럼 진부한 표현으로 들릴 수 있으나, 두 왕의 승계 과정에서 감옥에 갇힌 경험이 있던 셀던에게는 자신이 체험한 시대적 압제에 대항하는 다짐이었다. 이로써 그는 처음에는 법을, 이후에는 정치를 그리고 마지막에는 히브리어를 포함한 아시아의 언어를 공부하기로 서약했다. 그는 이러한 텍스트를 판독해 자유를 인간의 근본적인 존재 조건으로 재구성하려고 했다.

셀던은 지도 위에 '그 무엇보다 자유'라고 기록하지 않았다. 그가 직접 쓴 이 모토를 지도에서 볼 수 있었으면 좋았겠지만, 이 지도는 표지가 없었고 셸던 역시 원작을 훼손하며 낙서를 하려고 하지 않았을 것이다. 그는 의도를 가지고 지도에 주목했을 뿐 어떤 논평도 지도에 남기지 않았다. 그럼에도 우리는 이 지도의 역사에서 그가 한 부분을 차지하고 있음을 보게 될 것이다.

────────────

17세기 역사에 매료된 사람이 아니라면, 군이 보들리안도서관에 소장된 이 중국 지도를 발견하고 어떤 홍미를 느낄 수 있을까? 이것이 바로 이 책 전체의 내용이다. 이 문서 한 장에서 우리가 무엇을 배울 수 있는지, 그리고 그것이 왜 중요한지를 보여주려고 한다.

먼저 당신이 셸던 지도 정중앙에 가상의 핀을 꽂아보라. 그 점을 따라 반경 2.5센티미터의 작은 원을 마음속에 그려보라. 이 원이 남중국해의 북쪽에 있음을 알게 될 것이다. 원 위쪽으로 중국의 남쪽 변경이 있는데, 마치 산맥의 등줄기를 가지고 있는 긴 섬처럼 보일 것이다. 이곳이 바로 하이난섬의 위치를 알려주는데, 에어리스 비행기가 비상 착륙을 했던 곳이다. 하지만 표기는 다른 것으로 되어 있다. 롄저우廉州. 이는 하이난섬 북쪽에 위치한 명대의 부府 지명으로 섬 이름은 아니다. 이 지역에서 진짜 유일한 큰 섬은 하이난섬이며, 명대에는 충저우부瓊州府로 불렸다. 롄저우가 아니다.

그런데 이 지도에서 충저우라는 지명을 찾아보면, 섬이 아니라 내륙에서 발견할 수 있다. 렌저우로 표기된 섬에는 두 가지 다른 표기가 있는데, 모두 하이난섬과 관련이 있다. 하나는 '독저獨猪', 즉 외로운 돼지라는 산 이름이다(오늘날은 '오저烏猪', 즉 검은 돼지 산으로 알려져 있다). '독저'는 하이난섬에서 가장 높은 산으로, 지나가는 항해가들에게 이 섬의 위치를 알려주는 표식이 되었다. 다른 표기는 '치저우七州'인데, 하이난섬 북동쪽에 있는 작은 군도로, 명대 바다를 왕래하는 선박들이 잠시 멈추어 물과 나무를 구하는 곳이었다. 그렇다면 이 원 위쪽에 위치한 섬은 하이난섬이 맞을까? 아니다. 그 이유는 다음에 다시 논의하겠다.

이제 원 안을 들여다보자. 경사진 평행사변형 안에서 두 줄로 기록된 한자를 발견할 것이다. 그 글자들은 '만리장사萬里長沙 사선범양以船帆樣(만 리의 긴 모래사장, 돛단배 모양으로 항해한다)'으로 읽힌다. 이 아래에는 세 글자가 적혀 있다. '서홍색嶼紅色(섬은 홍색이다).' 그리고 그 아래에는 '만리석당萬里石塘'이라고 적힌 또 다른 작은 섬들이 있다. 1리里는 약 0.5킬로미터다. '만 리萬里'는 단순하게 '엄청나다'는 뜻을 표현한다(가령 만리장성도 만 리에 이르도록 대단히 긴 성벽이라는 뜻이다). 이러한 표기들이 파라셀군도를 뚜렷하게 알려준다.

첫 번째 '만 리'가 적힌 자리는 지금 우리가 암피트리테군도the Amphitrite Group라 부르는 곳이고, 두 번째 '만 리'는 크레센트군도the Cresent Group로 불리는 곳이다. 이들의 끝과 끝을 연결하면 250킬로미터가 조금 못되지만, 이처럼 짧은 거리를 '만 리'라고 표현한 것은 명대 항해자들이 실제 작은 섬들과 산호 암초에 휩쓸리면 만 리에 달하는 긴 악몽처럼 느꼈을 것이기 때문이다. 파라셀군도에는 누구도 소유하고 싶은 것이 없었다. 위험하기만 했으므로, 현명한 항해사들은 이곳을 피하여 선박을 조종했다.

이 원을 과거와 현재를 연결하는 하나의 문으로 그려보자. 우리는 현재를 잘 알고 있다. 우리가 지금 살아가는 세상은 개인의 존엄이 국가의 존엄에 희생당하는 곳, 국가와 기업이 더 많은 부와 권력을 얻기 위해 시민을 상대로 다투거나 서로 다투는 곳, 그래서 비행사가 남중국해에 추락하는 무의미한 죽음을 맞이하는 곳이다. 이에 비해 과거는 추상적이고 파악하기 어렵다고 느끼기 쉽다. 그래서 나는 셀던 지도를 이 책 중심에 놓기로 결정했다. 이는 어떤 논의를 하든 17세기를 늘 우리 앞에 놓고자 한다는 뜻이다.

셀던 지도의 중심이 왕웨이 소령이 떨어져 죽은 지점인 것은 순전히 우연의 일치다. 그렇다 하더라도 역사를 죽은 것이나 지나간 것이 아니라 또 다른 차원의 세상이라고 볼 수 있다면, 우리는 과거와 현재가 모든 면에서 서로 연결되어 있음을 발견할 수 있다. 즉 중국을 둘러싼 바다 안이나 그 위에서 발생한 사건은 모두 민족국가의 형성, 세계 경제의 민영화 그리고 국제법의 출현과 연결되어 있으며, 이 모두는 바로 셀던 지도가 만들어진 시기에 등장했다.

오늘날 우리는 중국을 왕래할 때 바다를 이용하기보다 하늘을 지나간다. 하지만 하늘을 지나갈 때도 우리는 여전히 과거 사람들이 했던 일을 똑같이 반복한다. 우리 선조들 역시 여행을 하다가 교역을 했고, 이민을 하다가 물건을 훔치기도 했으며, 원조를 하다가 협박을 당하기도 했다. 즉 경우의 수를 가진 모든 사람과 관계를 맺다가 소수는 부자가 되었지만 이들을 제외한 나머지는 당장 눈앞의 생존에 급급해야 했다. 지난 4세기 동안 세상은 많이 변했지만 우리는 크게 달라지지 않았다. 4세기 전 선조들보다 나아진 점이 조금이라도 있다면 그것은 우리가 과거를 돌아보고 어떤 일이 벌어질 수 있었는지 상상하고, 만약 그것이 실현되지 않았다면 왜 그랬는지 그 이유를 이해할 수 있다는 것뿐이다.

책 전체를 17세기의 지도 한 장으로 채우는 것은 단순히 지도 자체가 아니라 이것이 그려진 세계를 이해하는 시야를 제공하기 위해서다. 지도 제작자를 알 수 없으므로 지도의 역사를 직설적으로 설명하는 것은 어려워졌다. 지도의 기원에서 이야기를 시작하고 싶었지만, 이야기를 풀어갈 수 있는 유일한 지점은 지도가 발견된 곳이다. 그곳에서 출발해서 때로는 중국으로, 때로는 17세기 초로 왕래하면서 언제, 어디서, 왜, 어떻게 이 특별한 지도가 만들어졌는지에 관한 비밀을 풀어보려 한다.

우리의 첫 여행은 영국의 스튜어트왕조(1603~1714) 시대, 즉 법률가존 셀던이 지도를 수집하고 도서관 사서 토머스 하이드Thomas Hyde가 주석을 달았던 시기에서 시작된다. 두 번째 여행은 명조(1368~1644)의 중국을 둘러싼 바다로, 중국인과 유럽인 항해가들이 무역로를 개척하여 이 지역을 하나의 해양 교역 체제로 통합하던 시기다. 세 번째 여행은 셸던 지도와 관련한 특별한 역사로, 이 지도가 만들어질 때까지 거슬러 올라가는 해도와 지도의 역사다.

이것은 거꾸로 떠나는 여행으로, 지도를 읽은 사람에서 시작하여 이것을 획득한 사람으로, 다시 그것을 만든 사람을 찾아가는 것이다. 각각의 여행에서 우리는 셸던 지도에 담긴 비밀을 풀어가는 데 점점 더 가까워질 것이다. 하지만 전부는 아니다. 지도에는 스스로만 간직한 비밀이 있는 법이다.

———————————

나는 국경 초소에 서서 지도를 밀수할 경우 어떤 결과를 초래할지 고민하기 시작했다. 분명 내가 지도를 가지고 중국을 떠날 가능성은 없었다. 하지만 지도가 없었다면 내가 떠날 수 있을지에 대한 질문조차 하지 않았을 것이다. 이것은 뜻밖의 행운이었다. 내가 떠나는 것이 허용되어서가 아니라 내가 종이 한 장보다 훨씬 더 오래 지속되는 것, 즉 기억을 간직할 수 있었기 때문이다. 지도가 몰수되었기에 일상의 바닷속에 빠져 잊힐 뻔했던 그날의 기억이 내 뇌리에 책갈피처럼 남았다. 기억 속의 지도라! 진실로, 괜찮은 거래였다.

그날 이후 나는 30여 년 동안 더 자주 상당히 멀리 여행을 다녔다. 그때 그 지도를 간직했더라면, 나는 아마 그 지도를 아주 오래전에 버렸거나 잃어버렸을 것이다. 누구나 파악할 수 있는 물건의 한계는 존재하기 마련이다. 여전히 그 지도를 소유하고 있다 할지라도, 학자가 되기 위해 필요했던 잡다한 서류함이나 박스 안에 그것을 묻어놓았을 공산이 크다. 하지만 그로써 어떤 일이 생겼을지 누가 알겠는가? 내가 죽고 한참이 지난 언젠가, 누군가 그 박스를 열어 지도를 꺼내고는 궁금해할지 말이다. "도대체 이건 뭐지?"

바다를 닫다

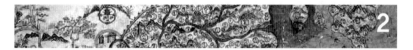

2

셀던 지도에 대해 우리가 확실히 알고 있는 것은 이 지도가 1659년 9월 보들리안도서관에 기탁되었다는 것이다. 사실 이마저도 확실하지 않다. 이 날짜는 도서관에 있던 존 셀던의 많은 자료가 옥스퍼드로 배달된 시기에서 추론한 것이기 때문이다. 배달 날짜는 앤서니 우드Anthony Wood라는 젊은 남성이 기록했는데, 그는 광적으로 책을 좋아하는 '타고난 유전자' 덕분에 보들리안도서관에 보관된 고문들을 읽으며 한평생을 보낸 인물이다. 우드는 지도를 특별하게 취급하지 않았다. 지도가 담긴 좁고 긴 상자는 보들리안도서관에 도착한 몇백 개 상자 가운데 하나였고, 우드는 도서관 관리자인 토머스 바로우Thomas Barlow를 도와 템스강을 건너기 위해 수레에 실렸던 물품들의 포장을 풀고 정리하였다.

셀던은 모든 책과 원고들을 런던 화이트프라이어Whitefriars에 있는 자신의 집에 설치된 붙박이 책장(당시에는 상당히 새로운 설치방식이었다)에 아주 질서정연하게 배치해놓았다. 셀던이 죽은 후 그의 소장품이 도서관에 목록화된 것을 보면 당시 도서를 포장하던 이들이 셀던의 배열 순서를 유지하려고 노력한 것을 알 수 있다. 하지만 그럼에도 옥스퍼드에 도착해 짐을 푸는 과정에서 조금씩 뒤죽박죽되었을 개연성이 높았다. 모든 물건은 확인 작업을 거쳐 도서관 서쪽 끝에 있는 열람실과 연결된 갤러리로 운반되었고, 나중에 셀던 구역Selden End으로 명명된 곳에 주제별로 배치되었다. 셀던이 사망한 뒤 화이트프라이어에서 소실된 자료와 같은 운명이 되는 것을 방지하려고 귀중품에는 사슬을 부착했다.

이것은 보들리안도서관이 이제까지 기증받은 도서와 원고 가운데 규모가 가장 컸다. 오늘날 기준으로 볼 때 이는 매우 값비싼 거래로, 사슬이 25파운드, 운송비용이 34파운드에 달했다. 엄청난 양의 업무를 소화해야 하는 부담 때문에 바로우는 사직했다고 한다. 자료를 푸는 과정에서, 우드는 이 대단한 인물이 책을 읽다가 방해받았을 때 자신이 읽던 곳을 잊지 않으려고 아무 생각 없이 했던 습관을 발견했다. 여기저기 페이지들 사이에 끼여 있는 안경들을 발견한 것이다. 임무에 충실했던 우드는 잊혔던 북마크들을 바로우에게 전달했고, 바로우는 감사의 표시로 그중 하나를 우드에게 남겨주었다. 우드는 셀던을 당대의 가장 위대한 학자로 생각했기에 그를 기념하려고 그의 유산을 평생 잘 보존했다.

그림 2 1653년 6월 11일자 셀던의 유언장에서 발췌한 내용. 셀던은 유언 집행자에게 '그곳에서 잘 만들어진 중국 지도(Mapp of China made there fairly)'를 옥스퍼드대학교에 기부해야 한다고 지시했다. 하지만 유언장 공증 사본에는 법적으로 유효한 대학 이름이 명확히 기재되어 있지 않다.

　　셀던이 기증을 결심한 것은 1654년 6월 11일이다. 그는 자신의 학술적 자산을 양도하겠다는 뜻을 담은 유언장을 첨부했다(그림 2 참조). 이 문서에서 그는 자신의 '중국 지도Map of China'를 지목했다. 이것은 그가 유일하게 지도를 언급한 부분이다. 또한 이것은 그 자신이 소장품 가운데 이름을 붙인 유일한 물품이라는 점에서 두드러진다. 다른 책과 원고들에 대해서는 간단히 분류만 언급했을 뿐이다. 가령 아시아어로 된 원고들에 대해 '히브리어, 시리아어, 아라비아어, 페르시아어, 터키어 또는 다른 동양어로 알려진 언어'라고 언급했지만, 이것들에 대해 따로 이름을 붙이지는 않았다. 또 그는 그리스어로 된 원고들에 대해 '모든 탈무드와 랍비 문학책 가운데 아직 도서관에 없는 것들'이라고 언급했는데, 그의 방대한 히브리어 원고들을 의미했다. 유언장에는 비록 이를 언급하지 않았지만, 이 물건들이 옥스퍼드로 갈 것을 공표했다. 유언장에는 '중국 지도'에 대해 몇 줄이 추가되어 있는데, 'the said Chancelor Masters and Schollars'에게 보내라는 구절이다('Chancelor'는 대학 총장을, 'Masters'는 교수들을, 'Schollars'는 대학생들을 의미한다). 여기서 'said'라는 단어는 그가 이미 이러한 학술 집단으로 구성된 대학을 언급했음을 의미한다. 그런데 유언장에는 그 언급이 없다. 무언가가 빠진 것이다.

그의 유언을 필사한 대주교 특권 재판소 서기의 난해한 필기체를 읽는 데에 익숙해지면 (이는 유일하게 남은 필사본이다) 오류를 쉽게 찾을 수 있다. 문단 네 번째 줄을 왼쪽에서부터 오른쪽으로 읽으면

> ...understood by the name of orientall or in greek to as also with them ...

많은 고문서학적 고심 끝에 나는 'to'라는 단어 다음에 무언가가 문장에서 빠졌다고 판단했다. 원래 문장은 이렇다.

… understood by the name of orientall or in greek to the chancelor, Masters and Schollars of Oxford University, as also with them … (동양어나 그리스어라고 이해되는 것은 다른 …… 과 함께 옥스퍼드대학의 총장, 교수, 학생들에게)

환언하면, 기증을 받는 사람이 글에서 빠진 것이다. 이러한 생략은 셀던이 의도한 것은 아니지만 그의 실수도 아니다. 아마도 그의 유언이 1655년 2월 법정에서 공증되기 위해 제출되었을 때, 서기가 단순하게 원문을 필사하면서 한 줄을 빠뜨린 것처럼 보인다.

사라진 문장이 유언 집행자를 어리둥절하게 만들지는 않는데, 아마도 그들은 제대로 된 원본을 가지고 있었기 때문일 것이다. 같은 해, 첫 원고들의 묶음이 옥스퍼드로 향했다. 이것들은 정확하게 유언장에서 언급된 범주의 원고, 즉 그리스어, 히브리어 그리고 다른 아시아 언어로 된 원고들이었다. 남은 소장품 처리 방식은 셀던이 그의 유언 집행자에게 남긴 의사에 따라 결정되었다. 소장된 도서들이 '일반적인 매매'로 처분되어서는 안 되었지만, 일부 도서는 '소중품에서 분리되어 폐기되거나 선택되어 공적 용도로 사용될 수' 있었다. 셀던은 유언 집행자들에게 책들을 '일부 가까운 공용도서관이나 대학들의 일부 단과대학'에 주어도 된다고 덧붙였다. 1659년 9월이 되어서야 그의 도서 대부분이 옥스퍼드에 도착했다.

일이 4년간 지연되면서 악성 루머가 떠돌았다. 상당수는 셀던이 상속자 또는 상속자로 인정받을 만한 사람이 없어서 그의 도서가 옥스퍼드로 옮겨질 운명에 처했다고 추정했다. 그래서 도서들이 4년 동안이나 그의 집인 화이트프라이어에 머물러야 했다고 생각했다. 누군가는 셀던이 옥스퍼드를 향해 일종의 조롱을 한 것이라고 생각했다.

전하는 바에 따르면, 셀던이 남은 생애 동안 보들리안도서관에서 일부 자료를 빌리겠다고 요청했지만 이를 바로우가 거절했기 때문이라는 것이다. 대출된 자료를 돌려받지 못하는 사례가 많았으므로, 바로우가 소장 자료가 도서관을 떠나는 것을 좋아하지 않았던 것은 사실이다. 그리고 실제 바로우는 대출이 불가능하다는 보고서를 대학 본부에 제출한 적이 있다. 하지만 대학은 가장 어려웠던 올리버 크롬웰Oliver Cromwell 치세에서 살아남을 때, 셀던의 재빠른 개입에 상당 부분 의존했으므로 바로우의 반대를 기각했다. 셀던은 원하는 자료가 있다면, 한 번에 3개 이하 자료를 100파운드라는 거액을 보증금으로 맡기고 빌려 1년 안에만 반환하면 되었다.

바로우는 셀던이 사망하고 9일이 지난 뒤 런던에 올라가 그의 유산을 살펴보았다. 하지만 그의 도서들이 옥스퍼드에 바로 당도하지 않자 다시 구설수에 올랐다. 결국 배달이 지연된 원인은 법학도서와 의학도서를 각각 다른 기관에 기증하도록 되어 있어 이로써 혼란이 발생했기 때문이다. 일단 기증품의 방향이 정리되자 도서관에 있는 남은 자료들은 모두 옥스퍼드로 향할 수 있었고, 이렇게 해서 책들이 배달된 것이다.

사실 셀던의 소장품 대다수가 어디로 가야 할지, 그리고 지도를 어떻게 처리해야 할지에 대해서는 의문의 여지가 없었다. 다만 우리가 알 수 없는 것은 그 지도가 1655년에 도착한 첫 번째 문서 더미에 있었는지, 1659년에 도착한 두 번째 문서 더미에 있었는지다. 물론 이것이 이 이야기에서 특별히 중요한 것은 아니다. 내가 이것을 언급한 이유는, 이 물건이 우리 질문에 그리 쉽게 답을 주지 않을 것이라는 점을 강조하기 위해서다.

1618년 12월, 셀던은 제임스 1세 앞에 서도록 명령을 받았다. 당시 셀던은 그달의 16일 목요일에 서른네 번째 생일을 맞이했다. 왕을 알현하는 일은 그의 생일 일주일 전후에 이루어졌다. 셀던이 일흔 살 생일을 이틀 앞두고 사망했으므로, 1618년 12월은 그 인생의 중간 지점에서 1년 앞선 때였다. 그의 활동 초기에 그려진 초상화는 많은 시간을 사색에 잠겨 지내는, 현실 세계에서 약간은 동떨어진 남성으로 그려져 있다(그림 3 참조). 이후 그의 삶의 여정에는 헌법 법률가이며 국회의원이자 근대 영국법의 기초를 확립한 법률학자로서 화려한 삶이 기다리고 있었다. 그뿐만 아니라 그에게는 멋진 엘리자베스 탤벗Elizabeth Talbot, 즉 켄트Kent의 백작부인이자 이전까지 자기 후원자였던 이의 미망인과 사적 결혼이라는 이력도 있었다. 교회에는 그의 결혼 기록이 없는데, 이는 결혼이 성례가 아니라 사회적 계약이므로 하나님이나 교

회와는 상관이 없다고 간주했던 셸던의 성격에 따른 결과였다. 적어도 결혼은 다른 누구와도 크게 관련되지 않았다고 생각했다.

셸던은 한때 "한 인간이 자신의 삶에서 경험하는 모든 행위 가운데 결혼은 타인들을 가장 덜 신경 쓰며 하는 일이지만 타인들로부터 가장 많이 간섭받게 되는 일이기도 하다"며 비꼬듯 언급한 바 있다. 화이트 프라이어에 있던 엘리자베스의 집은 마침 셸던의 법률사무소가 있던 이너 템플(Inner Temple, The Honourable Society of the Inner Temple)에서 동쪽으로 두 블록 떨어져 있었으며, 둘이 함께 살면서 셸던의 집이 되었다. 이 모든 일은 셸던의 겸손한 성품이나 학자적 취향으로는 예측하기 힘든 것들이었다. 물론 이 모든 일은 제임스 1세가 그를 부르지 않았다면

그림 3 30대로 추정되는 젊은 셸던 모습. 그 시절 셸던은 여전히 벤 존슨이나 존 던과 교류를 즐기면서도, 헌법 분야에서 영국 최고 전문가로 명성을 얻었다.

발생하지도 않았을 것이다.

만약 셸던이 놀라운 문화적 향취로 가득한 튜더왕조 시대를 맛보고 싶었다면, 런던은 반드시 있어야 할 곳이었다. 엘리자베스 1세 시대 (1558~1603) 런던은 그다지 내세울 것이 없는 집안 출신의 똑똑한 남성들이 가득 찬 도시였다. 신학자, 법률가, 시인, 극작가들이 가득했는데, 셸던은 곧 자신이 그들 사이에 있음을 깨달았다. 그의 친구들 가운데는 시인 존 던John Donne, 풍자작가 벤 존슨Ben Jonson, 극작가 프랜시스 보몬트Francis Beaumont가 있었다. 그가 셰익스피어를 만났다는 기록은 없으나 그가 돌아다닌 구역을 살펴보면(가령 셰익스피어의 「실수의 희극Comedy of Errors」과 「십이야Twelfth Night」의 초연이 인스오브코트Inns of Court 와 인접한 곳에서 있었다), 서로 마주치는 것을 피하기는 어려웠을 것이다. 셸던은 노년에 다양한 분야에 업적을 남겼지만, 그럼에도 그는 시인으로 기억되려 하지는 않았다.

엘리자베스 시대 런던에 사는 사회적으로 야망 있는 젊은 남성들은 예외 없이 시를 썼고, 이에 셸던도 20대에는 충실하게 운문을 썼지만, 모호한 표현으로 가득한 그의 시를 읽는 것은 마치 십자말풀이를 하는 것 같았다. 그나마 동료 시인들이 그의 문학적 성과를 최고로 평가한 것은 '알찬 셸던solid Selden'이라는 작고 희미한 찬사였다. 노년에 셸던은 시란 '아이들이 배워서 쓰기에 좋은 것'이며, 평범한 재능을 지닌 사람이 시를 쓴다면 '자기만족을 위해 써야지 이것을 대중화하는 것은 어리석은 짓'이라고 말했다. 그가 시적으로는 평범했던 젊은 날의 자신을 유감스럽게 생각했기 때문에 이런 말을 남겼던 것이 아닐까.

문학세계에서 셸던과 가장 가까운 친구였던 벤 존슨은 당시 유명한 시인 두세 명 중 하나였다(그림 4 참조). 셸던이 제임스 1세에게 불려가 질문에 답할 것을 요구받았을 때, 존슨이 동행했다. 존슨은 무명에서 시작해 자신의 재능과 지적 능력으로 성공한 또 다른 인물이었다. 존슨은 벽돌공 아들로 입양되어 길러졌는데, 그의 친아버지는 경제적으로 파산한 설교자였으며 존슨이 태어나기도 전에 사망했다. 이는 셸던의 사정과 크게 다르지 않았다. 셸던의 아버지는 가족을 가까스로 부양할 수 있는 정도의 땅을 소유했을 뿐이다.

셸던과 마찬가지로, 존슨 역시 그의 생각 때문이 아니라 그가 용기를 내어 쓴 글 때문에 옥살이를 한 적이 있다. 비록 존슨이 셸던보다 열두 살 많았지만, 셸던이 런던에서 머무른 첫해에 그들은 서로를 마음이 맞는 친구로 점찍었다. 존슨이 쉽게 만족하는 인물이 아니었기에 셸던이 그의 까다로운 요구를 통과한 것은 대단한 일이었다.

1605년 존슨이 감옥에서 풀려났을 때, 셸던은 그의 석방을 축하하는 손님 중 하나였다. 존슨은 "자화자찬을 잘하는 한편 다른 사람들은 쉽게 경멸하고 비웃어 친구는 잃어도 농담은 잃지 않는 사람이다"라는 평판을 받았고, 사실이 그랬다. 하지만 그는 동시에 '자기 자신 혹은 주변 친구들 그리고 같은 고향 사람이 한 일이나 말에 대해서만 생각'하는 사람이기도 했다. 셸던도 그런 친구들 가운데 하나였다. 그들의 성격은 완전히 달랐는데, 존슨은 '열정적으로 친절하거나 흥분하는' 성

그림 4 시인 벤 존슨의 중년기 모습. 당시 셀던은 존슨의 후원자였던 제임스 1세의 부름을 받았다. 셀던이 런던에 살던 초기 시절 존슨은 셀던의 친밀한 친구였고, 경제적 여유가 있을 때는 셀던의 보호자 역할도 해주었다.

격인 반면, 셀던은 학구적이고 차분했다.

존슨은 1590년대 풍자적인 분위기에서 성장했고, 셀던은 향락적으로 더욱 양극화된 1600년대의 산물이었다. 그럼에서 서로에 대한 애정이 그들을 하나로 결합했다. 셀던은 존슨의 짓궂은 유머를 사랑했고, 존슨은 셀던이 자신의 무리에서 가장 똑똑한 사람이라는 사실을 알고 있었다. 셀던은 항상 존슨의 가장 가까운 친구이자 '벤의 무리'의 일원으로 손꼽혔다.

셀던에게 존슨은 감성적인 왕의 부름을 받아 가는 길을 동행해줄 이상적인 친구였다. 존슨은 제임스 왕과 앤 여왕이 1607년 새로 지은 저택에 입주할 때 이를 환영하는 가면극을 지었고, 이후 줄곧 최선을 다해 왕족들과 귀족들을 만족시켜주었다. 첫 번째 공연은 순수한 베가스Vegas였다. 문장은 이들을 위한 비겁한 아첨으로 가득했는데, '가장 공평한 여왕'과 '가장 위대한 왕'이 통치하는 시대는 '절대 지지 않을 빛나는 태양'이라고 묘사했다. 가면극의 중심인물은 그 집의 천재 같은 인물인데, 그는 자기 소유지의 주인이 곧 바뀔 것 같다는 생각에 우울해한다. 이 천재는 어둡고 긴 독백을 이렇게 마무리한다. "그래서 나는, 내가 무엇을 견뎌야 하는지 확신할 수 없구나. 모든 운명의 끝은 이해하기 어렵기 때문에."

존슨과 함께 왕을 배알하러 가는 길에 셀던도 이와 비슷하게 어두운 분위기를 느꼈는지 모른다. 궁정은 존슨에게는 익숙했지만 셀던에게는 완전히 낯선 세계였다. 그는 시인과 법률가들에 속했지, 왕국의 귀족 세계에 속했던 것이 아니었기 때문이다. 그는 아무것도 아니었고, 그의 미래는 저울 위에 매달려 있었다.

셀던은 영국해협에서 1.6킬로미터 정도 떨어진 서섹스Susses의 시골 마을에서 자랐다. 음유시인 존 셀던John Selden the Minstrel으로 알려진 그의 아버지는 소농민으로, 교회 예배나 성찬식 때 연주를 해서 수입을 보충했다. 좀 더 유복한 집안에서 태어난 어머니 마거릿 베이커Margaret Baker는 켄트 지방의 신사 집안인 시싱허스트Sissinghurst의 베이커 가문과는 혈연관계라고 주장했다. 이러한 의심스러운 주장이 사실이라는 증거는 없으나 그녀는 자기 아들이 나중에 세 마리 백조가 그려진 문장紋章을 사용할 수 있는 권한을 신청해서 받게 해줄 만큼 영향력이 있었다.

어린 존이 학교에서 명석함을 드러내자 선생님들이 그를 한 단계씩 통과시켜 결국 옥스퍼드까지 보낼 수 있었다. 4년간 대학생활을 한 셀던은 옥스퍼드를 떠나 런던으로 건너간 뒤 법학을 훈련받는 학문의 삶을 시작했다. 1604년 셀던은 4개 법학원Inns of Court[1] 중 하나이며 젊은 이들이 법정 변호사 자격을 준비하는 이너 템플에 입학했다. 그가 변호사 자격시험을 통과하기 3년 전인 1612년 이너 템플은 새로운 제도를 통과시켰는데, "이 학원에는 우수한 혈통과 품행을 갖춘 사람만이 입학할 수 있다"라는 조건이었다. 아마 음유시인의 아들 셀던이 6년 늦게 이곳에 도착했다면 이 제도가 그에게 부정적 영향을 미쳤을지 모른다. 하지만 1618년, 음유시인의 아들은 왕 앞에 서도록 명령을 받았다.

셀던이 왕의 주목을 받게 된 것은 그의 저서 『십일조의 역사The Histories of Tithes』 때문이었다. 이 책은 교양 있는 독자들의 주목을 받아 발행 첫해에 여러 차례 인쇄되었는데, 무명의 젊은 학자로서 꽤 깊은 인상을 남긴 것이다. 지금의 우리로서는 500쪽이나 되는 기독교의 십일조에 대한 역사책이 얼마나 많은 논란을 일으킬 수 있을지 상상하기 힘들지만, 당시 이 책은 엄청난 논란을 불러왔다. 이 책의 주장은 교회

---

1) 4개는 이너 템플(the Inner Temple), 미들 템플(the Middle Temple), 링컨스 인(Lincoln's Inn), 그레이 인(Gray's Inn)이다. —옮긴이

가 교구 주민에게서 추가 부담금을 걷는 권한은 신이 허락한 권한이 아니라는 것이다. 이러한 추가 부담금이나 십일조는 교회와 사람들 사이의 계약적 관계에 따랐을 뿐 신은 이렇게 하라고 명령한 적이 없다는 것이다. 성직자들은 상당한 충격을 받았다. 그들은 셸던이 커튼을 열어 자신들이 신의 뜻을 교묘하게 조작할 수 있었던 무대 뒤 은밀한 공간을 세상에 폭로했다고 느꼈다. 일부는 셸던의 머리가 잘려져 조형 접시figurative platter 위에 올라야 한다고 할 정도였다.

문제는 거기서 끝나지 않았다. 책 속에 숨겨진 폭탄은 신으로부터 부여된 신성한 권한을 전면 부정하는 주장으로 이는 일차적으로는 주교를 향한 것이지만 궁극적으로는 왕에게도 적용되는 것이었다. 제임스 1세는 이러한 견해를 달가워할 왕이 아니었다. 제임스 1세는 스스로를 르네상스 시대 사람으로 자부하면서 피지배층이 반드시 읽어야 할 정치와 윤리 문제에 대한 박식한 논문을 쓴 적이 있다. 그가 가장 아낀 것은 스코틀랜드의 제임스 6세 시절 에든버러Edinburgh에서 발표했던「자유 군주제의 진정한 법The True Law of Free Monarchies」이라는 제목의 논문으로, 이후 영국의 제임스 1세가 된 이후에도 런던에서 두 차례, 즉 취임식이 있던 1603년과 1616년에 다시 발표한 적이 있다. 고지식하고 따분한 성향을 지닌 제임스 1세는 작은 일에도 전제 군주에 대한 복종을 정당화하려고 했다.

그의 입장은 분명했다. 첫째, 왕은 신의 대리인으로 통치한다는 것이다. 신은 자신을 대신하여 세상을 통치하도록 군주를 임명했다. 둘째, 그의 표현을 빌리면 왕은 "법의 저자이자 생산자이지 법의 영향을 받는 자들이 아니다"라는 것이다. 빈틈없는 법률가인 셀던이 이러한 논문을 읽지 않을 수는 없었을 것이다. 실제로 그는 스코틀랜드판과 영국판 둘 다 읽었을 테고, 그랬다면 분명히 제임스가 왕권신수설을 옹호한다는 사실을 알았을 것이다. 그렇다면 그는 『십일조의 역사』가 왕의 주목을 받게 된다면 좋지 않은 일이 일어날 거라고 예상했을 것이다. 그런 것이 아니라면, 셀던은 아마 왕이 이 책의 독자가 되리라고는 전혀 예상하지 못했을 수도 있다.

왕 앞에 선 셀던은 전형적인 역사가들이 취하는 항변으로 대응했다. 그는 사실이나 법의 근거가 결여된 잘못된 관점을 정정하기 위해 단순히 역사적 자료가 증언하는 바를 기술한 것이라고 주장했다. 자신이 발견하거나 생각한 것에 대해 '기독교인이라면 모두 기뻐'했을 것이라고 했다. 만약 잘못된 관점이 수정되지 않은 채 남겨진다면, 이는 결국 교회 십일조의 법적 위상을 약화시켜 교회 수입에 악영향을 끼칠 것이라고 생각했다. 그는 사안을 똑바로 정립하는 것이 자기 의무라고 생각했다. 나아가 그는 자신의 목적이 교회를 가난하게 만드는 것이 아니라 오히려 신학적 주장을 따로 떼어놓고, 그 대신 십일조를 법이라는 확실한 기반 위에 세우려는 것이라고 했다. 그는 제임스 1세에게 "저는 전적으로 십일조가 신성한 권리라는 점을 논쟁 속에서도 남겨두었기에, 이를 이해한 성직자들에게는 수용될 수 있을 것"이라는 사실을 "결코 의심하지 않았"다고 설명했다. 셀던은 자신의 의도가 "전적으로 자신을 역사적 영역에 두는 것"이라고 주장한 것이다.

물론 셀던도 이것이 그렇게 쉽게 이해되지 않으리라는 사실을 알고 있었다. 연구 성과를 라틴어가 아니라 영어로 출간했다는 것은, 그가 명백하게 이 책의 독자를 좁은 학문집단에 국한하지 않았으며, 따라서 이에 대한 논란을 예상했음을 알려준다. 당시 그가 던진 가장 큰 도전은 법이란 전적으로 인간이 만든 원칙임을 이해시킨 것이었다. 훗날 이에 대해 그는 '모든 법은 왕과 사람들 사이의 계약'이라고 주장했다. 즉, 왕은 교회를 대신하여 법률을 제정함으로써 십일조를 강제할 수 있으나 교회는 자신을 위해 법률을 제정할 수도 없거니와 이를 신의 이름에 기대어서도 안 된다는 것이다. 그는 "영적 사법관spiritual jurisdiction과 같은 것은 존재하지 않는다"라고 선포했다. "모든 것은 민간의 것이며, 교회의 것은 시장lord mayor의 것과 다름없다." 셀던은 십일조 징수에 대한 교회의 법적 권한을 두고 논쟁하지 않았으며, 단지 이것이 신성한 권한divine right에 따라 교회의 것이라는 주장에 대해서만 이의를 제기했다.

아쉽게도 4세기가 지나 그들의 대화를 엿듣고 싶은 우리에게는 십일조와 관련하여 논의하기 위해 만난 그 두 사람 사이에 정확히 어떤 대화가 오고 갔는지 알려주는 기록이 남아 있지 않다. 셀던에 따르면, 그는 가급적 상냥하게 자기 관점을 피력했다고 한다. 주교들은 그들이 신으로부터 세금 징수 권한을 부여받지 않았음을 피력하는 셀던이 내민 증거들 때문에 곤란해 했다. 이에 대해 셀던은 적절한 사과를 하긴

했으나, 여전히 그는 문제가 자신에게 있는 것이 아니라 주교들에게 있음을 은연중에 내비쳤다. 그는 단지 잘못된 견해를 바로잡고자 했을 뿐이다. 셀던에게 다행이었던 것은, 제임스가 논쟁에 빠져들면서 주교들을 화나게 한 주제에 대해 흥미를 잃었다는 사실이다. 제임스는 셀던의 논의가 세금을 징수하는 그의 신성한 권한에 잠재적 도전이 될 수 있음을 파악하지 못한 것 같다. 주교들의 신권을 향한 공격이 조만간 왕의 신권에 대한 도전을 의미했기에, 제임스는 이를 간파했어야 했다.

제임스는 셀던을 가볍게 놓아주었다. 그는 책의 판매와 셀던이 향후 십일조와 관련된 논쟁에 참여하는 것을 금지했다. 젊은 법률가에게 더 가혹한 조치가 내려질 수도 있었으나 그러지 않았다. 아마도 제임스가 좋아하는 시인 벤 존슨이 셀던의 친구라는 사실이 도움이 되었을 것이다. 어쨌든 셀던은 감옥에 가지 않아도 되었다. 적어도 이번만은.

『십일조의 역사』가 당시 진행되던 정치 사상계의 큰 변화와 관련되지 않았다면 그리 주목받지 못했을 것이다. 당시 권력을 탐하는 군주가 한편에 있었다면, 다른 한편에는 점진적으로 담대히 자신들의 권리를 요구하는 시민들이 있었다. 셀던이 지도를 얻기도 전에 지도와 연결되는 실마리는 바로 왕과 만나면서, 그것도 대단히 우연하게 생겨났다. 제임스와 만나는 자리에는 당시 버킹엄 가문의 후작(이후 공작이 되었다) 조지 빌리어즈George Villiers가 있었다. 왕의 총애를 받은 버킹엄은 자신의 갖은 인맥을 동원해 해군장관Lord of the Admiralty 등 조정에서 더 강한 자리에 서는 일을 서슴지 않은 인물이다.

셀던은 그날 그를 처음 만났다. 버킹엄은 셀던에게 잘 대해주었다. 적어도 그로부터 1년 뒤 셀던이 프랑스의 영국 대사에게 보낸 서신에서 묘사한 친절한 표현을 믿는다면 말이다. 서신에 따르면, 버킹엄이 "극진히 친절한 태도와 인간미로 나를 대해주었다"라고 했다(버킹엄에게 셀던은 완전히 낯선 사람이며 조정에 기여한 바가 없기에 이렇게 대할 자격이 없는 사람이었다). 그렇지만 양이 늑대에 대해 무엇을 더 말할 수 있겠는가?

셀던에 대한 버킹엄의 관심은 그의 주인(왕)과는 완전히 다른 것이었다. 셀던이 자기 재능을 겸손하게 숨기는 사람은 아니었으며, 이전에 자신이 저술하는 글에 대해 주변 사람들에게 뽐냈음이 틀림없다. 버킹엄이 풍문으로 듣길, 셀던이 해양 강대국이 되고자 하는 대영제국의 야망을 가로막았던 최근 네덜란드의 조약에 대한 반박문을 썼다는 것이었다. 버킹엄은 이것을 원했다.

문제가 되는 조약이 공개된 것은 9년 전인 1609년이다. 표지에는 저자를 표기하지 않았으나, 이 문건이 하위흐 더 흐로트 작품이라는 것은 공공연한 비밀이었다. 네덜란드의 뛰어난 천재이자 라틴어 이름인 그로티우스로 더 잘 알려진 그가 이 책을 출간할 당시 나이는 스물여섯 살이었으며, 그는 이미 학문과 정치의 베테랑이었다. 그는 열여섯 살에 인문학에 관한 첫 저서를 출간하였고, 같은 해 헤이그의 변호사로 임명되었다. 열여덟 살에는 네덜란드의 공식 사관史官이 되었다. 그는 동시대의 떠오르는 석학이 되었고 평생 유명인으로 살았지만, 여생을 대부분 정치적 망명생활을 하며 보냈다(그림 5 참조).

버킹엄을 성가시게 했던 책이 바로 『Mare Liberum』('자유로운 바다',

그림 5 1608년 스물다섯 살의 하위흐 더 흐로트 모습이다. 흐로트는 이미 『자유로운 바다』를 저술하였고, 다음 해 익명으로 출판할 예정이었다. 그와 셀던은 경쟁 관계에 있던 각자의 후원자들 주장을 방어하는 과정에서 지적인 논쟁 상대가 되었다. 동시에 그들은 상대방에 대한 찬미자였다. 두 사람을 통해 근대 국제법의 기반이 마련되었다.

보통 '바다의 자유'라고 불렸다)이다. 여기서 흐로트의 주장은 간단했다. 어떤 국가도 바다에 대한 독점적 관할권을 주장할 수 없고, 따라서 모든 국가의 선박은 어디든 자유롭게 무역하기 위해 항해할 수 있다는 주장이다. 『자유무역』이라는 제목이 더 어울릴 법한 책이다. 책에서 흐로트가 맡은 과제는 1494년 교황 중재로 스페인과 포르투갈 사이에 체결된 토르데시야스조약을 근거로 네덜란드 동인도회사VOC는 동인도양에 선박을 보낼 권리가 없다는 포르투갈 주장에 법률적으로 맞서는 일이었다. 이 책은 대단히 특별한 상황에서 등장하여 아주 특별한 이익을 대변했다. 이것은 포르투갈을 상대로 한 도전이었지만, 네덜란드가 국제무역에 진입하는 것을 차단하고자 견제하던 다른 국가에 대한 도발로 읽히기에 충분했다. 무엇보다 그의 주장은 오늘날 우리가 알고 있는 국제법의 근간이 될 만큼 법적 타당성도 충분했다.

이러한 논쟁을 야기한 사건은 1603년 2월, 오늘날 싱가포르해협으로 알려진 말레이반도 남쪽에서 발생했다. 네덜란드 동인도회사 선장 야코프 판헤임스커르크Jacob van Heemskerck는 향신료를 찾으러 남중국해의 남쪽 가장자리를 1년이나 돌아다녔으나 큰 성과가 없었다. 당시 네덜란드와 영국 상인들이 처음 동남아시아에 오면 정박하는 첫 번째 항구는 반탐Bantam이었다. 아주 작은 독립왕국이자 무역항으로 자바Java섬 서쪽 끝에 있었다. 1602년 봄, 헤임스커르크는 배 다섯 척에 향신료를 실어 네덜란드로 보낼 수 있었다. 하지만 그의 주된 목표는 자바 동쪽에 위치한 몰루카Molucca제도, 즉 '향신료의 섬'이라고 알려진 곳을 독점한 포르투갈의 향신료 진지를 깨뜨리는 것이었다.

　포르투갈은 북유럽의 새로운 침입자가 자신들의 교역권 안에 들어오지 못하도록 공격적인 군사작전을 감행했다. 가령 나포된 네덜란드인을 처형함으로써 다른 경쟁자들이 자신들의 상권에 들어오지 못하도록 경고했다. 헤임스커르크는 향신료의 섬으로 전진하지 않고 말레이반도 동쪽에 위치한 국제항 파타니Pattani로 서진했다. 거기서 그는 조호르Johor 지역의 술탄 형제 라자 봉수Raja Bongsu와 협력관계를 형성했다. 라자 봉수는 말레이반도 남쪽 끝의 작은 지역을 차지한 유력가로, 이 지역에 대한 포르투갈의 고압적 전술에 대항하여 전쟁을 선포한 바 있었다. 헤임스커르크는 이번 항해에서 어떤 방법으로든 거금을 만들려고 혈안이 되어 있었고, 조호르의 술탄은 포르투갈을 없애는 데 혈안이 되어 있었다. 그래서 그들 사이에 싱가포르해협을 지나가는 포르투갈 선박을 포획하자는 계획이 성사된 것이다.

　헤임스커르크는 향신료를 정상적으로 구매할 수 없다면, 무력을 이용한 탈취라도 감행하려고 했다. 엄청난 금과 물품들 그리고 800명이 넘는 선원과 승객이 탄 산타 카타리나Santa Catarina호가 마카오와 말라카 사이를 지날 때 네덜란드가 공격을 감행했다. 하루 동안의 포격으로 카타리나호는 겨우 가라앉지 않을 정도로 무력화되었고, 포르투갈은 항복할 수밖에 없었다. 승선해 있던 모든 사람은 크게 다치지 않았지만 말라카로 보내졌고, 배와 그 안에 있던 물품들은 암스테르담으로 보내졌다. 이번 탈취에서 얻은 이익은 엄청났다.

포르투갈은 이에 크게 반발했고, 카타리나호 탈취 안건은 암스테르담 해군법정에 상정되었다. 1604년 9월 법정이 헤임스커르크와 네덜란드 동인도회사에 유리한 판결을 내린 것은 놀라운 일이 아니었다. 네덜란드 동인도회사는 자신들이 포르투갈을 상대로 한 전쟁에서 정당하게 싸워 획득한 합법적 전리품이라고 주장했다. 국제 공법에 따라 네덜란드와 조호르는 제삼자의 이익에 굴복당하지 않고 무역 관계에 진입하는 권한을 누렸다. 이른바 '자연법natural law'이라는 것에 따라, 헤임스커르크 같은 선장의 경우 실효적 판결이 부재한 가운데에서는 임의로 범죄자를 처벌할 권한이 있었던 것이다.

네덜란드 동인도회사는 이 승리가 불안정한 법적 논리에 기반하여 이루어졌음을 알고 있었기에, 판결이 나자마자 제대로 된 법률적 견해를 만들기로 했다. 그 책임자 가운데 한 명의 남동생이 흐로트와 대학 시절 룸메이트였는데, 이를 계기로 흐로트는 네덜란드 동인도회사에서 수수료를 받고 네덜란드 동인도회사를 대변하여 변론 취지서를 작성하게 되었다. 흐로트는 네덜란드 동인도회사로부터 제공받은 방대한 양의 문서들을 기반으로 그가 본래 수행해야 했던 임무를 초월한 엄청난 양에 달하는 법적 원고인 『탈취물 혹은 전리품에 대한 법On the Law of Prize or Booty』을 작성했다.

원고의 12장에서 바다는 자유로운 것인지 아닌지, 그렇기 때문에 제3자가 네덜란드 선박의 항해를 저지하고 토착 세력과 교역을 금지하는 데에 무력으로 대응하는 것이 정당한지 아닌지를 다루었다. 증대하는 무역을 두고 네덜란드가 영국과 경쟁했기에, 이 장이 따로 『자유로운 바다the Free Sea』라는 제목으로 출간된 것이다.

제임스는 이 책이 영국에 등장하자 곧바로 금서로 지정했으나 저자인 흐로트를 막을 수는 없었다. 4년 뒤인 1613년, 네덜란드에서 무역 분쟁을 해결하도록 런던에 그를 공식 사절단으로 파견했을 때 제임스는 이 젊은 네덜란드인의 스타일을 제대로 맛볼 수 있었다. 네덜란드 사절단은 명석한 두뇌와 뛰어난 라틴어 실력을 갖췄을 뿐만 아니라 자신을 반대하는 이들을 쾌활하게 자신감 넘치는 얼굴(영국인은 그가 젊다는 사실에 기분 나빠했다)로 상대할 줄 아는 흐로트를 공식 대변인으로 내세워 협상 일정의 개회식과 폐회식에 참석시켰다. 제임스는 이 협상에 참석해야 하는 특별한 이유가 있었는데, 바로 그가 스코틀랜드인이었기 때문이다. 이미 수십 년 전부터 네덜란드의 어선들이 스코틀랜드 동쪽 연해에서 청어를 잡아왔으나, 영국 왕실은 이 일에 개입하려 하지 않았다.

제임스의 고모인 엘리자베스 1세는 바다를 자유롭고 열려 있는 곳으로 보았다. 게다가 그녀의 재임 시절에는 별다른 문제가 발생하지 않았으므로 네덜란드에 북해를 떠나라고 말할 이유도 없었다. 설령 말했더라도 이는 영국에 도움이 되지 않았을 것이다. 네덜란드는 열린 바다에서 활동할 수 있는 더 좋은 장비들을 갖춘 상태였고, 청어잡이는 당시 그들이 세계적인 왕국임을 내세우는 데 중요한 기반이었다.

네덜란드 동인도회사가 자신들이 포르투갈을 상대로 한 전쟁에서 정당하게 싸워 획득한 합법적 전리품이라고 주장했다. 네덜란드인이 잡은 청어는 스코틀랜드 어부들에게 돌아가야 하며, 그렇지 않다 하더라도 네덜란드가 그곳에서 청어를 잡으려면 자신에게 사용세를 지불해야 한다고 생각했다. 이제 그는 스코틀랜드 왕이 아닌 영국 왕이었고, 이 문제를 국가의 가장 중요한 의제로 상정할 수 있었다.

1613년 4월 6일, 영국 왕 앞에서 진행된 개회식의 개회사에서 흐로트는 동인도제도東印度諸島에서 네덜란드 입장만 언급했다. 그는 네덜란드 동인도회사가 우선적 교역 관계에 있는 아시아의 통치자를 대변하여 그들을 포르투갈의 '임박한 파멸'의 손길로부터 구하기 위해 얼마나 자주 분쟁에 개입해야 했는지를 자세히 설명했다. 그는 향신료 교역에 진입하려면 엄청난 비용이 필요하다는 점을 지적하면서, 영국과 네덜란드가 서로 경쟁하기보다는 '공평한 동반자a fair partnership' 관계를 형성하자고 제안했다. 수많은 예시와 장황한 설명을 덧붙인 젊은 웅변가의 끊임없는 미사여구 때문에 개회식에 참석했던 이들 중에는 그 지루함을 견디지 못하는 이들도 있었다. 하지만 이것은 외교였으며 모두가 잘 처신해야 했다.

흐로트는 왕 앞에서 발표한 논문에서 청어잡이에 대해서는 아무 언급도 하지 않았다. 그는 자기 임무가 전혀 다른 것이라고 생각했다. 그는 자신을 고용한 네덜란드 동인도회사가 아시아에서 차지할 이익을 위해 그 자리에 있었다. 동인도제도에서 이윤을 획득하기 위한 경쟁이 여전히 치열하게 진행되었기에, 네덜란드 동인도회사는 영국이라는 상대와 같은 바다에서 경쟁하고 싶지 않았다. 흐로트는 네덜란드가 포르투갈과 경쟁해서 이김으로써 이제는 바다를 장악했다고 주장할 수는 없었다. 다만 지구 반대편에서 진행되는 무역에 참여하기 위해 엄청난 비용이 필요하다는 점을 지적했을 뿐이다.

6주 후, 흐로트는 사절단을 대표해 다시 강단에 서서 고별사를 발표했다. 다행히도 첫 번째 연설보다는 짧았다. 그는 공식적인 합의를 이끌어내지 못했음을 시인했다. 하지만 실패를 인정하기보다는 임시로 취할 수 있는 두 가지 방안을 제시했다. 하나는 양국이 모두 진출한 곳에서 상대방을 적대시하지 않는다는 것이고, 다른 하나는 '인도양의 다른 모든 지역에서 양국은 서로에게 최대한 우정의 증표를 확산하면서도, 양국이 각자 희망하는 대로 자유롭게 무역을 한다'는 것이었다.

제임스는 아시아 무역에 관심이 없지는 않았으나 어떻게 하면 네덜란드로 하여금 청어무역에서 사용세를 납부하도록 할 수 있을지에 더 관심이 많았다. 양국 모두 완전히 다른 목적으로 만나 아무것도 이뤄내지 못했는데, 이는 이번 협상뿐 아니라 2년 뒤 영국 사절단이 네덜란드를 방문했을 때도 마찬가지였다. 하지만 이 분쟁과 협상은 흐로트보다 조금 젊지만 유사한 영국의 젊은이에게 주목하는 계기를 마련했다. 셀던은 아직 흐로트가 누리는 명성을 향유하지 못했던, 이제 막 학자의 길에 접어든 상태였으나 이 두 사람은 이후 전 유럽에서 주목하는 학자가 되었다.

아마도 셀던은 흐로트처럼 자신의 끝없는 법률 지식을 바탕으로 세상사에 대한 대중적 방향을 인도하고 싶은 야망을 가졌던 것 같다. 비록 처한 상황에 따라 두 사람은 국제법이라는 새로운 영역을 탄생시키는 논쟁의 양극단에 각각 섰으나, 서로가 서로를 진심으로 존경했다. 1613년 이후 흐로트는 영국에 간 적이 없고 셀던은 영국 섬을 떠난 적이 없으므로 두 사람은 한 번도 만나지 못했다. 만약 그들이 만났더라면, 같은 영역에서 아주 똑똑한 두 사람이 되었을 것이다.

젊은 법정 변호사였던 셀던은 친구들의 출간물에 이따금 글을 쓸 당시, 제임스 왕 앞에 혜성처럼 나타났던 젊은 흐로트 이야기를 분명히 들었을 것이다. 정확히 무엇이 그의 흥미를 자극했는지 알 수 없지만, 셀던은 『자유로운 바다』 한 부를 손에 넣은 뒤 이에 대한 반박문을 쓰기로 결정했다. 물론 라틴어로 말이다. 그 결과물이 폐쇄해론 Mare Clausum, 문자 그대로 『닫힌 바다The Closed Sea』였으며, 1652년 영어 번역본의 어설픈 제목은 『바다의 지배 혹은 소유권에 대해서Of the Dominion, or Ownership, of the Sea』였다. 이것이 바로 버킹엄이 기대했던 바, 누가 청어잡이의 지배권을 갖는지에 대한 논거를 제공해주는 법적 논문이었다.

셀던은 1618년에 쓴 『닫힌 바다』 초고를 바로 버킹엄에게 주지 않았는데, 이것을 무언가 더 중요한 것으로 발전시키고 싶었기 때문이다. 『십일조의 역사』는 500쪽에 달했는데, 『닫힌 바다』는 아직 집필이 완전히 끝나지 않았는데도 이에 육박했다. 이듬해 여름, 셀던은 추가된 육필 원고를 제임스 왕에게 바쳤다. 이 원고는 해군법정에서 제임스로부터 버킹엄에게 전달되었고, 이후 다시 왕에게 돌아왔다. 그런데 전달된 타이밍이 그리 좋지 않았다. 셀던은 영국의 주권이 덴마크 연안까지 확장되는 북해 전역에 달한다고 주장했다(이는 오늘날 중국이 남중국해 전부를 영해로 주장하는 것과 크게 다르지 않다). 하지만 현실 세계의 정치가 걸림돌로 작용했다.

나중에 밝혀진 바에 따르면, 제임스는 자기 처남에게서 상당한 액수의 돈을 빌렸는데, 그 처남이 바로 덴마크 왕이었다. 그는 돈을 빌린 처남에게 당신 백성들이 북해에서 고기를 잡을 권한이 없다고 주장할 처지가 아니었다. 이 때문에 셀던은 고분하게 이러한 주장을 원고에서 삭제한 뒤 다시 왕에게 제출했다. 하지만 『닫힌 바다』는 권력의 회랑 어딘가에서 머물다가 회람되지 못했을 테고, 결국 출간되지 못했다. 그러나 '닫힌 바다Mare Clausum'라는 표현은 유럽 대륙으로 퍼졌고, 1622년 파리의 동료들은 셀던에게 이 책이 출간되었는지 묻는 편지를 보내오기도 했다. 그동안 왕은 늘 그랬듯이, 관심을 다른 곳으로 돌렸다.

셀던 역시 마찬가지였다. 왕의 주목을 받은 결과, 셀던은 자신이 다른 이들에게도 요주의 인물이 되었음을 알게 되었다. 1620년대의 10여 년 동안 셀던 삶에서 학문 비중이 줄어든 대신 정치 비중이 커졌다. 영향력 있는 인물들이 그에게 법적 문제에 대한 조언을 구하면서 그는 점차 대중적인 문제에 연루되었다. 그는 1621년 당시 의회에서 의석은 없었으나 상원과 하원의 법률 자문으로 활동했다. 당시 상원의원은 셀던에게 찾아가 자신들의 특권을 묻고, 하원의원은 자신들의 권리를 묻는다는 말이 유행할 정도였다. 그가 정치적 소용돌이의 중심에 서서 세간의 주목을 받게 된 계기가 있었다. 바로 상원의 노력 끝에 불법행위를 저지른 관리들을 탄핵할 수 있는 관례가 오랫동안 끊어졌다가 다시 부활하게 된 것이다. (1998년 영국 상원이 숙고 끝에 칠레의 군부 독재자 아우구스토 피노체트Augusto Pinochet를 스페인에 인도한 것은 일정 부분 1621년 셀던의 조언에 따라 재정립한 상원의 힘과 관계가 있다.)

국왕 제임스는 이 결과에 불쾌해했다. 12일 후 의회는 휴정했고, 제임스는 '자신에게 알려진 국가와 관련된 특별한 원인과 이유'를 들어 세 명을 체포하도록 명령했다. 그중 한 사람이 셀던이었다. 그는 구치소로 끌려갔으나 5주 뒤 무혐의로 풀려났다. 벤 존슨은 그가 잡혀갔다는 사실을 바로 알았을 것이다. 하지만 왕의 총애를 받는 계관시인桂冠詩人이 자신을 희생하면서까지 왕에게 나설 처지가 아니었다. 게다가 셀던이 감옥에 구금된 같은 달에 채권자에게 자기 집을 넘기는 사인을 해야 했던 존슨으로서는 더욱 그러했다. 셀던에게는 형벌의 경감이 필요했으나 존슨에게는 돈이 필요했다.

버킹엄이 존슨에게 100파운드를 지불한 뒤 자신의 새로운 시골 저택을 방문하는 제임스를 위해 가면극을 써달라고 요청했다. 존슨은 한 달 만에 자신이 쓴 작품 가운데 가장 긴 「변해버린 집시들The Gypsies Metamorphosed」이라는 장편 가면극을 휘갈겨 쓴 뒤 주역인 집시 대장에 버킹엄을 캐스팅했다. 그것은 아주 대담한 시도였다. 스튜어트 시대의 극에서 집시들은 일반 백성들을 속박하는 도덕적 제약에서 벗어난 자유로운 인물로 그려졌다. 버킹엄을 이렇게 배치한 것은 그가 왕의 총애 여부에 따라 버림받는 위치가 될 것을 암시했다. 존슨의 독자들 가운데는 이것이 제임스의 총애를 받는 버킹엄의 평판을 암시하는 것이라고까지 했다.

하지만 존 셀던을 이러한 상황에 놓으면 모든 그림이 달라질 것이다. 왕에게 한 첫 번째 연설에서 집시 대장(버킹엄)은 대륙에서 가톨릭과 개신교의 충돌을 완화하는 조치의 하나로 전쟁을 피했던 제임스 왕의 외교정책을 찬양한다.

이것을 위해, 온 세상 가운데, 당신은
'제임스의 정의JAMES THE JUST'라고 부르라.

대문자는 원본에 쓰인 그대로다. 제임스의 정의라? 존슨이 '영국 판사들의 참고서'라고 칭찬해 마지않던 친구 셀던은 바로 그해 감옥에 갇혀 있었다. 과연 그의 말에 귀 기울이는 사람이 있었을까?

존슨은 마지막 장면에서 노골적인 장면을 연출했는데, 음식을 훔칠 권리가 있다고 주장하는 술 취한 군대 대원들을 묘사하는 세 번째 집시가 등장한다.

우리의 마그나 카르타가 가르친 것과 같이

판사들에게 사줄 건강한 진수성찬은 없다.

영국의 마그나 카르타(대헌장)는 통치자에 대한 피지배층의 권리를 담은 고귀한 시금석이었다. 1215년 만들어진 대헌장은 전근대 헌법의 근간이 되었으며, 다른 무엇보다 "어떤 사람도 땅의 법이 아니고는 마음대로 구금할 수 없다"는 원칙을 주장했다. 셀던은 마그나 카르타 복사본을 여섯 개나 소유했고, 이를 주기적으로 자기 글에 인용하였다. 존슨 역시 이를 모두 알았을 것이다. 그렇다면 누가 진짜로 법을 가지고 농담을 했을까? 존슨은 운이 좋았다. 제임스는 정치적 수사가 운문으로 위장되어 표현된 것에 둔감한 사람이었다. 그는 가면극에 너무 심취한 나머지 숨겨진 가시 돋친 말을 눈치채지 못했다.

하지만 가면극이 공연될 무렵 셀던은 감옥에서 나왔다. 위기는 끝났고 마음은 다시 편해졌다.

체포되었던 셀던은 자신을 향한 경고를 무시하고 정반대로 행동하기 시작했다. 셀던은 짧은 투옥 생활 이후 위축되기보다 오히려 '국가의 특별한 사유'로 시민의 권리를 손상시키는 왕과 맞서기 위해 어떤 것이든 할 준비가 되어 있었다. 그는 다음 30여 년 동안 재판이 아닌 방식으로 권위를 준수하도록 강요하는 모든 시도에 저항했다. 그 상대가

왕이든, 심지어 의회라 하더라도 말이다.

다음 의회가 열린 1624년, 셀던은 하원의 조언자로서만이 아니라 그 구성원이 되어 의회에 참여했다. 논란이 생기기 전 의회는 정면으로 존슨이 죽을 각오로 솔직하게 '사해四海의 영주이자 크고 작은 섬들의 왕'이라고 칭했던 제임스와 겨룰 수 있었다. 그의 아들인 찰스 1세가 왕위를 물려받았다. 거만하고 야망으로 가득 찬 새 왕은 처음부터 의회와 충돌을 불가피한 상황으로 몰아갔고, 셀던 역시 돌아볼 겨를도 없이 싸움에 말려들었다. 버킹엄(이제는 공작이었다)은 아버지(제임스)의 총애를 받았던 것처럼 아들(찰스)의 총애를 얻고자 했다. 제임스 때와 달리, 찰스는 버킹엄을 혐오했고 의회에서도 그를 끌어내리려 별렀다.

1626년 셀던은 위원회에서 버킹엄을 탄핵하기 위한 글을 작성하였다. 하지만 찰스는 의회를 휴정해서 버킹엄을 방어해주었다. 1628년 의회가 재개되자 셀던은 다시 탄핵 문서를 준비하는 데 참여하게 되었다. 하지만 탄핵 준비가 다 되기도 전에 불만이 가득 찬 한 군인이 술집에서 버킹엄 공작을 살해하면서 탄핵은 쓸모가 없어져 버렸다.

1629년 의회의 마지막 회의는 하원이 '톤 세와 파운드 세tonnage and poundage'를 걷겠다는 찰스의 요구를 거절하면서 대소동 가운데 끝났다. 이는 상업선의 수입품('톤 세'라 부른다) 혹은 수출품('파운드 세'라 부른다)에 과세를 하는 것이었다. 입헌적으로 의회의 동의가 없으면 왕은 세금을 부과할 수 없었다. 하지만 의회는 왕이 탄원의 권리the Petition of Right를 인정하는 것에 동의할 때까지 협조할 분위기가 아니었다. 탄원의 권리는 왕이 누군가를 협의 없이 구금하는 것 혹은 셀던의 첫 구속처럼 '국가의 특별한 사유'로 감옥에 가두는 권한을 거부하게 하는 의회의 법적 조치였다. 셀던은 탄원의 권리를 작성한 찬술자 가운데 한 명이었다.

의회를 다시 한번 폐쇄한 찰스 1세는 그의 아버지가 했던 대응을 반복했다. 그는 자신을 공격했다고 생각한 의원들을 체포했다. 이번에는 9명이 체포되었고, 셀던은 또 그 가운데 포함되었다. 그의 학문적 명성이 유럽에 널리 퍼져 있었기에, 이를 지켜본 흐로트부터 화가 폴 루벤스Peter Paul Rubens까지 그의 체포에 격분했다. 체포 혐의는 제시되지 않았고, 법무상attorney-general이 어떤 것을 가지고 주장하든 판사는 이를 기각했다. 거짓 정의의 수레바퀴는 천천히 굴러갔고, 피고인 9명이 보석 심리審理를 얻는 데만 8개월이 걸렸다. 심리를 맡은 수석 재판관은 이들이 앞으로 잘 처신하겠다는 증서에 서명한다면 모두에게 보석을 허용할 것이라고 장담했다. 셀던은 이것을 불법적인 조건으로 풀려나는 것이라 간주하고 거절했다. "우리는 권리에 입각하여 보석을 요구하는 것"이지 왕의 호의 표시에 따르는 것이 아니라고 언급했다.

그들은 다시 감옥으로 돌아갔다. 셀던은 다시 타워Tower에서 조금 더 나은 환경인 궁정재판소Marshalsea 감옥으로 옮겨졌고, 두 번째 해에는 자택 연금과 비슷한 형식으로 보냈다. 1631년 5월 그가 석방되기까지 어떠한 혐의도 발견되지 않았다. 비록 석방된 뒤에도 4년간 보호관

그림 6 인생 후반기의 셀던. 젊은 시절 초상화에 나타났던 예민한 불확정성은 사라졌지만, 어려운 시절을 겪고 난 후 냉소적인 표정이 드러나는데 냉혹한 인상은 아니다.

찰을 받아야 했지만 말이다. 말년의 모습을 보여준 자화상은 아마도 그가 석방되던 날 그렸을 것이다(그림 6 참조).

이전의 자화상에서 보여줬던 젊은 학자의 얼굴은 없어지고 그 자신의 명석함을 믿고 정치적 노선을 밟았던 일의 대가가 무엇인지를 배운 남성의 단호한 표정이 자리 잡고 있다.

1635년 셸던이 보호관찰에서 석방된 이유는 『닫힌 바다』 때문인데, 아마 그가 이전에 감옥에서 풀어날 수 있었던 이유도 이 때문이었을 것이다. 셸던이 갇혀 있는 사이, 찰스 1세는 다시 북해를 포함하여 모든 가능한 영역에 대한 주권을 주장하는 노력을 강화했다. 네덜란드는 청어잡이를 실질적으로 독점해가고 있었고 찰스는 그들을 밀어내고 싶어 했다. 이를 위해서는 강한 해군력이 필요했으므로 찰스는 아버지와 똑같이 해군 선박을 위한 새로운 세금을 징수했는데, 이를 '선박 자금ship money'이라 불렀다. 그에게는 법적 명분이 필요했다. 이미 1632년에 찰스는 자신의 해양 주권을 긍정하는 '약간의 대중적인 글'을 요구하기도 했다. 새로 지명된 캔터베리의 대주교 윌리엄 로드William Laud는 왕의 요구라면 무엇이든 할 준비가 되어 있는 인물인데, 소문에 따르면 그의 중개로 셸던에게 거래가 제시되었다. 『닫힌 바다』를 출간하는 대가로 그에게 자유를 주겠다고 한 것이다. 엔클로저[2]를 주장하면, 그를 가두고 있는 감옥의 울타리는 사라지게 되는 것이다. 그는 제의를 받아들였다.

셸던은 이미 이 원고를 쓰기 시작해서 1620년대 후반부까지 진행해왔다. 그리고 1635년 2월 그의 보석이 철회될 때까지 집필 작업이 거의 끝났다. 이것이 곧 출간될 것이라는 소식이 금세 퍼졌다. 흐로트는

---

2) 엔클로저는 15세기 영국에서 모직물에 대한 수요가 발생하면서, 토지 확보와 운영을 위해 미개간지·공유지 등 공용 이용이 가능한 토지에 담이나 울타리 등의 경계선을 쳐서 남의 이용을 막고 사유지로 만드는 행위를 뜻한다. ―옮긴이

이 소식을 5월에 들었고 교황은 6월에 들었다. 8월에 마지막 판본이 왕의 손에 넘겨졌고 11월에 출간되었는데, 셀던의 모든 저서 가운데 가장 값비싼 판본이었다. 이것은 악마의 계약일 수도 있었는데, 보석 석방을 지시하는 단 한 장의 공문서 복사본이 셀던 손에 쥐어져 있었다는 사실은 이 거래가 얼마나 비밀리에 진행되었는지 암시했다.

물론 셀던은 이 거래가 성사되기 전부터 석방되려고 노력해왔다. 그가 보기에 석방은 이미 너무 늦어졌다. 어쨌든 자유와 정의라는 원칙에 헌신했던 셀던은 동시에 혼합된 원칙과 실행이라는 가치도 받아들였다. 그가 다른 맥락에서 언급했듯이, "곤경에 빠진 국가에서, 직면한 악천후 상황에서, 우리는 물이 배를 빠르게 채우지 않도록 바로 강을 가로지르려는 생각을 하지 말아야 한다." (셀던 시대에 템스강을 건널 수 있는 다리는 하나밖에 없어 대부분 소형 배로 건너야 했다.) "하지만 파도가 오르내리듯이 우리는 최대한 편리함을 제공해야 한다."

셀던은 자기 친구들이나 적들에게도 자유를 얻기 위한 '편리함'을 위해 법률적 학문성을 팔지 않았다고 설득하지는 않았다. 당시 곤경에 빠진 국가는 어려운 시기에 처해 있었다. 확고한 도덕적 가치와 정당한 국가의 감찰을 포함하여 엘리자베스 시대의 확실한 것들이 의심받았고, 무질서 그리고 종교와 정치 문제에 대한 혁명적 열정이라는 사생아로 대체되고 있었다. 셀던은 갑작스러운 변화보다 느린 수정을 선호했다. 변화를 강요하는 것은 "위험한데 그 이유는 이것이 어디에 멈출지 모르기 때문이다. 이는 마치 한 줄로 이어진 계단 맨 위에 올려져 있는 바위와 같다. 이것을 치우기는 힘들다. 하지만 이것을 첫 계단에서 밀어뜨리면 바닥에 떨어질 때까지 멈추지 않는다." 따라서 이 바위가 떨어지는 길목에 서 있는 사람에게는 좋지 않을 것이다.

『닫힌 바다』의 1635년 판본은 뛰어난 작품이었다. 이 책은 두 부분으로 되어 있는데, 셀던은 서문에서 이것이 두 가지 논제라고 설명했다. "하나는 자연법 또는 국제법에 따라 바다는 모든 사람에게 공유되는 것이라고 볼 수 없지만, 토지와 같이 사적 지배 혹은 재산이 될 수 있다. 다른 하나는 영국 왕은 영국의 영토 주변을 둘러싼 바다의 주인이며, 이는 불가분하며 영속적인 영국제국의 부대附帶권리다." 그는 비록 이에 대해 더 많이도 혹은 적게도 논쟁하지 않을 것이라고 주장했으나, 주변 바다에 대한 영국의 관할권을 이론적일 뿐 아니라 현실적으로 치밀하게 방어하는 데 500쪽을 사용했다. 이 책은 완전히 객관적인 역사가 아니다.

셀던 연구의 출중한 권위자 제럴드 투머Gerald Toomer는 다소 신랄하게 비평했다. 『닫힌 바다』는 "역사적 논문이라기보다는 법률가의 준비 서면이다. 독창적인 자료와 근대 문학에 대한 지적 표현이 대단히 놀라움에도 말이다. 사람들은 셀던이 십일조의 역사를 다루었던 것처럼 영국 주변의 바다를 통제하기 위한 주장의 역사를 다뤄주길 바랐을 것이다." 투머는 셀던의 주장 가운데는 "너무도 명백하게 약하거나 불합리한 것이 있는데, 셀던 스스로 이를 근거로 삼았다는 것이 믿기 어려울 정도"라고 언급했다. 투머는 자신의 판단을 흐로트를 인용하여 표현했다. "법률을 능숙하게 다루는 법학자들이 힘 있는 자들을 만족시킬 때, 그들은 대개 기만당했거나 그들 스스로를 기만하는 것이다."

그럼에도 흐로트는 셀던에 대해 "인간적이고 학구적인 사람"으로 "나를 인간적이면서도 학자적으로 대하였다"며 칭찬했다. 셀던 역시 흐로트를 "박학한 사람으로 신학과 인문학 모두에 놀라운 지식을 갖추었기에 그의 이름은 어디서나 사람들에게 회자된다"며 옹호했다. 이는 불구대천의 원수들 사이의 대화로 들리지 않는다. 그리고 실제 그들은 원수가 아니었다. 두 사람 모두 자유를 인간의 기본 조건으로 간주하며 자유가 속박되는 것은 오로지 합의에 따라서만 가능할 뿐 절대로 일방적으로 이루어질 수 없다는 태도를 견지했다. 이것은 두 사람 모두 국가의 압제를 반대했고, 이를 위해서는 법이라는 수단을 사용해야 한다고 이해했다는 것을 뜻한다.

『자유의 바다』는 『닫힌 바다』와 마찬가지로 논쟁이라는 압박감의 부담을 받았을 것이다. 두 가지는 모두 각각 네덜란드 동인도회사와 찰스 1세라는 의뢰인들을 위해 쓴 법률가의 변론취지서였다. 양자 사이의 차이는 대부분 각자가 지지하는 법의 차이가 아니라 그들이 섬기는 이익의 차이였다. 본질 차이보다 정도 차이가 컸다. 그들의 관중은 양자 의견을 양극화하기를 좋아했고, 영국과 네덜란드는 각자 이 법률전투에서 승리했다고 주장하였다. 하지만 사실 다른 쪽을 완전히 배제하는 완전한 승리는 없었다. 이것은 오늘날 해양 국제법이 이동의 자유와 합리적 관할권이라는 두 요소를 혼합하여 이루어진 이유다. 두 사람이 해양법을 공동으로 만든 것이다. 다음 세대는 이것을 명쾌하게 이해하고 두 저자의 책을 모두 읽었다.[3]

셀던 지도가 흐로트 소유가 되었으면, 누구도 그 이유를 추측할 필요가 없었을 것이다. 지도 전경에 자리 잡은 싱가포르해협은 네덜란드 동인도회사가 흐로트를 고용하게 된 원래 사건이 일어났던 곳이다. 네덜란드 동인도회사가 흐로트에게 유럽인 지도 두 개 대신 셀던 지도를 주었다면, 그는 이것을 활용하여 네덜란드를 아시아의 바다에서 배척하려는 포르투갈에 맞서는 두 가지 주장의 근거로 제시했을 것이다.

첫 번째, 그 지역은 점유되지 않은 무주지無主地, terra nullius가 아니다. 그는 "문제의 동인도 국가들은 포르투갈 소유가 아니다"라고 썼으며, '오직 자유로운 인간과 제대로 된 성년sui juris'들의 법 영향 아래 있었다고 보았다. 두 번째, 흐로트는 이 지도를 사용하여 "아라비안들과 중국

---

3) 해군 위원회 장관 새뮤얼 피프스(Samuel Pepys)는 이러한 문제들을 걱정하여 1661년 겨울부터 1662년까지 매일 저녁 책 두 권을 나란히 읽었다. 그가 읽은 셀던의 책은 1652년 말차몬트 니덤(Marchamont Nedham)이 영어로 번역한 것으로 원래는 찰스 1세에게 바치려는 것이었는데 이것이 의회에 바치는 찬가 '바다에 대한 통치권(Right of Soveraigntie over the Seas)'으로 대체되었다. 1663년 4월 17일 군주제 아래 있던 영국에서, 피프스는 자신이 소장하던 복사본을 새 표지로 다시 묶어 왕에게 바쳤다. '왜냐하면 나는 이를 다른 사람이 영연방에 헌납하는 것을 보는 것이 부끄러웠기 때문이다.' 4일 후 그는 자신의 일기에 '때마침 내 사무실에서 내가 처음으로 영문 책에 'Mare Clausum'이라고 빨강 잉크로 제목을 다시 썼다. 이것은 새로운 정통적인 제목으로, 이제는 매우 그럴싸하게 보였다'라고 적었다.

인들은 현재까지도 동인도 사람들과 무역을 하며 이것은 몇 세기 동안 방해받지 않았다"라는 그의 요점을 강조할 수 있었다. 아시아의 바다에 진입함으로써 포르투갈은 이미 그곳에서 활동하던 아시아인들과 나란히 무역을 한 것이다. 이 두 상황은 네덜란드를 배제할 수 있다는 포르투갈의 견해에 불리한 것들이었다.

셀던은 이 지도를 사용하여 정반대 견해, 즉 포르투갈이 이 바다의 지배권을 갖고 있다는 것을 증명할 수 있었을까? 이는 물어볼 가치가 없는 질문인데, 지도가 『닫힌 바다』에 관한 것이 아니기 때문이다. 그 대신 일반적인 수준으로, 바다는 특정 상황에는 특정 국가의 관할 아래 놓일 수 있다는 사실을 보여준다. 이러한 관할이 무해통항을 배제하지는 못하지만, 적어도 바다가 자유로운 공간이라는 주장은 부정할 수 있었다. 틀림없이 셀던은 지도에 표시된 해양 무역 루트가 주요한 항구도시에 교점node으로 집중되어 있다는 것을 보여주면서 자기주장을 펼쳤을 것이다. 다만 주장이 아니라 설명을 했을 터인데, 왜냐하면 이 지도는 셀던과 흐로트가 가졌던 법률적 문제와는 근본적으로 관련이 없기 때문이다. 앞으로 보겠지만, 이것은 셀던 지도 제작자들의 관심 영역이 아니었다.

─────────

셀던이 그의 지도와 해양 주권의 관련성을 쓴 무언가가 있다면, 우리는 그가 왜 지도를 갖고 싶어 했는지 이해하기 좋았을 것이다. 하지만 그는 그러지 않았다. 그래서 우리는 다른 가능성을 고려하는 것이 나을 수 있다. 그가 지도를 보며 해양법에 대해 어떤 생각을 품었든지 간에 상관없이, 또 다른 동기로 그가 이 지도를 소유하게 되었을지 모른다. 이 동기의 숨길 수 없는 증거는 『닫힌 바다』에 담겨 있다. 가볍게 책장을 넘기다보면, 특히 1권의 역사 부분에 히브리어와 아랍 문자로 된 수많은 인용구가 있음을 보게 될 것이다. 셀던은 이것을 번역하거나 그 발음을 유럽 문자로 바꾸어 기록하는 데 그치지 않고, 해당 언어의 원문을 조판하였다. 『닫힌 바다』는 아랍어가 활자로 인쇄되어 있는 특별한 최초의 영어책이다. 셀던은 상당한 비용을 들여 각 언어의 활자를 디자인하고 주조하였다. 출판 역사학자들은 이것을 '셀던 활자Selden types'라고 한다.

이 책에 등장하는 중앙아시아 언어들은 우리가 거의 고려하지 않은 셀던의 다른 측면을 보여준다. 그는 당대의 가장 중요한 법률 역사가이며 헌법 이론가였다. 하지만 그는 또한 가장 새롭고 도전적 분야인 동양학의 위대한 인문학자였다. 르네상스 인문학은 라틴과 그리스 지식에 뿌리를 두고 있다. 동양학이 떠오르면서 그리스 오른쪽에 위치한 언어 연구가 학문적 실천 영역에 들어오게 되었다. 첫 번째 씨름해야 할 동양 언어는 히브리어였다. 셀던 외에도 히브리어를 읽을 수 있는 영국 학자들이 있었다. 그의 첫 번째 히브리어 선생님은 그의 멘토이자 좋은 친구였던 제임스 어셔James Ussher다. 어셔는 이후 아마Armagh

의 대주교가 되었다. 어셔가 유명했던 것은, 그가 세계 창조의 시기가 정확하게 기원전 4004년 10월 23일 일요일 전야임을 확증하는 히브리어 자료를 찾았다고 주장하였기 때문이다. 많은 학자가 히브리어를 몰랐으나 이 진지한 학자는 히브리어에 능통했다.

당시에는 히브리어에 대한 압력이 있었다. 가령 엘리자베스 여왕의 모험가 월터 롤리Walter Raleigh가 1614년에 『세계사History of the World』를 쓰면서 히브리어를 할 줄 모르면서 히브리어 인용문을 사용한 것에 대해 독자들에게 사과해야 한다고 느끼게 할 정도였다. 그는 보잘것없는 솜씨를 드러냈다고 인정했는데, 그가 이 책을 저술하는 데 1603년(투옥)부터 1614년(책 출간)까지 11년의 여유leisure시간이 있었다는 점을 고려하면 그렇다(이는 그의 책 안에서 재미있는 표현 가운데 하나였다). 제임스 1세는 1603년 권좌에 앉자마자 롤리를 타워에 가두었고, 책이 나올 때 그는 거기서 더욱 쇠약해져갔다(셀던이 같은 감옥에 갇힐 때 그는 이미 죽어 있었다). [4]

셀던은 쉽게 히브리어를 읽고 썼는데, 사실 그가 다른 대다수 학자들과 차별점은 다른 중앙아시아 언어들까지도 읽을 수 있었다는 것이

---

4) 롤리(Raleigh)는 그의 서문에 이어 사과의 문장을 넣으면서, 왜 그 역사가 현대까지 이어지지 않는지를 재미있게 설명했다. '이것에 대한 내 답은 이렇다. 현대사를 쓰는 사람이라면 누구나 진실의 뒤꿈치를 너무 바싹 쫓아가기에 이가 깨질 수 있다. 자신을 따르는 사람이나 하인들이 불평 많은 투덜이가 되도록 허용하는 여주인이나 인도자는 존재하지 않는다.' 롤리는 1616년에 석방되었으나 스스로 만회하여 제임스 눈에 들지 못해 1618년 처형되었다. 벤 존슨은 사고방식이 자유로운 롤리의 아들을 1612년 유럽 여행 중에 개인교습을 한 적이 있는데 형편없게도 그는 대부분의 시간을 술에 취해 있었다고 한다.

다. 그의 유언장에는 시리아어와 아랍어(두 언어 모두 어셔 대주교에게서 배우기 시작했다)뿐 아니라 페르시아어와 터키어가 언급되어 있다. 그의 언어적 탁월성은 역사학자로 훈련한 데서 말미암았다. 어려운 논쟁, 특히 나쁜 논리와 엉터리 주장으로 얽혀 있는 종교적 난제를 풀어내는 가장 좋은 방법은 조사해야 할 역사적 시간에 최대한 가까운 자료를 찾아가는 것이다.

물론 어떤 이들은 『십일조의 역사』 시작 부분의 헌정사에 쓴 바와 같이, 이러한 방식의 연구는 "지나치게 학문적으로 치장된 텅 비고 무익한 골동품"으로, 최종적으로는 "아무것도 아닌 것에 대한 지나친 열심busy에 불과"하기에 무시할 수 있다고 생각했다. 그러나 실제 대다수는 고정된 것이 아니었다. 지적으로 훈련된 학자들이 성서적 전통에서뿐만 아니라 동양학적 전통에서 동시에 자료를 뽑아낼 수 있다면, 그리고 이 문서를 원어로 읽을 수 있다면 외부적 관점의 도움 없이 스스로의 생각으로 오랫동안 풀리지 않던 난제를 풀어낼 수 있는 새로운 도구가 생긴 것이라 할 수 있었다.

앞서 언급했던 '열심'은 「바돌로매의 시장Bartholomew Fayre」을 향한 교활한 끄덕임이었다. 벤 존슨은 4년 전에 완성한 이 희극을 매년 8월 성 바돌로매St. Batholomew the Less 교구에서 열리는 악명 높은 직물 무역 시장에서 공연했다. 흥분한 팸플릿 기자에 따르면, 축제는 다음과 같은 사람들을 매료했다.

도시와 마을, 그리고 각 나라들의 높거나 낮거나, 부유하거나 가난하거나 상관없이 모든 부류의 인간, 즉 가톨릭 신자, 무신론자, 재세례론자anabaptist, 브라운주의자brownist들을 포함한 모든 종파의 사람들. 또 모든 종류의 사람들, 가령 좋은 자와 나쁜 자, 고결한 자와 악랄한 자, 거짓말쟁이와 바보들, 바람난 여자와 불륜남, 남창과 창녀들, 뚜쟁이들과 포주들, 불한당들과 악동들, 조금 시끄러운 남자들과 재치 있는 음탕한 여자들.

이는 존슨이 선에 대한 가식이 없는 사람들의 예리한 기지를 이용해 무식하고 독선적인 사람들을 쓰러뜨려 비웃을 수 있는 완벽한 설정이었다. 극중 마지막 장면에서 최근 청교도 열심당으로 개종한 랍비 'Zeal-of-the-Land Busy(열심 나라의 열심)'가 나무로 만든 꼭두각시 인형 디오니소스Dionysius가 우상이 되었다고 비난했다. 또 가톨릭 신자들은 우상 숭배자이며 좋은 개신교인은 아니라고 주장했다. 둘은 으르렁거리며 우상이 되는 것이 신성모독적인 일인지를 두고 논쟁하였다. Busy는 역할에 따라 남자로 혹은 여자로 옷을 갈아입는 소년 꼭두각시가 가증스럽다고 꾸짖었다. 이것은 청교도들의 유명한 유언비어, 즉 구약 신명기 22장 5절을 근거로 남녀가 의복을 바꾸어 입는 것cross-dressing을 저주하는 것을 지칭했다. 디오니소스는 남성 배우가 극중 여성 배역을 맡아 '크로스 드레싱'하는 것을 반대하는 것은 '퀴퀴한 옛 주장'이라고 무시했다. "이것이 꼭두각시를 비난하는 것은 아니다. 그들 가운데는

남자도 여자도 없다. 그리고 그것을 볼 것이다"라며 무시했다. 극중 대
본은 그다음으로 꼭두각시를 겨냥하여 그의 옷을 올렸고, 존재하지 않
는 그의 생식기에 빛을 비추었다. 그 농담은 Busy를 겨냥한 것이었다.

셸던은 이 농담을 좋아했다. 그리고 2년 후 존슨을 위해 열광적인 학
술적 논문을 썼는데, 그 내용은 극장 공연을 공격할 때 청교도들이 인
용하기 좋아하는 신명기에 관한 것이었다. 그는 존슨을 끌고 라틴어,
그리스어, 히브리어 문장으로 구성된 복잡한 격자 구조로 박식한 고고
학적 학문의 완벽한 모델을 제시함과 동시에 청도교의 지적 무능을 완
전히 조롱했다. 그가 땅에 못 박고 싶었던 요점은 성경 구절이 본래 그
런 뜻이 아니라는 것이었다. 본래 히브리인의 야훼 하나님이 가증스럽
게 생각했던 것은 비너스Venus와 바알Baal처럼 양성적인bisexual 신을 위
해 진행되는 의례(이 의례에서 여자가 남자 갑옷을 입고, 남자가 여자 드레스를
입는다)였는데, 이것이 역사적 맥락에서 벗어나 하나님이 '크로스 드레
싱'을 가증스럽게 여기는 증거로 사용되었다는 것이다. 셸던은 이것이
역사적으로 부정확한 해석이라는 사실을 입증했다. 비록 자신의 논문
마지막에 냉담하게 선포하길, "나는 간섭하는 것을 꺼린다"라고 종교
적 분쟁을 회피했지만 말이다. 하지만 그는 참견하였고, 그의 교훈은
아주 명확했다. 원 사료를 참조할 수 없는 신학자는 성경을 사용하여
그들이 싫어하는 사람들을 괴롭혀서는 안 된다. 고서 연구자들은 그들
의 일을 했다. "아무것도 아닌 것을 지나치게 열심busy"히 하던 이들은
청교도들이었다.

여기에서 언급할 만한 사실은, 히브리어나 다른 고대 근동 지방의 아시아 언어에 능숙한 것이 역사를 진지하게 탐구하기 위한 새로운 방법론이 되었다는 점이다. 이러한 새로운 방법론의 한 결과로 킹 제임스 성경King James Bible이 나오게 되었다. 여전히 셀던과 같은 학자들은 기존 텍스트의 오류를 찾아내는 데 이 도구를 사용했지만 말이다. 동양학이 역사학과 법학 분야에서 학문의 규칙을 바꿔놓으면서, 아시아 언어를 읽을 수 있는 능력은 인문학에 새로운 지식을 창출하는 최첨단이 되었다.

셀던이 기획한 마지막 학문적 프로젝트는 고대 유대인의 정치적 법률의 초창기 역사를 살피는 것인데, 멀리서 보면 그저 또 하나의 '텅 비고 무익한 골동품'인 것 같지만, 실상은 결코 그렇지 않았다. 그는 의회 정치를 뒷받침하는 헌정 원칙constitutional principles을 찾으려는 분명한 목적을 위해 잃어버린 전통을 철저하게 조사하였다. 스튜어트 시기 영국에서 똑똑한 사람들은 고대 동양의 언어를 읽었다. 바로 이 시기에 이전과 비교할 수 없을 정도로 많은 유럽인이 근대 동양으로 이동했으므로, 이러한 교육과정은 더 흥미로운 일이 되었다.

그래서 아마 해양법에 대한 관심이 셀던으로 하여금 이 커다란 중국 지도를 습득하게 한 유일한 요인이라 말할 수 없을 것이다. 그는 동양 지식이 암호처럼 담겨 있는 모든 원고가 세상을 바꾸는 지식이 될 가능성이 있기에, 비록 아무도 이것을 이해하지 못한다 하더라도 수집되고 보존되어야 한다고 확신했다.

당시 시인 존 밀턴John Milton은 셸던이 "이 땅에서 최고 학자라는 평판이 있다"라고 선언했고, 유명한 웨일스Welsh의 작가 제임스 오웰James Howell 또한 1650년에 "셸던이 모르는 것이라면 누구도 알지 못한다Quod Seldenus nescit, nemo scit"라고 선언했건만, 정작 셸던도 중국어를 읽지는 못했다. 하지만 지도의 지리를 파악하기 위해 중국어를 읽을 필요는 없었다. 가령 그에게 지도에서 1603년 헤임스커르크가 산타 카타리나호를 포획한 말레이반도 남단을 집어내는 것은 어려운 일이 아니었다. 그는 지명을 중국인들이 알고 있는 조호르Johor로 읽을 수는 없었을 것이다. 하지만 그는 조호르 항구를 왕래하는 선을 만들어 이것을 시암만Gulf of Siam과 멜라카Melaka를 잇는 주요 운송 루트와 연결할 수 있었다.

이 지도를 자세히 보면 해양 루트가 항구로 방향을 바꾸는 곳, 해안의 표면이 지도의 다른 부분보다 더 닳은 것을 발견할 수 있다. 조호르의 표기는 여전히 알아볼 수 있으나, 운송 루트는 종이가 벗겨질 정도로 거의 마모되어 있다. 이러한 마모는 단순히 무작위로 이루어진 것일까? 아니면 어쩌면 그 위치가 주인이 가장 흥미롭게 생각한 지점이기에, 친구들에게 가리키며 보여주길 좋아했던 사실을 알려주는 숨길 수 없는 사인이 아닐까? 그렇다면 이것은 셸던의 안경처럼, 자신도 모르게 지도 위에 남긴 하나의 흔적일까?

중국어 읽기를 셸던은 서두르지 않았다. 이것은 크게 문제되지 않았다. 일단은 어떤 언어로 된 것이든 원고를 수집하고 자료를 추가함으로써 현세대가 아직은 읽지 못한 것을 미래 세대가 발견할 수 있도록 영국의 비축 지식을 늘리는 것이 중요했다. 언젠가 누군가는 그것들을 읽을 수 있고 그 속에 담긴 비밀을 풀 것이다. 그것이 진정 중요했다. 이 지도가 옥스퍼드에 기탁되고 28년이 지나서야 중국어를 읽을 수 있는 누군가가 도착하였다.

옥스퍼드에서 중국어 읽기

3

1687년 9월 5일 새벽 시간에 옥스퍼드주 전역에서 목에 혹이 부풀어 오르고 아물지 않은 상처로 가득한 기형적인 남자, 여자 그리고 아이들이 크라이스트처치 대성당Christ Church Cathedral으로 몰려들었다. 우리는 이 병을 연주창連珠瘡, scrofula이라고 알고 있지만, 항생제 때문에 오늘날에는 거의 사라져버렸기에 관련 자료를 찾아볼 때까지 알지 못했던 병이다(이것은 결핵의 한 형태로 목 주변의 임파선을 공격한다). 그들은 자신들의 병을 '왕의 악King's Evil'이라고 알고 있었다. 또 그들은 한 가지 치료법밖에 없다고 알고 있었다. 왕이 만져주어야 한다는 것이다.

유럽의 왕들이 어떠한 잘못을 했던지 상관없이, 다수 왕은 이 질병에 대한 그들의 책임을 회피하지 않았다. 셀던이 일조하여 몰락한 찰스 1세도 연주창 환자들을 만져주었다. 그의 프랑스 조카 루이 14세, 그의 큰아들 찰스 2세 그리고 마지막으로 그의 둘째 아들 제임스 2세도 마찬가지였다.

제임스 2세가 모들린대학Magdalen College에 자신이 선호하는 후보자가 새 총장으로 임명되도록 회원들fellows을 위협하기 위해 주말에 옥스퍼드에 온다는 소문이 퍼져나갔다. 모들린 회원들은 제임스의 선택에 5개월 동안 저항했고, 제임스를 정치적 소용돌이로 끌어들여 궁극적으로는 그가 직접 옥스퍼드로 나와 자신이 선택한 후보를 끌어내리도록 압력을 가했다(결국 모들린 회원들은 왕이 떠나자 그의 후보를 좌절시키는 데 성공했다). 한편, 왕의 입장에서 그가 직접 옥스퍼드로 거동한 것은 형편없는 전략이었다. 이미 흔들리던 그의 명성 때문에 드러나야 했던 왕의 위엄은 오히려 더럽혀졌고, 더 나아가 정치적 저울추 역시 그의 반대쪽으로 기울게 되었다. (반군주론자들이 '영광스러운 혁명the Glorious Revolution'이라고 불렀던 과정을 거쳐 제임스를 왕권에서 밀어내고 다음 해에 나라에서 추방하였다.)

축축한 월요일 아침 크라이스트처치로 모여들던 연주창 피해자들은 군주정치에 관심이 없었다. 그들이 원했던 것은 제임스 왕이 예배에 참석하여 그들의 상처를 어루만져주는 호의였다. 이를 왕에게 요구하는 것이 무리라고 할 수는 없었던 것일까? 제임스는 그날 아침 8시부터 10시까지 피해자들을 만져주었다.

늦은 아침식사가 보들리안도서관에서 왕을 기다리고 있었다. 아마도 모들린 회원들이 자신의 의지가 관철되지 않아 심기가 불편한 왕을 달래기 위해 마련한 식사였을 것이다. 그렇다. 대학 측은 160파운드

The Royal Gift of Healing

R.White sculp

그림 7 '치료라는 왕의 선물.' 이 유명한 그림은 찰스 2세가 '왕의 악을 위한 어루만짐'으로 알려진 공식적 의식으로서 연주창 환자들을 치유해주는 장면을 보여준다. 이것은 유럽 군주들의 일반적 관습으로, 그 당시에는 '왕의 악'으로 알려진 폐결핵에서 유래한 병으로 고통받는 사람들에게 치유의 손을 얹는 의식이었다. 스튜어트왕조의 마지막 왕 제임스 2세도 1687년 옥스퍼드를 최종 방문할 때쯤 그 의식을 행했다.

를 들여 111개 요리로 구성된 연회를 준비했다. 오늘날의 웬만한 저녁 식사라도 그날 아침보다 비쌀 수는 없었다. 이 식사는 도서관 서쪽 구역에서 열렸다. 셀던이 소장하던 훌륭한 책과 원고가 개가식으로 꽂혀 있는 일명 셀던 구역이라는 장소에는 상차림을 위한 큰 책상이 마련되어 있었다. 셀던 구역에서 진행된 식사는 대학의 가장 고귀한 방문자를 위해 예약되는 관례가 있었다. 제임스의 형제 찰스 2세 역시 1663년 연주창 피해자들을 어루만진 뒤 옥스퍼드를 방문하였을 때 같은 대우를 받았다.

도서관 동쪽으로 입장한 제임스는 천체본과 지구본 사이에 멈춰 서서 라틴어로 된 환영의 인사말을 받았고, 자기 손에 입맞춤을 허락하였다(여기서 왕은 만진 것이 아니라 만져진 것이다). 그런 후 그는 지구본을 향해 서서 신료 중 한 명에게 '분명 배들이 지나갔던 아메리카와 중국 배후 사이의 노선'을 가리켰다. 이러한 내용은 셀던 책에서 안경을 발견했던 책벌레 청년 앤서니 우드의 기록에서 온 것이다. 30년이 지난 뒤에도 그는 여전히 보들리안도서관을 드나들었다.

왕이 가리켰던 그 길은 스페인의 갈레온 선박이 아카풀코Acapulco 서쪽에서 은을 싣고 태평양을 건너 필리핀 섬 안의 산 베르나르디노San Bernardino해협을 지나 마닐라의 스페인 거점에 도달하는 아주 유명한 무역로였다. 더 북쪽 위도를 따라 되돌아오는 교역로를 거쳐 중국의 귀중한 생산품들이 동쪽 아메리카대륙의 뉴스페인New Spain으로 운송되었는데, 이렇게 완성된 순환로가 17세기 세계 경제의 구동축이었음이 틀림없다. 제임스가 중국과 무역에 관심을 보인 것은 일반적인 세계 지식을 과시하기 위해서일까? 아니면 이로써 특별한 무언가를 언급하기 위해서였을까? 그는 자세히 설명하지 않고 그저 셀던 구역으로 나아가 준비되어 있던 상석에 앉았다.

그 앞에는 산해진미로 가득한 식탁이 놓여 있었다. 제임스가 앉아 성찬을 시식하자 '왁자한 무리(이는 우드가 그의 주변에 맴도는 무리를 경멸할 때 사용하는 용어다)'가 부러움의 눈길로 쳐다보았다. 제임스는 특별히 와인 맛을 칭찬하면서 45분 정도 먹고 마신 후에 일어나 식탁을 떠났다. 그러자 즉시 대동한 사람들이 식탁으로 달려들어 움켜쥘 수 있는 것을 잡았다. 학자들이 신하들보다 빨랐다. 가장 빨리 움켜잡은 사람은 모들린대학에서 온 의사였다. 우드는 일기에 기록하길, 이 의사는 "이곳에서 잘 알려진 재빠른 사람"으로 "대단히 악명이 높았고," 다른 이들과 음식을 나누길 원하는 학자들이 "그의 얼굴에 물건을 내던졌다"라고 했다. 이후 기록은 오로지 음식 쟁탈전을 다룬 내용으로, 그 결과 여성들의 드레스가 수많은 디저트 자국으로 얼룩졌다.

군중을 뚫고 나갈 수 없게 되자 제임스 왕은 멈춰서 몇 분간 난투극을 지켜보았다. 그제야 군중은 한 걸음 물러서 제임스가 출구로 나갈 수 있도록 길을 열어주었다. 도서관을 떠나려는 찰나, 제임스는 그전에 크라이스트처치에서 설교말씀을 전했던 사제를 알아보았다. 제임스는 그를 대학 부총장이자 선임 학자라고 칭찬했었다. 왕이 기억하기로 그의 설교 주제는 자만으로 인한 죄였고, 모두가 마음 깊이 수용해야 할 메시지였다. 사제는 "거기에는 양의 탈을 쓴 늑대와 같은 부류의 사람들이 있다"라고 경고한 바 있다. "그들을 주목하여 그들이 당신을 속이고 타락시키지 않도록 하라." 극단적 개신교도들에 대한 위험성을 경고하며 제임스는 도서관에서 빠져나왔고, 이것이 그의 마지막 방문이 되었다. 15개월 뒤 가톨릭 군주는 그의 왕국에서 달아나 프랑스 사촌에게 도피한 후 다시는 옥스퍼드나 영국으로 돌아오지 않았다. 늑대들은 그들의 길을 갔다.

음식 쟁탈전이 아니었다면, 앤서니 우드는 제임스가 보들리안도서관을 방문했을 때의 자세한 내용과 아침식사 후 그곳을 떠나기 전에 나누었던 흥미로운 대화 내용을 굳이 기록하지 않았을 것이다. 그가 거기 앉아 있는 동안 제임스는 부총장을 향해 공자의 글을 번역한 최근 예수회 원고가 도서관에 있는지 물어보았다. 보들리안 책임자가 출석해 있었지만, 부총장은 토머스 하이드가 이 답변에 적격이라고 추천했다.

"음, 하이드 박사, 여기에 중국인이 있는가?"

"네, 여기에 있습니다. 폐하!" 하이드가 답하였다. 그리고 "저는 그에게서 많은 것을 배웠습니다" 했다.

"그는 작은 눈을 깜빡이는 사람인 것 같은데, 맞는가?" 이것은 왕이 아마도 처음 보았을 몽골주름의 부정확한 모양을 묘사하는 최선의 방법이었던 것 같다.

"그렇습니다, 폐하!" 하이드는 조심스럽게 설명을 이어갔다. "모든 중국인과 타타르 그리고 그 지역 세계의 사람들은 찢어진 눈을 가지고 있습니다."

"나는 그의 실물 그대로인 그림을 가지고 있네. 침실 옆 내 방에 걸려 있지." 이것은 생전에 그린 그의 초상화였다. 왕의 방벽에 걸려 있는 예술품의 주제에 대해 하이드가 더 언급할 것이 없었으므로 그는 침묵을 지켰다. 그러자 제임스는 다시 부총장에게 언급했던 책으로 주제를 옮겼다.

"이는 중국어로 된 공자에 관한 책을 예수회가 네 권으로 번역한 것이라네." 부총장이 하이드에게 설명했다. "이것이 도서관에 있는가?"

"네. 소장되어 있습니다." 하이드가 왕에게 대답했다. "이것은 철학적인 내용이지만 유럽 철학의 내용과는 다릅니다."

"중국인들은 신성을 가지고 있는가?" 왕이 물었다.

"그렇습니다." 하이드가 답했다. "하지만 그것은 우상숭배이며, 그들은 모두 이교도들입니다. 그들의 우상 신전에는 삼위일체를 상징하는 조각과 원시 기독교적 요소가 그들 가운데 있었음을 보여주는 그림이 있습니다." 이러한 설명에 덧붙여 하이드는 초기 기독교 역사에 대한 예수회 해석을 넌지시 언급했다. 즉 고대 중국인도 하나님에 대한 초보적 지식이 있었으나 기독교 계시가 빠져 있었다는 내용이다. 이것은 논쟁이 될 만한 해석으로, 특히 개신교들에게 그러했다. 제임스가 고개를 끄덕이며 이에 동의하는 것 같았다. 대화를 끝낸 왕이 고개를 들어 갤러리 안의 높은 책장 위에 꽂힌 한 원고를 쳐다보았을 때, 하이

드는 대담하게 그것이 로드Laud 대주교가 바친 기증품이라고 고했다
(로드 대주교에 대해서는 다음 장에 설명이 나온다). 곧 왕이 일어났다. 그러자
음식 쟁탈전이 시작되었다.

　왕과 사서 사이의 대화에서 언급된 '작은 눈을 깜빡이는 사람'은 오
늘날 심복종沈福宗이라는 이름으로 알려진 인물이었다. 하이드는 그
를 'Michael Shin Fo-Çung'이라고 썼는데, 그의 기독교 이름을 그 성 옆
에 쓰고, 중국 이름을 다른 한쪽에 썼다. 이것은 제임스가 굳이 기억해
야 할 내용이 아니었다. 제임스가 그를 '작은 눈을 깜빡이는 사람'으로
부른 것이 자연스러운 일이다. 왕이 모든 것을 머릿속에 기억하는 것
을 기대할 수는 없다. 하이드는 그를 언급할 때 마이클Michael이라 불렀
다. 하지만 심복종이 쉰 살의 하이드를 만났을 때 그는 아직 서른이 채
되지 않았으므로 연장자인 하이드를 절대 토머스Thomas라고 부르지
않았다. 아마 나라도 그랬을 것이다.

———————

　마이클 심(심복종)이 제임스 2세의 조정에 출현한 것은 누군가의 눈
에는 영웅담이지만 다른 이들에게는 무모하게 들리는 긴 이야기의 일
부로, 중국인들과 그들의 황제를 기독교로 개종하기 위해 중국에 파견
된 예수회 선교사들 이야기다. 기독교를 포교하기 위해 중국인의 토착
신앙을 포기하도록 설득하는 작업은 처음 예수회가 중국에 입국한 후

이미 1세기가량 진행되었고, 마이클이 옥스퍼드에 도착한 때는 1687년이다.

마이클과 예수회의 연결고리에 벨기에 출신 예수회 선교사 필리프 쿠플레Philippe Couplet가 있었다. 쿠플레는 선교단의 선임 리더이자 지도 제작자였던 미셸 보임Michael Boym을 결국 죽음으로 몰아넣었던 통킹Tonkin(베트남 북부)과 중국 사이의 험난한 국경지역을 무사히 통과한 끝에 1659년 중국에 도착할 수 있었다. 일단 무사히 중국에 도착한 쿠플레는 양쯔강 하류 지역으로 파견되어 향후 20년간 각지를 돌아다녔다. 1660년대 중후반 중국의 모든 예수회 선교사가 광둥의 남쪽 도시[5]로 추방당했을 때를 제외하고 말이다. 아마도 1671년 금지령이 해제되어서야 난징南京에서 심씨沈氏 의사를 만났을 것이다. 쿠플레는 의사의 젊은 아들에게 기독교 신앙을 가르쳤고, 결국 그에게 기독교 이름을 주고 유럽에 데리고 감으로써 아이 인생에 큰 전환을 가져왔다.

마이클 심을 중국에서 옥스퍼드로 데려다줄 세계일주는 1681년 12월 4일 마카오에서 시작되었다. 마카오에서 그들이 탄 포르투갈 선박은 네덜란드인이 바타비아라고 부르는 자카르타섬의 네덜란드 무역센터로 가는 길이었다. 당시 쿠플레는 쉰여덟 살이었고 마이클은 스물세 살 정도였다. 마이클은 유럽으로 데려갈 중국인 학생 다섯 명 가운데 한 명이었으나 마지막에는 두 명밖에 이 여정에 나서지 않았고, 그나마 다른 한 명은 바타비아에서 길게 머무르는 동안 이번 모험을 하려

---

5) 광저우(廣州)를 지칭한다. —옮긴이

는 마음을 접었다.

마카오에서 바타비아까지 7주 반 정도 걸렸다. 인도를 서쪽으로 가로지르는 계절풍 기간이 아직 끝나지 않았으나, 그해에 유럽으로 떠나는 마지막 선박은 이미 출항한 상태였다. 내년 출항 시즌을 가만히 기다리는 것 외에 할 수 있는 일이 없었다. 이들과 반대 방향으로 떠나는 다른 예수회 신부를 만났을 때 쿠플레, 마이클과 함께 왔던 다른 중국인 학생 한 명이 그들과 같이 중국으로 돌아가게 해달라고 요청했다. 쿠플레는 그를 보내줄 수밖에 없었다. 마이클은 스승 곁에 남도록 선택되었다. 시간이 흘러 마침내 1년이 지나갔고, 그들은 유럽으로 돌아가는 네덜란드 선박에 자리를 확보하였다. 출항 후 1년 1주가 지났을 때 그들은 앤트워프Antwerp[6]에 도착했다.

다음 4년 동안 쿠플레와 마이클은 떨어질 수 없는 상황이었다. 그들이 예수회 집에서 예수회 집으로 옮겨 다니는 동안 마이클에게는 쿠플레의 안내와 보호 그리고 지원이 필요했다. 쿠플레 역시 '중국인 개종자'가 필요했다. 중국인을 한 번도 보지 못한 유럽인에게 마이클은 엄청난 호기심을 불러일으켰다. 그는 오로지 예수회만 접근하던 먼 땅의 이국적 표본이 되었다.

예수회에 대한 명성 때문에 마이클과 쿠플레는 오히려 유럽 전체의 조정과 상류사회에 쉽게 접근할 수 있었다. 그의 라틴어, 이탈리아어, 포르투갈어 실력이 좋아지면서 접근성 역시 향상되었다. 모든 문은 마

---

6) 벨기에의 항구도시다. —옮긴이

이클에게 열려 있었고, 마이클에게 열린 문은 그의 조련자인 쿠플레에게도 열렸다. 침착하고 정중하며 충분히 교육되어 있어 중국과 유럽 사이의 지식층과 서민층을 쉽게 넘나든 마이클은 그야말로 예수회 선교가 제대로 진행되고 있음을 보여주는 살아 있는 증거였다. 경제적 뒷받침만 충분하다면, 그들이 모든 중국인에게 똑같은 변화를 일으키지 않겠는가?

하늘이 한계였다. 우아한 초록색 비단에 짙푸른색 용이 수놓인 옷을 차려입은 마이클이 유럽의 국왕 앞에 서게 되었다. 1684년 마이클이 루이 14세를 방문하였을 때 루이 14세는 그에게 매료되어, 그가 젓가락을 집는 모습을 보기 위해 다음 날 저녁식사에 다시 초대하였다.

그 자리에는 교황도 함께 있었다. 만약 쿠플레가 마이클을 데리고 오지 않았다면 교황 알렉산데르 7세Alexander VII가 이처럼 주목했을까? 쿠플레는 교황을 만날 특별한 이유가 있었다. 그가 유럽으로 돌아온 주요 목표가 중국에서 미사의 전례문을 영창할 때 라틴어가 아니라 중국어를 사용하는 것에 교황의 허락을 받기 위해서였다. 이것은 힘든 설득 작업임이 틀림없었다.

알렉산데르 7세 교황은 자신의 대표적 업적으로, 갈릴레오Galileo를 상대로 지구가 태양을 중심으로 돌지 않는다는 것을 재확인하고, 마리아가 남자의 정자 없이 예수를 잉태하였을 뿐만 아니라 아무 죄도 없이 잉태하였다고 선포한 인물이었다(제임스 1세가 1605년 보들리안도서관을 방문했을 때, 그는 이러한 교황의 무례한 관점이 '용인되어 마음과 태도를 오염시키는 것보다 결국은 억제되길' 바란다고 조롱한 바 있다). 쿠플레가 두려워하는 것은 당연했다. 알렉산데르 7세는 하나님 말씀이 다른 어떤 언어로든 번역되는 것을 허락하지 않으려 했고, 중국어도 마찬가지였다.

또 쿠플레에게는 마이클의 도움이 필요한 구체적인 일들이 있었다. 1660년대 후반기에 광둥으로 출입이 제한된 예수회 선교사들은 강제로 활동이 중단된 시간을 활용하여 유럽에 그들의 선교 사업을 선전하고자 했다. 이 사업의 하나는 중국어로 저술된 방대한 중국의 '역사적 서술'을 라틴어로 번역하는 일이다. 쿠플레는 빌렘 블라우Willem Blaeu의 아들 잔 블라우Joan Blaeu에게 서신을 보내 이 사업을 맡도록 설득하였다. 블라우 일가는 암스테르담의 주요 지도 발행사인 요도쿠스 혼디우스Jodocus Hondius와 경쟁 끝에 새로운 주요 지도 발행사로 등극했고 제임스 2세가 보들리안도서관에서 가리킨 지구본을 제작한 바 있었다. 블라우는 망설였다. 그는 이처럼 비용이 많이 드는 사업을 맡으려 하지 않았다. 이것이 출간되면 이전 세대 예수회 회원들의 작품을 모아 발행했던『중국 지도첩Atlas Sinensis』과 어떤 방식으로든 경쟁해야 했기 때문이다. 쿠플레는 나홍선羅洪先이 1555년 제작한 중국 지도[7]를 가지고 와서 백과사전과 같은 이 책을 설명하는 데 도움을 주고자 했으나 결국 진행되지 못했다.

그들이 광둥에 갇혀 있을 때 추진했던 또 다른 사업은 유교 전통의 네 가지 주요 경전인 이른바 사서四書를 번역하는 일이었다. 사서는

---

7) 「광여도(廣輿圖)」를 지칭한다. ─옮긴이

『대학』과 『중용』이라는 짧은 글 두 편과 공자의 말인 『논어』 그리고 그의 제자 맹자가 쓴 『맹자』로 구성되어 있다. 처음에는 앞의 세 권 번역만 완성했으나, 이후 쿠플레가 유럽에 가서 『공자, 중국의 철학가Confucius Sinarum Philosophus』라는 제목으로 『논어』를 출간했다. 각 책의 표지에는 제임스 2세가 본 것처럼, 저자 네 명의 이름이 기록되어 있으나 이 책은 사실상 쿠플레의 작품이었다.

『논어』 번역은 17세기 예수회가 중국에서 추진한 가장 야심찬 학술 작업이었다. 이것은 그저 중국에 대한 또 다른 생생한 묘사가 아니라, 유럽인과 중국인의 문화에는 하나님에 대한 믿음의 공통 기원이 있다는 주장을 펼쳤다. 쿠플레는 이 책의 대중적 요약본에서 다음과 같이 설명했다. "중국인들은 그들의 기원의 시작에서 공자 시대까지 … 오직 우주의 조물주에게 경배를 드렸다." 중국인들은 하나님의 이름은 몰랐지만 조물주를 상제上帝, Xam Ti라 불렀고, 조물주가 존재하면서 스스로에게 신전을 지었음을 알고 있었다. 공자가 없었다면 중국인들은 부지불식간에 다신주의에 빠져 그들의 초기 기독교에서 멀어졌을 테니 예수회는 공자를 존경해야 한다고 설명했다. 기독교는 외국에서 수입되어 중국인에게 강요되어야 할 종교가 아니라, 오히려 상기시키고 회복되어야 하는 어떤 것이라 할 수 있었다. 정복이 아니라 적응accommodation이야말로 선교사들이 따라야 할 길이었다.

1687년 5월 『공자, 중국의 철학가』가 발간되자 세상은 떠들썩했다. 책 서문에서 쿠플레는 독자들에게 이 책은 단순히 쓸데없는 호기심을 채워주려는 의도가 없다는 사실을 상기시켰다. 그렇지만 마이클 심이 주변을 떠들썩하게 한 것처럼, 이 책이 그런 효과를 발휘할 것이라는 점을 의도하지 않은 것은 아니었다. 이 책은 출간되자마자 예수회가 제임스 2세에게 한 부를 바칠 만큼, 그리고 하이드가 보들리안도서관에 소장할 만큼 충분히 중요했다.[8]

이 책이 유통되기 시작하자 마이클은 런던에 있는 예수회 회원들을 만나기 위해 파견되었는데, 이는 왕을 매혹할 기회를 찾기 위해서였다. 이 전략은 주효했다. 왕은 황실의 초상화 화공인 고드프리 넬러 Godfrey Kneller에게 마이클의 초상화를 그리는 임무를 맡길 정도로 매혹되었다(그림 8 참조). 이것은 훌륭한 작품이었다. 넬러는 일반적인 중국인 얼굴로 급하게 휘갈겨 그릴 수도 있었다. 실제 마이클의 프랑스 판화는 그렇게 묘사되었다. 그 대신 화공은 조심스럽게 얼굴에 채광을 더하여 그 인물의 개성과 열정을 표현했다. 이 그림의 관례적 명칭은 「중국인 개종자The Chinese Convert」로, 분명 그러한 이미지를 담고 있다. 마이클의 독실함은 그의 왼손에 들려 있는, 예수님이 못 박혀 있는 큰 십자가와 그것을 가리키는 오른손이 증명한다.

그는 자기 머리를 오른쪽으로 우아하게 돌려 하늘을 쳐다보고 있다. 그의 왼쪽 뒤편에는 동양식 카펫을 걸친 테이블이 있으며, 그 카펫 위에는 두툼하게 정장된 두꺼운 책이 놓여 있다. 그 위에는 원고 다

---

8) 제임스가 보들리안도서관을 방문했을 때 주목했던 「공자, 중국의 철학가」 사본은 나중에 다시 복사되어 팔렸다. 현존하는 판본은 1825년 파리의 책 경매에서 구입한 것이다. 나는 이러한 흥미로운 사실을 찾아낸 보들리안의 헬리웰과 사라 헤일(Sarah Wheale)에게 감사를 표한다.

그림 8 왕립 초상화가 넬러는 1687년 제임스 2세의 요구에 따라 심복종(沈福宗)으로 알려진 마이클 심의 초상화를 그렸다. 일반적으로 '중국인 개종자'로 불리는 이 그림은 대영제국에 온 중국인의 첫 방문을 기념한다. 넬러의 묘사는 의식적으로 심복종의 가톨릭 개종을 기념하고 있다. 심은 중국에서 가져온 예복을 입고 초상화가를 향해 자세를 취하고 있다.

발이 놓여 있다. 통상적으로 이 책은 새로운 개종자에게 북극성과 같
은 역할을 하는 성경으로 추측되어왔다. 하지만 내 생각에 넬러의 초
상에 등장하는 두꺼운 책은 성경이 아니라 『공자, 중국의 철학가』였
을 것이다. 내 생각이 맞는다면, 이는 강압적으로 중국인들의 전통
문화를 포기하지 않게 해도 기독교로 인도할 수 있다는 적응주의자
accommodationist의 주장이 살며시 암시된 것이다. 그 옆에 선 마이클 심
은 이러한 주장의 살아 있는 증거였다.

만약 마이클이 초상화에 그려진 소품에 무언가 메시지를 남겼다면,
조금 더 언급할 내용이 있다. 『공자, 중국의 철학가』 출간은 중국의 언
어, 철학 그리고 문화에 대한 확실한 지식이 필요한 작업이었다. 쿠플
레가 중국어에 대한 재능이 대단하고 훈련되어 있다 해도 사실 여부를
확인하고 누락된 세세한 정보를 보완하는 일 그리고 라틴 번역본을 중
국 원본과 대조하는 작업을 완수하려면 현지인 정보 제공자가 필요했
다. 마이클은 쿠플레가 유럽에 소개하려는 문화에 대해서 유일하면서
도 살아 있는 연결고리였다. 쿠플레는 마이클이 필요했고, 마이클의
사회적 활동이 마무리되자 그를 번역 작업에 투입했을 것이다.

쿠플레는 같은 해 말에 또 다른 책을 출간했는데, 기독교로 개종
했던 대학사 서광계徐光啓, Paolo Xu[9]의 손녀인 상하이 사람 칸디다 서
Candida Xu, 徐甘第大의 모범적인 생활을 다룬 것이었다. 이 책에 마이클
의 이름은 없으나 그는 분명 이 책을 만드는 데 참여했을 것이다. 이를

---

9) 서광계의 세례명이 바울(Paolo, 保祿)이다. ─옮긴이

보여주는 단서는 영국박물관을 만들기 위해 한스 슬론Hans Sloane 경이 1753년 기증한 방대한 수집품의 일부였던 원고 서류철에 있다. '슬론 Sloane 853a'라고 표식된 이 서류철에는 중국에 관한 하이드의 메모가 담겨 있다. 이 서류철에 담긴 한 서류에 마이클이 라틴어와 중국어로 기록한 칸디다 서의 이름과 그 가계도가 있다. 물론 이것이 그가 쿠플 레를 도와 이 책을 만들었다는 결정적 증거는 아니지만, 적어도 그가 예수회에 대한 사회적 관심을 불러일으켜 후원을 얻기 위한 장신구 이 상의 역할을 했다는 사실을 보여준다.

만약 내 예감이 맞는다면, 그리고 넬러 초상화에 담긴 책이 정말 『공 자, 중국의 철학가』라면, 이것은 아마도 마이클의 솜씨였을 것이다. 이 위대한 책이 자기 작품이라는 것을 세상에 알리는 마이클의 교묘한 방 식인 것이다.

마이클이 제임스 2세를 만나고 넬러의 모델이 되어 서 있는 동안 토 머스 하이드는 옥스퍼드에서 그를 기다리고 있었다. 마이클이 파리에 서 쿠플레와 번역 작업을 하던 1686년 말부터 하이드와 마이클은 이미 서신을 주고받았다. 보들리안도서관 관리자였던 하이드에게는 마이 클이 옥스퍼드로 와야만 해결될 문제가 있었다. 그가 어떻게 이 문제 에 봉착하게 되었는지 이해하기 위해서 우리는 1659년으로 되돌아갈 필요가 있다.

1659년은 셀던의 유산이 보들리안에 도착하고, 하이드가 도서관의 부관리자Under-Keeper로 임명된 해였다.(그는 6년 후 토머스 바로우를 대신

하여 관리자가 되었다.) 좋은 도서관이라면 도서 목록이 구비되어 있어야한다는 것이 17세기에 통용되던 상식이었다. 하이드 역시 부임하자마자 목록 작업을 시작해야 했다. 하이드는 이 일에 그다지 열정이 없었다. 그는 생소한 동양 문자로 쓰인 원고를 해독하는 지루한 도전은 좋아했으나, 이를 목록화하는 작업에는 흥미가 없었다. 결국 하이드는 부하 직원들의 불평과 부추김 속에서 목록화 작업을 마쳤다. 당시 부하 직원이었던 앤서니 우드는 이 일로 하이드를 미워하게 되었다.

우드가 쓴 일기에서 우리는 도서관에서 일하는 하이드에 대한 정보를 대부분 얻을 수 있다. 하이드가 도서관에 있을 때 일이 순조롭게 풀리지는 않았다(물론 공평하게 말하면, 거기서 일이 순조롭게 풀리는 걸 경험한 사람은 아무도 없다). 우드와 하이드는 처음부터 관계가 꼬였다. 우드는 대학 부총장에게 보들리안도서관의 원고들에 제한 없이 접근할 수 있도록 요청하는 대신 하이드를 위해 독자들이 호출한 책이나 원고들을 찾아주겠다고 했다. 하이드는 우드 몰래 부총장을 찾아가 그 조건을 우드가 자신의 목록화 작업을 돕는 쪽으로 자신에게 유리하게 바꾸었다.

우드는 일기에 "하이드 씨는 신사답게 처신하지 않았다"라고 적었다. 그 둘은 결국 일종의 타협점을 만들어 함께 일을 해나갔고, 우드는 1687년 제임스 2세가 아침식사를 하려고 도서관을 방문했을 때까지 남아 있었다. 하지만 우드는 같은 해 일기에 하이드 부인은 창녀이며 가톨릭 신자이지만 '이제는 미친 여자'라고 기록했다. 우드의 일기가 완전히 신뢰할 만한 것은 아니지만, 어떤 이유에서인지는 모르나 하이드 부인은 그해 말 사망했다.

하이드가 우드와 구별되는 점이 한 가지 있는데, 바로 그가 여러 동양 언어를 유창하게 구사한다는 주장이었다. 그렇지 않았다면 하이드는 보들리안도서관에 자리를 잡지 못했을 것이다. 그것은 보들리안의 수집 관행과 관련이 있다. 초창기부터 이 도서관의 운영 원칙 중 하나가 모든 언어로 된 자료를 수집하는 것이었다. 학술적으로 유명한 서적들과 일부 진귀한 자료들이 구입 또는 기증으로 구비되기 시작했다.

1657년 하이드가 옥스퍼드에 막 도착했을 때, 동양 언어로 된 책들과 원고들이 쌓이고 있었다. 사실 그는 히브리어를 가르치도록 고용되었으나 그는 가르치는 일을 형편없이 했다. 나중에 그는 은퇴를 발표하는 편지에서, 자기 수업을 듣는 수강생이 '부족하고, 전문가는 더 부족했다'는 사실을 인정했다. 그는 곧 방향을 바꾸어 마침 히브리어뿐 아니라 아랍어와 페르시아어 능력이 많이 필요했던 보들리안으로 향했다. 하이드는 이 일에 제격이었고, 그 자리에 채용되었다.

동양 언어에 대한 지식을 갖추는 것은 당시 흔한 기술이 아니었다. 하지만 셀던 같은 학자들의 영감 덕분에 이에 대한 일정한 수요가 일었다. 17세기 중엽 유럽에서 이러한 지식이 필요한 제일 큰 사업은 여러 가지 고대 언어로 구성한 다국어성경Polyglot Bibles을 만드는 작업이었다. 다국어성경은 1645년 프랑스에서 처음 발행했는데, 호화롭게 장정된 10권짜리로 규모가 너무 커서 다루기 불편하였지만 대단히 인상적인 작품이었다. 보들리안도서관은 그 복사본을 1649년에 획득했다.

영국도 다국어성경 작업을 따라 했지만 우여곡절이 있었다. 신성한 기독교인이었던 브라이언 왈톤Brian Walton은 다른 일자리를 구할 수 없어서 이 일을 맡았다. 1641년 교구 주민들에게 왕정주의자라며 맹비난을 받은 왈톤은 옥스퍼드로 도망쳤고, 그곳에서 찰스 왕의 지지자로 의회의 힘에 맞섰다. 1646년 왕정주의자들의 근거지가 무너지자 왈톤은 런던으로 돌아왔고, 실직 상태로 장인 집에 얹혀살았다. 정치적으로 배제되고 일자리에서도 쫓겨나자 그는 결국 다국어성경을 편집하기로 결정했다.

1657년 영국에서 다국어성경이 발간되었다. 여기에는 권위적인 라틴어 본문에 대한 히브리어, 그리스어, 시리아어, 카르데아어Chalean (오늘날 아람어), 사마리아어Samaritan 그리고 아랍어 본문이 담겼다. 각 언어에는 라틴어 해석이 달렸고, 모두 마주 보는 페이지에 담기도록 디자인되었다. 이 사업의 주요 기획자 두 사람은 다름 아닌 셀던과 그에게 아랍어를 가르쳐준 어셔 대주교였다. 이들 공저자는 왈톤이 구사했던 '여러 언어를 이해하는 방법과 순서'에 대해 칭찬하고 이 판본이 '하나님께 영광이며 우리나라의 공적 명예가 될 것'이라며 미래의 투자자들에게 어필했다.

이 지점에서 하이드가 이 이야기로 진입하게 된다. 케임브리지대학교에서 하이드에게 아랍어를 가르쳤던 교수의 유일한 학문적 실패는 코란에 대한 반박문을 쓰지 못한 것인데, 이 교수는 미완의 작업을 남겨놓고 1653년 사망하고 말았다. 왈톤은 이 교수의 제자를 데려와 공백을 메꾸려 했는데, 이때 하이드가 가장 젊은 동양 언어학자로 다국어성경 작업에 참여하게 되었다. 왈톤은 서문에서 하이드를 지목하여 "나이에 비하여 동양 언어에 출중한 진보를 이루어낸 가장 전도유망한 젊은이"라고 칭찬했다. 이것은 하이드 이력에 빛나는 출발이었고 그를 옥스퍼드로 보내줄 승차권이었다. 옥스퍼드로 향하던 승차권이 결국 보들리안행으로 바뀌었지만, 하이드는 여전히 자기 재능을 인정받고 더 나은 봉급을 제공하는 교수직을 갈망했다.

이후 수십 년 동안 그의 명성은 점차 줄어들었는데, 아시아의 보드게임에 대한 일련의 연구들 이외에 다른 연구 성과가 없었기 때문이다. 그는 마침내 사망하기 3년 전인 1700년, 『페르시아 종교에 대한 연구서Historia Religionis Veterum Persarum』를 출간했다. 이 학술서는 유럽 대륙의 학계에서는 주목을 받았으나 영국에서는 거의 주목받지 못했던 까닭에 그가 차를 끓이기 위해 책을 일부 태웠다는 말이 돌 정도였다. 그는 마침내 생애 마지막 10년간 옥스퍼드에서 아랍어 교수직을 얻었다. 그사이 그가 죽기 바로 몇 해 전에도, 히브리어 교수 전임자가 윌리엄William 왕에게 충성 맹세를 거부해 해고되는 바람에 그 자리를 얻을 수 있었으나, 기회는 지나갔다.

타고난 기질이 둔감한데도 하이드는 가능한 한 많은 언어를 배우는 것을 좋아했고, 새로운 언어를 배우기 위해 기회만 되면 원어민과 대화했다. 동쪽에는 아직 배워야 할 미지의 언어가 잔뜩 남아 있었다. 아시아는 하이드에게 정복되지 않은 언어의 첩첩산중을 펼쳐주었는데, 각 봉우리는 이전 봉우리보다 더 낯설고 더욱 매혹적으로 다가왔다. 그는 모든 봉우리를 정복하고 싶었다. 1700년까지 그는 여전히 적극적으로 산스크리트어와 텔루구Telugu어 문서를 획득하려 했다. 그뿐만 아니라 1644년 명조를 정복한 퉁구스Tungusic 민족인 만주족 언어로 된 「카타이의 타타르 알파벳Tartat Alphabet of Kithay」이라는 문서를 찾으려고도 노력했다. 당시 동양학 역사의 권위자였던 제럴드 투머는 하이드가 "동양 언어에 대한 대단히 광범위한 관심을 가지고 원어민과 대화하며 문어체뿐 아니라 구어체까지 통달하려" 했다고 후한 찬사를 아끼지 않았다.

언어에 대한 하이드의 지적 욕구는 매우 강했는데, 말년에조차 여전히 완성하고 싶은 긴 작업 목록을 만들었다. 그 목록에는 말레이어로 번역된 신약성경(그는 1677년 말레이어로 성경을 출간하는 일을 감독했다), 아랍어와 라틴어 역본이 첨부된 마이모니데스[10]의 히브리어 저작집, 히브리어—아랍어—페르시아어 어휘사전 그리고 라틴어 주석이 담긴 아랍어판 모세 5경이 포함되어 있었다.

그리고 또 하나의 언어인 중국어가 분명 아주 먼 곳에서 그에게 손짓하고 있었다. 보들리안도서관에는 어떤 책인지 감별되고 목록화를 기다리는 중국어 책들이 있었다. 이것이 마이클을 옥스퍼드로 데려올 구실이 되었음이 분명하다. 이러한 초대는 그가 매료된 언어와 접촉할

---

10) Maimonides(1135~1204), 스페인 태생의 유대인 율법학자다.—옮긴이

수 있는 가장 좋은 방법이었다.

중국어를 배우는 것은 만만찮은 도전이었다. 한 예수회 작자는 독자들에게 '중국어'를 다음과 같다고 장담했다.

> (중국어는) 세계 다른 곳에서 사용되는 언어들과 유사점이 전혀 없다. 단어들의 소리나 구절을 읽는 발음, 심지어 생각을 배열하는 방식까지 공통되는 것이 하나도 없다. 이 언어는 모든 것이 기이하다. 용어들은 2시간 만에 배울 수 있으나 이것을 말할 수 있게 되기까지는 몇 년이 걸린다. 만약 누군가가 옆에서 낭독해주면 모든 중국책을 읽을 수 있고 잘 이해한 것 같지만, 사실 제대로 숙지한 것이 아니다. 학자는 우아하고 정중한 표현으로 글을 지을 수 있지만, 일상 대화에서 이것을 설명할 만큼 충분히 알지 못한다.

더 괴로운 것은 "동일한 단어가 완전히 다른 뜻을 의미하는 것이다. 가령 두 사람이 한 단어를 발음하는데, 한 사람 입에서 나온 칭찬이 다른 사람 입에서는 끔찍한 욕으로 발음된다." 그렇지만 이 언어는 여전히 배울 수 있었다. 확실히 "중국어 공부에 몰두한 사람의 입과 붓을 통해 중국어는 비옥하고 풍부하며 조화로웠다." 물론 이는 쉽지 않은 일이었다. 19세기에 홍콩 총독으로 임명된 조지 본햄George Bonham도 중국어를 배우는 것은 현명하지 못한 선택이라고 단정했다. 그 이유는 중국어가 "마음을 삐뚤게 하고 현실 삶의 일반적인 것들에 대해 불완전한 인식을 갖게 하는" 언어이기 때문이라고 했다.

물론 이러한 인식은 황당하기 그지없지만, 당시에는 합리적인 판단으로 이해되었다. 이러한 인식이 동양 언어에 대한 하이드의 열정을 단념시키지는 못했다. 그는 1687년 6월 중국 손님을 옥스퍼드로 데리고 왔다. 비록 정확한 날짜에 대한 기록은 없지만, 마이클은 그곳에서 약 6주간 머물렀다. 마이클이 보들리안도서관의 목록 편집자로 활동했다는 유일한 기록은 1686~1687년 사이의 도서관 회계장부에 기록된 6파운드의 출처로, "중국 서적에 대한 목록 작업을 한 중국인의 경비와 숙박을 위해 지불됨"이라고 적혀 있는 것이다.

마이클은 이 일을 위해 자신의 일부 시간을 사용하여 1604년부터 도서관에 쌓인 중국책 수십 권과 원고들의 표지 위에 이 자료가 무엇인지 메모하였다. 중국어와 라틴어로 쓴 그의 또렷한 주석은 오늘날에도 볼 수 있다. 그는 또한 중국 자료 소장품의 목록을 표로 작성했는데, 그 초고가 영국도서관에 소장된 하이드 서류함에 남아 있다.

서류함에 보관된 다른 기록을 보면, 그가 하이드와 많은 시간을 함께했음을 알 수 있다. 하이드는 중국어의 기초 원리를 배우고 싶어 했고, 마이클은 이를 가르쳐주었다. 모아놓은 한 종이 위에 그는 '西洋the west'과 '中國China'이라고 필기했고, 다른 종이에는 네 글자로 된 원칙을 다음과 같이 적었다. 서양에서는 "어떻게 발음하느냐에 따라서 철자법이 정해진다." 중국에서는 "어떻게 쓰느냐에 따라서 이것을 읽는 법이 정해진다." 이것은 표음문자와 표의문자의 차이를 아주 깔끔하게 요약한 것이다. 물론 이것은 언어를 쉽게 배울 수 있는 핵심을 추구하던 하이드 마음에 쏙 들었다.

이러한 종이 쪼가리 위에 등장하는 중국인은 단편적인 모습을 보여준다. 그는 스스로 난징 토박이며, 하이드에 비하면 '나이로는 어리'기에 하이드를 '라오예다런老爺大人(존경하는 어르신)'이라고 불렀다. 그는 하이드에게 쓴 편지 두 통에서 다음과 같이 말했다. "For mr. Dr. Hyde Chief Library Keeper of the University of Oxford at Oxon", "For Dr. Hyde chief Library Keeper of the University of Oxford to be found at Queens College Oxon." 마이클은 이미 편지를 쓸 정도로 영어에 숙달된 듯하다. 두 서신을 봉했던 빨간 인장은 특기할 만하다. 밀랍 인장에 새겨진 그림은 바다의 쌍돛 범선이다. 마이클 심은 세계의 항해자였던 것이다.

비록 언급된 주제는 임의적 수준에 불과하지만 이 노트에 숨어 있는 영국인(하이드)은 중국의 모든 것에 매료되었다. 하이드는 종교에 관심을 보였고, 마이클은 다양한 이름의 불교사원들과 불교 신앙에 대한 짧은 소개를 적어놓았다. 또 그는 어떻게 대나무, 비단 그리고 '나무의 안쪽 껍질the inner Rind of a tree'로 종이를 만드는지 적어놓았다. 마이클은 '면직물cotten'의 성질에 대해서도 기록했으나 하이드는 그것이 무엇인지 이해하지 못한 듯했다.

하이드는 마이클의 설명 뒤에 중국 총에 대해 짧은 메모를 남겼다. 중국인의 총기는 부싯돌에 쇠망치를 내리쳐서 발포되는 것(유럽 총기 제작자들이 17세기 초반에 발명한 기술)이 아니라 도화선을 이용하는데, (16세기 유럽인의 발명품인) 화승총에서 사용하는 도화선이 아니라 손으로 쥐는 종류라고 했다. 마이클은 하이드에게 이러한 원시적인 방식 때문에 중국인 포수는 총을 '발포'할 때 "두려워서 얼굴을 뒤로 돌린다"라고 설명했다. 목표물을 맞히기에 좋은 자세는 아니었다.

하이드가 일관되게 배운 것은 숫자였다. 숫자는 모호함이 없다는 점에서 언제나 배우기 좋은 시작점이다. 그는 종이에 세로로 1부터 13까지 쓰고, 20부터 40까지 십 단위로 쓴 다음에는 100에서 1,000 또는 10,000까지 적었다. 어떤 숫자는 줄로 그어 지우고 새로 쓰기도 했기에, 어떤 숫자가 그가 쓴 것인지 정확히 알 수 없다. 그가 혼돈했던 것은 자연스러운 일이었다. 숫자는 단순한 숫자가 아니라 일정한 체계 속에서 배열되기 때문이다. 영국에서 큰 숫자를 세는 체계는 천 단위지만, 중국의 체계는 만 단위를 사용했다. 이 차이를 인식하면, 숫자의 체계는 문맥으로부터 자유롭고 내용에서도 자유롭고 명쾌해진다.

유럽인에게 중국어는 그 핵심 열쇠key를 파악하면 논리로 풀릴 수 있는 기제機制, mechanism였다. 하이드를 비롯한 많은 이들이 언급했던 'clavis sinica(중국어의 열쇠)'는 희망에 찬 모든 동양학자가 오랫동안 갈망했던 것으로, 나를 포함한 보통 사람들처럼 중국에 가서 여러 해 동안 언어를 배우지 않아도 중국어를 해독할 수 있는 능력을 말한다. 중국어를 배우는 것은 가능하다. 하지만 빛나는 열쇠를 주워서 요령껏 언어의 문을 열 수 있는 것은 아니다.

마이클과 하이드가 함께한 작업의 흔적을 엿볼 수 있는 것이 바로 셀던 지도다. 원 지도에 사용된 언어는 모두 중국어지만, 여러 지명 옆에 유럽어로 된 번역과 주석이 유령처럼 달려 있다. 글씨가 워낙 작고 잉크는 바랬으며 종이는 대단히 해져 있기에, 실제 지도를 본다 하더라도 이 글씨를 발견하기는 쉽지 않을 것이다. 하지만 분명히 번역과 주석이 달려 있었다. 먼저 마이클은 비교적 분명하게 각 글자를 어떻게 발음하는지 적어놓았다. 한 글자마다 혹은 한 단어마다 하이드가 빽빽하게 써놓은 라틴어 번역 뒤에는 마이클이 쓴 알파벳이 적혀 있다.

보들리안도서관의 출입증을 신청해보았다면, 이러한 낙서는 대단히 놀랍게 다가올 것이다. 신청서를 등록하는 과정에서 가장 인상적인 순간은 (본래는 라틴어로 되어 있던) 엄숙한 서약문을 낭송할 때다. "나는 도서관의 어떤 책, 문서 혹은 소장된 물품에 대해서도 도서관에서 빼내거나 어떤 방식으로나 낙서나 훼손, 손상을 입히지 않겠습니다." (이 서약문 때문에 이용자들은 몇 세기 동안 중앙난방이 없는 도서관 안에서 난롯불을 피우지 못했다.) 하이드가 담당자였던 시기는 말할 것도 없고, 초창기에 도서관 사서는 이러한 관리에 그다지 엄격하지 않았던 것 같다. 하지만 우리가 이 지도의 역사를 탐구하는 데 이러한 과오는 뜻밖의 행운이었다. 마이클과 하이드가 한 작업을 볼 수 있게 해주었기 때문이다.

비록 규격화된 것은 아니지만 알파벳으로 옮기는 작업은 정확했다. 물론 한자를 로마자로 어떻게 전사하는지 규칙이 정해진 것은 아니었다. (이 문제에 대해 당시 영어 철자법은 아직 표준화되지 않았다.) 마이클의 알파벳화에는 공식 방언이 섞여 있다. 여기서 공식 방언이란 오늘날 우리가 '만다린Mandarin'이라 부르는 관어官語로, 산스크리트 단어 'mandarim('공식적')'을 어원으로 하는 포르투갈어다. 마이클은 주로 난징에서 자랐기에 난징 방언을 사용했다. 두 언어 사이에 여러 차이가 있는데, 만다린에서 –ng로 끝나는 단어가 난징 방언에서는 –m으로 끝난다. 또 난징 방언에서 v로 사용된 것이 만다린에서는 w가 된다. 따라서 '왕王, wang'이라는 단어가 어떤 때는 노트에 'vam'으로 적혀 있지만, 지도에는 'wang'으로 기록되었다. 비록 반만 옳은 'wan'이라는 단어도 등장했지만 말이다. 마이클의 노트에는 이러한 차이점을 좀 더 자유롭게 기록했지만, 지도상에는 최선을 다해 보통어 발음을 사용했다.

종종 두 사람은 알파벳 전사와 번역 이상의 작업을 덧붙였다. 예를 들어 지도 오른쪽 가장자리에 붙어 있는 두 표지에 마이클이 알파벳으로 하나는 'hua jin chi' 그리고 하나는 'hung mao chi(오늘날의 표기법으로는 hua ren ju化人住와 hong mao ju紅毛住)'라고 기록했다. 이것은 모두 둘 중 한 사람이 쓴 것으로, 쓸 만한 테두리는 많았다. 지도를 둘러싼 원래 테두리는 대부분 떨어져 없어졌으나 테두리 옆의 이 표지 조각들은 살아남아 마이클과 하이드가 남긴 노트를 보여준다.

마이클은 'hung mao chi'라는 세 글자를 반복해서 기록했고, 하이드는 이에 대한 번역을 추가했는데, 현재 알아볼 수 있는 유일한 글자는 '毛'에 대한 'capillus', 즉 '머리카락'밖에 없다. 하이드는 밑에 다시

'hung=mao'를 써서 이 두 글자를 연결했는데, 마이클은 성격상 절대 두 글자를 '='으로 연결하지 않고 'Hollanders(네덜란드인)'라고 번역을 추가했다. 'hung=mao'라는 단어는 '빨간 머리카락'이라는 의미로, 중국인이 네덜란드인을 부르는 이름이다. 중국인들의 눈에 그들의 머리카락과 수염 색깔이 대단히 충격적으로 각인되었기 때문이다. 'hung mao chi'라는 표기는 '빨간 머리카락 사람들이 사는 곳'이라는 의미로 향료제도에 위치한 네덜란드인의 전초기지를 뜻하였다. 그들 자신의 흥미를 위해서라도, 테두리 노트들은 지도 전체에 이러한 주해들이 달렸을 수도 있다는 점을 암시해준다.

분석 결과 이 지도 가장자리 테두리는 삼hemp으로 만들어진 유럽식 종이로, 아마도 영국에서 덧대어졌을 것이다. 하이드에게 주석을 남길 공간을 주려고 테두리가 붙여진 것은 아니겠지만 그는 그렇게 사용했다. 테두리 가장자리가 먼지가 되어 떨어져 나간 것은 안타까운 일이다. 하이드의 관심을 끌었던 무언가가 더 남아 있었다면 매우 흥미로웠을 것이다.

그의 주석들은 하이드가 지리 지식에 깊은 관심을 가지고 지도를 세밀히 보았다는 것을 말해준다. 내가 영국도서관에 있는 하이드 서류함에서 마이클이 직접 손으로 그린 지도를 발견했을 때 이러한 인상은 확신을 갖게 해주었다. 이 지도는 만리장성을 보여주는데, 동쪽 해안에는 셀던 지도에 등장하지 않는 산해관에서 서쪽의 옥문관뿐 아니라 그 너머의 투르판과 사마르칸트까지 그려져 있다. 북쪽으로 마이클은 20

여 개 강과 산의 지형을 시베리아를 거쳐 '북해the North Sea' (하이드에게
는 '매어 셉텐트리오날리스Mare Septentrionalis'이며 오늘날 우리에게는 북극이다)
까지 연장해 그려놓았다. 나는 이것이 하이드가 시베리아의 자연 지리
에 깊은 관심을 가지고 있다는 증거로 생각했다. 이 지역은 셀던 지도
가 그려진 이후인 1644년에 만주인의 중국 침략이 시작된 곳이기 때문
이다.

내 가설은 헬리웰이 보여준 예사롭지 않은 중국 지도 한 쌍을 보고
무너졌다. 이 지도들 역시 17세기에 만들어진 것이자 보들리안에 소장
된 것으로, 마이클의 주석이 달려 있었다. 마이클은 자신과 하이드가
원 지도에 주석 자국을 남기지 않기 위해 지도 여러 부분 가운데 북쪽
부분을 수사본手寫本으로 만들었을 뿐이다.

내 생각에 하이드는 중국을 공간적으로 이해한 것이 아니라 중국어
로 이해하는 데 분투했던 것으로 보인다. 지도상에 남긴 주석과 영국
도서관에 있는 서류함에 담긴 노트들은 그가 새로운 언어의 어휘력을
쌓아가고 있었음을 알려준다. 하지만 그 언어가 문법적으로 어떻게 작
동하는지에 대해서는 아무것도 남겨진 것이 없다. 이것을 조금 직설적
으로 표현하면, 그는 언어가 아닌 단어들을 수집하고 있었다. 사실 6주
도 채 안 되는 시간에 그가 더 무엇을 할 수 있었겠는가?

중국어를 알지 못했던 19세기 학자들은 하이드를 '중국어에 대한 중
대한 발전을 성취한' 사람으로 인정하기도 하지만, 내가 볼 때는 그리
설득력이 없다. 물론 그는 중국어 학습에 최선을 다했다. 심지어 그는

다른 출판물에도 중국어를 사용했다. 가령 페르시아 종교에 관한 책에도 한자가 등장하는데, 아시아의 보드 게임에 관한 책에 마이클의 서체로 쓴 한자가 가득한 여러 장이 포함된 것과 유사했다. 한자 한 글자가 위아래가 뒤집혀 인쇄되었으나 이것은 인쇄공의 실수였을 것이다. 한자가 어떻게 형성되는지 하이드가 설명하는 쪽에는 초보자가 다른 사람의 손글씨를 보고 따라서 쓴 것처럼 보이는 한자가 나타난다. 마치 학생이 선생님을 모방하는 것처럼 하이드는 마이클을 모방했다.

하이드 자신은 스스로 이미 중국어를 충분히 파악했기에 중국어로 책을 출판해도 된다고 생각했다. 영국도서관 서류함에 담긴 궁금한 종이 가운데 하나는 실험적인 성격의 안내문으로, 어쩌면 그가 출간하고 싶은 책의 제목을 적은 것일 수 있다. 장황한 라틴어 제목은 이렇게 시작했다. 'Adversaria Chinensia a scripto et ore rativi Chinensis excepta, in quilbus sunt Decalogus, symbolum Apostolicum, Oratio Dominica, Ave Maria, Grammticaliae et Formulae.' 이것을 우리는 다음과 같이 번역할 수 있다. "십계명, 사도신경, 주기도문과 성모송Hail Mary에 대한 현지 중국인의 쓰기와 말하기 및 문법과 구분을 관찰한 결과." 이 가운데 일부 주제에 대한 문장을 하이드 논문에서 찾을 수 있지만, 책으로 내기에는 부족했다.

내가 이 책을 집필하는 도중에, 중국에서 유학하던 시절부터 사귀어 온 오랜 친구 프랜시스 우드Frances Wood가 이제는 영국도서관의 동양 섹션 책임자가 되었는데, 그는 슬론Sloane 소장품 목록에서 마이클 심의 친필 원고가 발견되었다고 알려주며, 그 복사본을 보내주었다. 여기에는 6개 불교와 도교 기도문과 함께 커다란 한자 밑에 알파벳이 적힌 주기도문, 사도신경 그리고 십계명의 완전한 복사본이 포함되어 있었다. 한자는 마이클이, 라틴어는 하이드가 쓴 것이다. 이것은 정확히 하이드가 발행되길 소망했던 책의 원고들이었다. 발행 작업이 마이클의 도움을 받아 진행된 것은 분명했지만, 동시에 열매를 맺지 못한 것 역시 명확했다.

마이클이 옥스퍼드를 떠나야 할 시간이 다가오자 하이드는 그를 런던으로 보내 저명한 과학자이자 철학자인 로버트 보일Robert Boyle을 소개해주었다. 하이드는 보일이 자금을 모아 출판을 도와주길 희망했고, 보일은 마이클과 만나면서 이 출판 사업에 열정을 갖게 되었다. 보일은 마이클에게 강한 흥미를 느꼈으나, 중국어에 대한 첫 영문서적이 될 수도 있었던 출판물은 결국 나타나지 않았다.

———————

토머스 하이드는 마이클과 함께한 추억을 여생 동안 소중하게 간직했다. 하이드는 마이클을 '나의 중국인'이라고 부르며 편지에 다음과 같이 적었다. "Michael Shun Fo-Çung(그의 이름인 심복종)은 본국에서 모든 학문을 교육받은 학자로, 중국어 서적을 손쉽게 읽으며, 대단히 정직하고 성실하여 모든 일에 신뢰하기 적합하다." 이러한 찬양은 성취한 것에 비하면 과분한 것일 수 있으나, 이것이 그가 연락이 두절된 친구를 기억하던 방식이었다. 그는 마이클이 이미 죽은 줄 모르고 자신의 대표작인 페르시아 종교 관련 책에서 애정을 듬뿍 담아 "지금은 난징에서 살고 있는 나의 중국 친구, 닥터 마이클 심복종"이라고 기록했다.

마이클이 하이드에게 마지막 편지를 부치고 얼마 지나지 않은 1687년 12월 29일, 마이클과 그의 멘토 쿠플레는 런던에서 리스본으로 항해를 떠났다. 그들의 목적은 곧바로 중국으로 돌아가는 것이었으나 포르투갈 선박을 이용하는 프랑스 예수회의 정치적 문제와 갈등이 얽히고설켜 두 사람 모두 리스본에 발이 묶이게 되었다. 마이클은 거기서 3년을 보내며 첫 중국인 신부가 되겠다는 서원을 이루려고 공부했다. 그는 마침내 포르투갈을 떠날 수 있었지만, 바다에서 죽고 말았다. 아마도 희망봉과 모잠비크 사이 어디쯤에서 이질(전염병의 일종)에 걸려 죽은 것 같다. 2년 뒤 쿠플레 역시 동일한 귀로로 여행하던 중 같은 바다에서 죽음을 맞이했다.

하이드는 자신의 충실한 중국인 정보 제공자이자 친구였던 마이클을 떠나보내고 남겨졌다. 그뿐만 아니라 동양 지식에 대해 흥미를 점차 잃어가는 시대로부터도 남겨지게 되었다. 셀던 생전에 동양학은 인류의 역사와 인류 제도들의 숨겨진 모든 지식에 대한 열쇠를 쥐고 있다고 여겨졌다. 17세기 전반기 동안 세계는 점점 개방되었으며, 총명한 학자들은 확실히 풍부한 문헌과 전통 수집물은 동쪽에 있다고 믿었다.

하지만 반세기 후 이러한 신념은 흔들렸다. 하이드가 자신의 대표작이라고 여긴 페르시아 종교에 대한 책을 완성한 후 은퇴를 고려하는 시점이 될 무렵, 이 책을 그토록 소중하게 생각하는 사람은 거의 없었다. 셀던이 『페르시아의 종교사Historia Religionis Veterum Persarum』를 썼다면, 독자들은 출간되자마자 책장에서 이것을 잡아채려 했을 것이다. 문제는 필자가 위대한 셀던이 아니었던 것이 아니다. 오히려 이러한 작품이 새롭고 놀라운 발견으로 나아가는 길잡이라고 믿던 시간이 지나갔기 때문이다. 이제 동양적인 것들은 그저 장식품이 되거나 왕과 재미있게 대화하기 위한 소재로 전락하고, 더는 학구적인 동료들 사이의 토론거리가 되지 못했다.

셀던은 동양 언어를 갈릴레오의 망원경에 비유하며 자신이 새로운 지식 창조의 여명에 서 있다고 느꼈을 것이다. 동양 언어와 망원경 모두 이전 세대가 꿈도 꾸지 못했던 것을 발견하게 했다. 역사가 니콜라스 듀Nicholas Dew가 언급했던 '바로크 오리엔탈리즘Baroque Orientalism'[11]은 이러한 가능성을 거의 담지 않았다. 그 후 오래지 않아 아시아에 관한 학문은 클래어 갤리언Claire Gallien이 '유사 오리엔탈리즘pseudo-Orientalism'이라고 불렀던 분야, 즉 학술적이고 비판적인 통찰력이 아니라 상상과 재미의 영역으로 전락했다. 이 모든 것은 '위풍당당한 행락지stately pleasure-domes'와 '사람을 향한 무한한 동굴caverns measureless to man'에 대한 콜리지(영국의 시인, 1772~1834)식 난센스Coleridgian nonsense

---

11) 17세기 후반 프랑스의 오리엔탈리즘이다. ―옮긴이

그림 9 하이드는 1665년 보들리안도서관 책임자로 임명된, 최초의 그리고 유일한 동양 언어학자다. 이름 모를 화가가 근대적 방식으로 그린 이 초상화는 1701년 하이드가 은퇴하기 직전 제작되었다. 그의 오른손에 쥐어진 두루마리 위의 글자에 주목해보면, 한자가 몇 개 보인다. 이 그림은 현재 도서관의 학부 사각형 안뜰(School Quadrangle) 기념품 가게 역할을 하는 방에 걸려 있다.

였다.

1650년대 하이드가 다국어성경 작업에 참여할 때, 젊은 하이드는 동양학 풍조의 끝자락을 잡았다. 장성한 하이드는 1670년대에 그의 동양학 지식을 이용하여 보들리안도서관의 첫 번째 목록 작업을 진행했다. 노년이 된 하이드는 그의 대표작을 팔 수 없어서 그가 수집한 페르시아어와 아랍어 원고들을 자신을 고용했던 도서관에 돈을 받고 팔았다. 셀던이 이룬 것이나 하이드 자신이 50여 년 전 기부했던 것에 비하면, 이것은 변변찮아 보인다. 월톤이 '가장 전도유망한 젊은이'라고 칭찬했던 하이드는 다른 사람이나 자기 자신의 기대에 부응하는 삶을 살지 못했다. 이것은 그의 잘못이 아니었다. 그를 둘러싼 세상이 변했던 것이다.

사무실 책임자들에게는 후손들을 배려하여 초상화가 그려지는 특권이 부여되었다. 축적된 책임자들의 초상화는 과거 천문학과 레토릭을 가르치던 학교이자 지금은 보들리안의 선물가게로 활용되는 장소에 오늘날까지 걸려 있다.

하이드 초상화는 계산대 위에 자리 잡고 있었다(그림 9 참조). 그 화법은 17세기 말 일반적으로 유행하던 스타일이다. 위대한 예술작품이라고 보기는 어렵지만, 특별히 우리에게 이 작품은 흥미로운 점이 있다. 초상화는 하이드의 허리 위 상체를 어두운 배경과 대조하여 보여주며, 그의 몸은 왼쪽으로 틀어져 있다. 신성한 옷을 입은 상태에서 하이드는 무표정하게 당시 필수 패션 액세서리인 가발 아래로 관람객들을 응

시하고 있다. 얼굴과 손을 제외한 나머지 부분은 모두 평범해서 견습
생이 모델을 앉혀놓지 않고도 그렸을 법하다. 그의 얼굴 초상은 그가
바라던 품위를 제대로 획득하지 못해 보여서 이러한 사실을 그에게 지
적하는 사람을 빤히 쳐다보는 것처럼 보인다. 게다가 별 이유 없이도
자신의 대부분을 내어줄 것 같은 사람처럼 보인다.

그의 손은 몸 전체 비율에 어울리지 않는 위치에 자리 잡고 있지만
흥미로운 부분이 발견된다. 왼손은 냉담하게 그의 옆에 걸려 있으나
오른손은 약간 올려져 있다. 바로 이 오른손에서 우리는 흥미로운 요
소를 발견할 수 있다. 모델은 관람객을 의식하고 뭔가를 연출했는데,
오른손으로 쥐고 있는 말려 있는 원고 다발이 그것이다. 무언가가 거
기에 쓰여 있다. 만약 당신이 계산대에서 위로 올려다보면, 그 글씨가
작아서 무엇인지 읽기 어려울 것이다. 계산대에 있던 여성분이 내가
초상화를 골똘히 바라보는 것을 발견하고는 더 잘 볼 수 있도록 작은
사다리를 가져다주었다.

물론 계산대 앞에서도 그 글자가 한문이라는 사실과 두 글자는 손가
락 아래, 세 글자는 손가락 위에 위치했다는 정도는 알아볼 수 있다. 아
래 두 글자는 '금金'과 '고古(혹은 설舌)'자였다. 물론 왼쪽에 찍힌 점이 무
엇을 의미하려 했는지는 정확히 이해할 수 없다. 손가락 위의 세 글자
중 두 글자는 아주 선명했는데, '고古'와 '리里'였다. 세 번째 글자는 종
이 다발을 휘감고 있어, '주州'일 수 있으나 그저 추측일 뿐이다.

사다리 위에 올라가 살펴보자, 글자의 의미를 좀 더 제대로 평가할

수 있었다. 나는 학생이 첫 중국어 입문 수업에서 한자를 연습하기 위해 쓴 글자를 보고 있었다. 즉 학생은 이 글자의 위 획과 아래 획의 차이나 이 한자가 어떻게 형성되었는지를 어느 정도 알고 있었을 것이다. 그가 '里'자를 쓰면서 맨 아래 획보다 그 위 획을 더 길게 그린 것이 선생님이 바로 교정해줄 만한 기본적인 실수였다. 또 그는 '金'자 마지막에서 세 번째와 두 번째 획을 한 획으로 단순화했다. 베테랑 서예가의 솜씨로 이렇게 쓰인 것을 본 적이 있을 수 있겠지만 그가 한 방식은 전혀 그럴싸해 보이지 않았다. 이 모든 것은 하이드가 자신의 공식 초상화에 이 한자들을 그릴 당시 심복종이 더는 그의 곁에 없었다는 것을 말해준다.

누군가는 왜 하이드가 자기 초상화에 한자를 넣었는지 궁금해할 것이다. 그가 히브리어나 아랍어 혹은 페르시안 문자를 사용했다면 훨씬 더 성공적으로 포즈를 취했을 수 있다. 이 언어들은 그가 잘 알았기 때문이다. 그렇다면 그는 왜 중국어를 원했을까? 옥스퍼드 안에는 소수라도 일부 히브리어, 아랍어 혹은 페르시아어를 읽을 수 있는 사람이 있었지만 중국어를 읽을 수 있는 사람은 없었기 때문이었을까? 보들리안도서관 목록 가운데 가장 어려운 동양 언어를 습득했다는 것을 과시하고 싶었을까? 이미 동양학자들의 상류 클럽에 속해 있던 그가 홀로 중국어를 습득했다는 것을 선포함으로써 자기 위치를 승격시키고 싶었던 것은 아닐까? 아니면 단순하게 그가 공부했던 언어 가운데 중국어가 가장 흥미로웠기 때문일까?

그의 초상화를 올려다보면서 생겨난 이러한 의문점은 또 다른 질문을 떠올리게 해주었다. 하이드는 심복종이 희망봉과 모잠비크 사이의 선상에서 병마로 쓰러졌다는 사실을 끝까지 알지 못했지만, 언젠가 중국어를 잘 아는 심복종이 아닌 다른 사람들이 자기 초상화를 보고 이런 작은 실수를 언급할 때가 올 것이라고 예상했을 것이다. 어쩌면 내가 불공정한 기준으로 판단하는 것일 수 있다. 우리 가운데 누가 미래를 내다보고 자신 있게 무엇이 일반 상식이 되고 무엇이 세상에 파묻힐지 예견할 수 있을까? 하이드가 생존했던 17세기 말에 그 곁에는 중국인이 없었고, 영국으로 오는 중국인도 없었다. 그는 외로운 국경 검문소에 보초병처럼 홀로 서 있었다.

1701년 하이드가 책임 직위에서 퇴임하기 직전 캔터베리 대교주에게 자기 후임자에 대한 조언을 담은 편지를 썼다. 하이드는 새로운 책임자가 필히 '동양 언어들에 대한 장점을 갖춰야 한다'고 강조했으며, '그렇지 않으면 그는 상당한 암흑 속에서 지낼 것'이라고 덧붙였다. 이것은 합리적 조언이었으나 학계의 유행은 이미 다른 방향으로 흘러가고 있었다. 동양 언어를 연구하는 이들은 이미 다른 곳으로 시야를 돌렸다. 지금까지도 이 지도 문제에 대해서는 상황이 바뀌지 않았다. 동양 언어를 전공하는 학자들 가운데 보들리안도서관 책임자는 이제 나오지 않는다. 중국어 문서들을 해독하려면 이러한 일에 대한 전문가가 있어야 하는데, 바로 나같이 말이다.

이제 도서관에서 할 일은 다 끝났다. 우리가 서고를 떠나 바다로 향하게 되면 필히 셸던 지도가 담아내는 해상무역 세계로 되돌아가야 한다. 셸던이 제임스 왕을 만나면서 지도의 실마리를 잡기 이전으로 거슬러 올라가야 한다.

존 사리스와 중국 선장

4

1614년 12월의 셋째 주가 되자 대중은 더 참을 수 없는 지경이 되었다. 영국 동인도회사EIC 총독으로서 토머스 스미스Thomas Smythe는 런던 주변으로 확대되는 소문을 잠재워야 할 때가 왔음을 깨달았다. 아시아로부터 수많은 상품을 가득 실은 클로브Clove호를 이끌고 온 존 사리스John Saris[12]는 템스강을 거슬러 올라가 런던에 도달하기도 전에, 플리머스Plymouth(영국 남서부 군항)의 남쪽 해안에 정박해 사적인 거래를 할 만큼 대담했다. 이는 동인도회사가 명확하게 금지한 일이었다.

그가 플리머스에서 길게 머물수록 런던 상업계에서는 회사가 눈이 먼 채로 고용인에게 도둑맞고 있다는 나쁜 소문이 퍼져나갔다. 이것은 용인될 수 있는 것이 아니었다. 영국 동인도회사는 14년밖에 존속하지

---

12) 영국 동인도회사의 중개업 책임자(chief factor)로, 1613년 영국에서 일본으로 처음 항해할 때 클로브호 선장이었다. ―옮긴이

못했다. 동인도회사는 민간자본과 칙허장royal charter의 기민한 혼합물이었고, 자신을 지지했던 상인들의 이익을 고려한 엘리자베스 1세의 자비로 탄생할 수 있었다. 제임스 1세가 그녀를 대신하게 되자 독점권을 지닌 회사의 명운命運은 이제 새로운 왕을 얼마나 만족해줄 수 있는지와 아시아 무역에서 잠정적 경쟁자들을 몰아낼 수 있는지에 달려 있었다.

사리스가 언제 클로브호를 런던에 보낼지는 스미스가 최근 당면한 골치 아픈 문제들 중 하나였다. 그는 동인도회사를 정치적·경제적 요인보다 우위에 유지하기 위해 골머리를 썼었다. 최근 스미스는 신교역소the New Exchange에 상점을 열도록 강요했던 재무상에게 굴복한 일이 있다. 신교역소는 재무상이 권한을 가지고 새롭게 건립한 상업 중심지로, 1609년 개막 첫날밤 축하연은 벤 존슨이 기획했다. 스미스는 중국산 종이, 부채, 잉크 박스 그리고 도자기를 공급하기로 되어 있었으나 이러한 물건들은 비쌀뿐더러 구하기도 힘들었다. 왜 게으른 얼뜨기들을 위해 돈을 낭비해야 하는가? 사리스의 화물선이 그가 상점을 짓는 데 개인적으로 투입했던 300파운드만큼의 이윤을 창출하는 것이 과연 가능할까? 사리스가 지금까지 공급한 것은 6~7파운드 정도 가격의 말레이시아 단도短刀뿐이었다.

사리스에 대해서는 그가 직원들을 구타했다거나 선원들을 굶주렸다는 소문이 돌았다. 선원들은 비교적 높은 급료를 받을 예정이었음에도 성공적인 항해에 필요한 훈련에 대해서는 볼멘소리를 냈다. 그뿐만 아니라 스미스는 제임스 1세를 만족시켜야 했다. 스미스는 경솔하게도 제임스 1세에게 일본 천황으로부터 호화로운 선물을 기대해도 좋다고 언급했다(사실 선물이 천황보다 훨씬 강력한 쇼군으로부터 올 테지만 1614년 영국인은 이러한 직함을 전혀 이해하지 못했다). 과연 이러한 선물이 언제 배달되었을까?

12월 6일 스미스는 영국 동인도회사 위원회 총회에서 존 사리스를 상대로 제기된 '악의적이고 가증스러운 혀'라는 비방에 어렵지 않게 대처할 수 있었다. 총독으로서 그는 직원들에 대한 주주들의 지속적인 고발에 대답할 의무가 있었고, 실제로 이를 잘 감당해왔다. 그는 주로 주주들에게 그들의 적들이 매우 기쁘게 회사 붕괴를 지켜볼 거라는 점을 상기시키는 전략으로 대처해왔다. 내부 결속만이 이러한 외부 패거리들과 맞설 수 있는 유일한 보호 방법이라는 것이다. 총회가 시작되자 스미스는 주주들에게 "회사의 통솔자(사리스)를 규탄하여 주주들이 스스로 적이 되어서는 안 된다"라고 주장했다. 다행히도 그는 총회 참석자들에게 사리스가 항해에 들었던 자금의 세 배를 남겼다는 추산 결과를 보고할 수 있었다. 모두가 조용히만 있어준다면 사태는 순조롭게 넘어갈 것 같았다.

하지만 회사 내부적 혐의는 이후 터진 음란물 스캔들의 중요성에 비하면 정말 아무것도 아니었다. 대체로 동인도회사는 사람들이 무엇을 가지고 탔는지를 면밀히 조사하지 않는 관행이 있었다. 하지만 사리스가 일본 음란물을 영국에 들여왔다는 사실은 악의적인 이들에게 회사를 비난할 수 있는 손쉬운 트집거리가 되었다. 그 결과 도덕적 지향성이 결여된 동인도회사로부터 아시아에 대한 무역 독점권을 박탈해야 한다는 비난이 쏟아졌다. 거대한 사업은 옳은 사업으로 보여야 했다. 혹은 외부의 누군가가 거대한 회사를 쪼개어 일부를 자신이 소유하고 싶었는지도 모른다. 열흘 후 스미스는 간부들이 모인 이사회에서 '음란 도서들과 사진들이 캡틴 사리스를 통해 반입되고 유포된 것에 관한 일부 혐의와 비난이 쏟아진 사실'을 보고해야 했다.

일본에서 음란물을 가져오는 것과 이것을 주변에 보여주는 것은 완전히 다른 일이었다. 간부들은 사리스가 기존에 영국의 어느 누구도 볼 수 없었던 가장 극적인 음란물, 즉 생식기가 거대한 남성이 고분고분한 여성 파트너와 성교하는 그림을 유포하는 데 좀 더 신중했어야 했다고 판단했다. 사리스의 판단력 부족이 '이 회사의 큰 스캔들'을 촉발했고, 책임자들은 이 점을 '용납하기엔 부적절한 중죄'로 간주했다.

그들은 이 소식이 외부로 흐르지만 않았다면 중죄 선고를 하지 않고 스캔들이 스스로 사라져 없어지도록 했을지 모른다. 하지만 소문은 이미 퍼져버렸다. 비난이 불붙었기에 스미스는 이를 대처하기 위해 무언가를 해야 했다. 스미스는 간부들에게 자신도 그들처럼 이런 그림을 싫어한다고 운을 떼면서, 문제의 음란물이 사리스 집에 보관되어 있기에 "그것들을 사리스 손에서 빼낼 수 있도록 그가 할 수 있는 최선을 다하겠다"라고 설득했다. 스미스는 이사회 간부들에게 그 책들과 사진들을 "모두 태워버리든가 아니면 회사가 생각하기에 적합한 방식으로 처리해야 한다"라는 대안을 제시했다.

당시 토머스 스미스는 영국 동인도회사의 총독일 뿐 아니라 신대륙의 플랜테이션 사업을 구상하는 버지니아 회사[13] 재무장관을 맡고 있었다. 게다가 10년 전에는 러시아를 방문하여 마스코비 상사[14]의 무역 조건을 가지고 협상하기도 했다. 각 회사들은 왕실 칙허장의 보호를 받을 수 있었기에, 각각 영국과 아시아, 북미 그리고 러시아 사이의 해외무역 독점권을 누리고 있었다. 스미스는 이 3개 기업의 주요 지분을 모두 가지고 있었다. 당시 그보다 더 능력 있는 사업가는 런던에 존재하지 않았다. 도덕적으로 깨끗해야 하는 사업 세계에서 '중죄' 선고는 사실상 모든 것을 의미했다. 스미스는 무언가를 보여주어야 했다. 그가 실제 어떤 피해를 입었는지 상관없이, 그는 부도덕성에 대한 비난이 그의 사업에 어떻게 손해를 줄지 충분히 예측할 만큼 기민했다.

스미스가 이사회에 이 문제를 보고한 후 3주가 지났다. 그가 간부들에게 말한 바와 같이, 교역으로 발생한 회사와 자기 자신에 대한 공격으로 사리스의 책과 사진들을 몰수했고 '그들의 입을 단단히 다물게' 했다. 아마도 그는 이것으로 작은 폭풍이 충분히 잠잠해지기를 소망했겠지만, 그렇지 못했다. 유일하게 남은 방법은 문제가 된 그림들을 대중이 보는 가운데 파괴함으로써 그가 언급한바, '과장하여 꾸며내는

---

13) 1606년 제임스 1세가 허가한 회사로 북미 해안에 정착촌을 세우려는 목적으로 만들어졌다. ―옮긴이

14) 1555년에 설립된 영국의 무역회사로 1698년까지 영국과 모스크바 대공국(大公國) 간의 무역에 독점권을 가졌다. ―옮긴이

honestlie affected' 사람들에게 실질적 조치가 취해겼음을 분명히 알리는 것이었다. 스미스는 이것이야말로 의심할 나위 없이 "이러한 부도덕한 광경들이 이 회사 어디에서도 조성되거나 유포되지 않았음"을 입증하는 것이라고 주장했다. "그러고는 곧바로 그는 이것들을 불속에 던졌고 불꽃 속에서 요상한 물건들은 타서 재로 남았다."

이렇게 하여 영국으로 반입된 일본의 첫 음란물들은 소각되어 망각되었다. 처음 물건이 유입된 그 시기 다른 물건들은 비난으로부터 빗겨갔다. 비록 모든 물건이 세파에 시달리며 살아남은 건 아니지만 말이다. 도쿠가와 이에야스德川家康가 제임스 1세에게 보낸 일본 갑주 두 벌은 왕궁에 보내졌고, 아직도 왕립 무기고 박물관에 남아 있다.

하지만 10첩짜리 병풍은 사라진 지 오래되었다. 사리스는 이것을 '방에 거는 큰 그림'이라고 했는데, 그림을 세우는 것이 아니라 걸어놓는 일본의 문화를 표현하는 방식으로 설명하였다. 사라진 것은 선물만이 아니었다. 제임스의 반응도 사라졌다. 하지만 우리는 스미스의 반응은 알고 있는데, 일본에서 온 것을 수준 이하로 평가했다. 쇼군이 스미스가 주문한 병풍을 보지 않았으므로 우리가 쇼군의 의도를 확인할 방법은 없다. 아마도 그는 좋은 물건을 보내려고 했겠지만, 그의 하인들이 이를 가로채고 아류 물건을 사리스에게 배송했을 것이다.

사정이 어떠했든 간에, 스미스는 도쿠가와 가문에서 보낸 병풍 몇 개를 회사 소유의 병풍과 교체했다. 회사의 정치적 주인에게 회사가 받은 것 가운데 가장 좋은 것을 전달함으로써 도쿠가와에게 좋은 인상을 갖도록 만들기 위해서였다. 결국 이것은 외교적 선물이기 때문에 예술성이나 정통성은 중요하지 않았다. 그저 좋아 보이면 그만이었다.

동인도회사는 그림이 영국과 일본 사이의 무역에서 양자에게 모두 매력적인 물품이 될 것임을 곧 알게 되었다. 우리는 이것을 상관의 회계장부에서 볼 수 있다. 여기서 상관이란 동인도회사가 일본의 히라도 平戸, 오늘날 나가사키로 불리는 항구에 세운 외국인 교역소를 지칭한다. 장부에는 그림 수십 장과 판화들이 비축되어 있다고 기록되어 있다. 그중 일부는 판매를 위한 것이지만 일부는 선물용이었다. 또 항해 후에 손상을 입어 쓸모없어진 작품이라고 쓰인 물건도 있었다. 유화의 가장 일반적인 주제는 비너스였다. 일부는 아도니스Adonis, 바쿠스Bacchus 혹은 큐피트Cupid와 함께 그려져 있었다. 영국인들이 아름답다고 생각하는 여성 그림은 늘 환영받았다.

이 밖에 재고 목록에는 왕의 초상화 몇 장과 일반적인 사계절 풍경화 수십 장 그리고 오감五感의 풍경을 담은 그림들 또한 포함되어 있었다. 1616년 회사 장부에 실린 가장 비싼 그림은 다름 아닌 총독 스미스의 유화 초상화였다. 12파운드라는 놀라운 값어치로 계산된 회사 우두머리의 그림은 당시 재고 목록에 올라 있는 비너스 그림 8점 중 최고가 작품보다 4배나 비쌌다.

사리스는 영국의 예술품을 일본에 수출하면 돈이 될 것이라고 믿었다. 플리머스에서 시간을 끌며 머물던 시기에 그는 일본에 판매할 영국 물품 목록을 런던 사무실에 보냈다. 첫 번째 부분은 직물 장부에 대한 자세한 목록이었지만, 직물은 인기가 없는 것으로 드러났다. 그다음 물품 목록 가운데 가장 윗줄에는 이런 구절이 남겨 있다. "회화는 선정적인 것과 육지와 바다에서 벌이는 전쟁 소재를 그린 것. 크면 클수록 좋다." 물론 그해 겨울에 다시 이사회 앞에서 조언할 때는, 음란물 스캔들이 잠잠해지고 얼마 지나지 않은 시점이었기 때문에 전투 장면만 추천하고 '선정적' 회화에 대한 언급은 기피했다.

하지만 우리는 그의 구미가 어디에 있는지 알 수 있다. 그의 항해 일기를 보면, 그는 자기 선실 안에 "비너스 그림이 걸려 있는데, 아주 훌륭한 액자에 담겨 있으며, 상당히 선정적"이라고 기록했다. 이는 일부 일본인 기독교 여성들이 자신의 선실에 들어오자마자 그림을 보고 무릎을 꿇었다는 맥락에서 언급한 내용이다. 그들은 그림 속의 비너스를 마리아로 생각했던 것이다.

일본에는 유럽 예술품에 대한 수요가 많지 않았다. 또 다른 맥락으로, 배의 짐칸에 깨끗하고 건조하게 예술품을 보관하기 힘들었던 점도 있었다. 사리스가 귀국하고 2년 뒤, 일본에서 상관 운영을 책임지도록 남겨진 리처드 콕스Richard Cocks[15]는 런던에 편지를 보내 회사가 유화 그림들을 보내는 데 더는 신경 쓸 필요가 없다고 말했다. 그림들이 배 위의 습기에 취약할 뿐 아니라, 일본인들이 그림을 이국적인 아름다움을 담은 예술품으로 인식하지 않기에 결국 값어치가 없어졌다는 이유

---

15) 1613년부터 1623년까지 영국 동인도회사 히라도 거래소 책임자다. —옮긴이

였다. 차라리 그림보다는 책을 보내라는 조언을 덧붙였다. 그림은 "주목받지 못하지만 종이에 배, 말, 사람, 전투, 새 등을 검은색으로 인쇄한 것은 오히려 높이 평가받는다." 히라도 상관의 재고 목록에는 영국지도가 그림보다 2배가량 많이 기록되어 있다. 하지만 콕스는 지도의 판매 여부는 언급하지 않았다.

———

스미스는 3년 전 사리스에게 동인도회사의 여덟 번째 아시아 항해를 지휘하도록 하였다. 사리스는 1611년 4월 영국을 출발하여, 인도 해안을 따라가며 무역을 진행하다 1612년 10월 자바의 반탐에 도착하였다. 그는 곧바로 향료를 구하기 위해 향료제도로 출항했다. 그에게 부과된 최우선 과제는 회사에 수익을 올리는 것이지만, 정치적인 과제도 있었다. 바로 최근 향료제도의 몰루카스Moluccas에서 향료 무역을 지배하던 스페인을 추격하고자 성장하는 네덜란드에 대항하는 것이었다.

그곳 열대 지방의 화산섬들은 술라웨시Sulawesi와 오늘날의 인도네시아 동쪽 끝을 향하는 뉴기니New Guinea 사이에 흩어져 있다. 이 군도에서 가장 습한 북쪽 섬들(테르나테Ternate, 티도레Tidore, 마트얀Matyan섬)은 생태학적으로 육두구, 정향 그리고 메이스를 키우기에 적합했고, 이 향료들은 유럽에서 아주 귀하게 팔렸다. 향료 무역은 전통적인 방식으로 이루어졌다. 대체로 현지 지배자가 통제했으며, 유럽인이 도착하기 전까지는 중국인들과 무슬림이 교역을 담당했다.

사실상 사리스는 흐로트의 『자유로운 바다』를 근거로 전개되는 네덜란드 동인도회사에 도전장을 던진 것이다. 만약 동아시아의 바다가 흐로트가 말한 것처럼 누군가에게 전유될 수 없는 자유로운 공간이라면 영국 또한 그곳에서 무역할 수 있어야 했다. 물론 이는 네덜란드의 생각과는 달랐다. 포르투갈과 스페인 제국의 독점권을 잠식하려고 했지만, 네덜란드는 영국을 향료 무역에 끌어들이려는 의도가 전혀 없었기 때문이다.

사리스는 바로 이 지점을 파고들기 위해 그곳에 파견되었다. 네덜란드는 영국이 향료 무역에 진입하는 것을 대단히 못마땅하게 여겼다. 사리스가 거래를 트기 위해 현지 통치자에게 접근할 때마다 네덜란드인들의 방해가 있었다. 소량 거래마저 실패했다. 거래를 희망하는 현지인이 정향을 팔기 위해 접근할 때마다 사리스보다 먼저 와 있던 네덜란드인이 영국과의 거래를 무산시켰다. 역사가 마틴 반 이터섬 Martine van Ittersum이 언급했던 '구슬림과 협박의 조합a mixture of coaxing and intimidation'을 사용한 것이다.

사리스가 3월 중순경 마트얀섬에 도착했을 때 현지의 통치자가 클로브호에 올라타 거래를 논의했다. 하지만 네덜란드인 두 명이 따라붙어 그가 영국인에게 아무것도 팔지 못하도록 방해하고, 심지어 사리스를 섬으로 인도했던 도선사까지 협박했다. 이미 5년 전에 네덜란드가 마트얀을 통제하기 시작했기에 영국이 이곳에 들어올 권리가 없다는 주장이었다. 무력으로 점령했기에 마트얀의 향료는 마땅히 자신의 권리라는 것이다. 사리스가 선단의 서열 3위였던 리처드 콕스에게 그들을 배 위에서 쫓아내라고 명령하자 네덜란드인 두 명은 누구든지 영국인에게 정향을 팔다가 들키면 모두 죽일 것이라고 협박했다. 사리스는 용감하게 '누구든지 나와 거래를 하고자 하는 사람'과 거래할 것이라고 대응했다.

그러나 실제 이러한 거래가 어렵다는 것이 증명되었다. 그날 밤 현지인들이 화물을 싣고 영국 선박에 승선하려고 시도하다가 화력으로 중무장한 네덜란드인에게 둘러싸여 막히는 일이 발생했다. 다음 날 사리스는 거래를 재개하기 위해 콕스를 해안으로 파견했지만 네덜란드 사령관 에이드리안 마텐즈 블룩Adriaan Martens Blocq이 직접 콕스에게 다가와 "그(사리스)에게 저녁에 더는 사람들을 해안으로 보내지 말라고 전하고 만약 그러할 경우 그는 파견된 사람들을 모두 죽일 것이라고 했다. 콕스는 웃음으로 대답하고 그를 떠났다." 여기서 콕스의 웃음은 대담한 반응이었으나 그 지역에 대한 네덜란드의 고삐를 전혀 늦출 수는 없었다. 후에 블룩은 상관에게 올린 보고서에서 '오만하고 악랄한' 영국인이 '우리의 노예나 마찬가지인' 현지인들에게 간섭하려 한다고 불평했다.

네덜란드는 그들이 사리스가 거래하고자 했던 생산자들과 먼저 계약을 체결했다는 점을 근거로 자신들의 행위가 정당하다고 주장했다.

이것은 바로 자유무역이 요구하고 허용한 원리였다. 그러나 사실 계약은 화력의 위협 속에서 체결되었고, 약정한 가격들은 터무니없이 낮아 강요가 아니라면 공급자들 가운데 그 누구도 그 가격에 향료를 팔지 않았을 것이다.

몰루카스의 네덜란드 무역을 감독하는 총독은 암스테르담에 다음과 같은 보고를 보낸 바 있다. "만약 우리가 맹세된 계약과 합의만을 근거로 했다면 영국인들과 현지인의 교역을 막을 수는 없었을 것이다." 덧붙여 그는 현지인들이 계약을 중시하지 않고 향료를 네덜란드에만 판매하지 않게 된 요인을 이슬람 탓으로 돌렸고, 이후로 현지 지배자들을 순종시키기 위해 "적나라한 폭력"을 사용해야 할 것이라고 조언했다. 네덜란드가 주장한 자유로운 바다라는 이상은 향료제도에 대한 그들의 잔혹한 지배를 은폐하기 위한 법적 허구일 뿐이었다. 국가의 무역은 독점을 갈망했다.

4월 초 사리스는 네덜란드의 단호한 독점권에 대항하기 위한 동맹 구축 가능성을 타진하고자 향료제도의 또 다른 섬인 티도레섬에 진입하기로 결정했다. 당시 티도레는 여전히 스페인의 근거지였다. 그들이 탄 클로브호는 티도레섬의 수심이 깊은 섬 동쪽으로 접근했는데, 그곳은 닻을 내리기가 쉽지 않았다. 강한 너울이 밀려와 클로브호가 예상보다 해안과 좀 더 가까이 인접하자 스페인인은 영국 선박을 밀어내려고 총을 쏘았다.

양측의 교전이 잠시 이어진 후 스페인인은 협상 사인으로 탄환을 넣지 않고 대포를 발포했다. 사리스가 친절하게 응답하자 스페인 지휘관 돈 페르난도 베세로Don Fernado Besero는 휴전을 상징하는 흰 깃발을 단 배에 부하 두 명을 보내어 소속 국가와 희망하는 무역의 실체를 탐색했 다. 두 스페인 부하는 열대 폭우 가운데 물위에 떠 있는데도 클로브호 에 직접 승선하는 것을 원치 않았다. 아마도 잘못해서 인질로 잡히는 것보다는 물에 흠뻑 젖는 편을 선호했을 것이다.

사리스 배에는 헤르난도Hernando라는 스페인 선원이 탑승해 있었는 데, 혹시라도 다른 스페인인들과 협상할 기회를 대비하여 반탐에서 데 려온 자였다. 마침 헤르난도는 배를 타고 온 두 스페인 사람을 알고 있 었고, 헤르난도를 알아본 두 부하는 그들이 자신들을 괴롭히러 온 또 다른 네덜란드 선박이 아님을 알고는 안도했다. 그들은 노를 저어 해 안으로 돌아가 돈 페르난도에게 보고하였고, 그는 프란시스코 고메스 Francisco Gomes라는 1등 항해사를 보내 영국인들을 환영했다.

사리스는 일기에서 고메스에 대해 "풍채가 좋으며 호의 있게 다가 왔다. 나에게 환영한다고 말하면서 우리가 정박하기 가장 좋은 곳으로 안내해주었다"라고 묘사했다. 배가 정박한 후 저녁을 함께하자 고메 스는 지휘관 페르난도에게 현재 상황을 설명하러 가야 한다며 양해를 구했다. 페르난도 역시 테르나테섬 근처에 있는 총독, 즉 제로니모 데 실바Jeronimo de Silva의 지시 없이는 아무 일도 할 수 없었기 때문이다. 고 메스의 안내 없이 아무것도 할 수 없던 사리스는 고메스를 해안으로 돌 려보냈다.

다음 날 항해사는 페르난도가 보낸 음식 선물을 가지고 돌아왔다. 사리스는 답례로 선물을 보냈고 정향을 얻기 위해 음식이나 탄약을 교환하는 거래를 제안했다. 네덜란드 선박 두 척이 계속 클로브호를 미행하는 상황이었기에 사리스는 빠른 응답을 요구했다. 사리스는 절박한 상황에 봉착한 스페인의 상황을 이용하고자 했다. 스페인은 7년 전인 1606년에 포르투갈로부터 향료제도의 테르나테섬을 빼앗았으나 1607년부터 테르나테섬 주도권을 놓고 네덜란드와 교착 상태에 빠져 있었다. 산타 카타리나호를 포획한 헤임스커르크만이 테르나테섬에 실제 가본 인물인데, 이 역시 1601년이 마지막이었다. 그리고 그 후 6년 동안 네덜란드 동인도회사는 스페인 요새가 위치한 반대편 섬에 무장 요새를 건립했다.

사리스는 6년간 충돌하는 과정에서 스페인 측 물자, 특히 탄환이 부족해졌을 것으로 예상했다. 그들에게 탄약이 필요하면 향료 무역이 개시될 수 있었다. 하지만 설령 상황이 사리스가 추정한 대로였더라도, 제로니모는 이를 허락하지 않았을 것이다. 사리스가 고메스에게 불평한 것처럼, 제로니모는 영국 측에 '그저 의례적인 칭찬'만 담기고 '별다른 내용이 없는' 편지를 보냈다. 총독 제로니모는 사리스를 테르나테섬으로 의례적으로 초청했으나 정작 무역에 관해서는 아무 언급도 하지 않았다.

사리스는 이처럼 공손하게 포장된 제안에 영국이 현혹된 것이 불쾌했다. 그는 사실상 무역 거래, 즉 탄환을 가지고 정향을 구매하려고 왔지만 총독이 어리석게도 이에 부응하지 못했다고 생각했다. 다만 고메스는 이 거래를 성사시키려는 생각으로, 티도레섬의 주요 상점에 보관된 정향이 4개월 전 약탈당했으나 그 이후 더 많은 양이 비축되었다고 설명했다. 아마도 잘만 접근한다면, 페르난도는 이 거래를 제로니모 총독에게 회부하지 않고 성사될 것으로 기대했다. 고메스는 다시 주선할 복안을 가지고 사리스에게 출항 연기를 요청했다.

사리스는 고메스의 의향을 간파했다. 고메스를 만족시킬 만한 뭔가가 필요했다. 사리스와 경험이 많은 선원들은 고메스와 같은 항해사들이 좋아할 만한 항해 도구를 다 모아보았다. 이러한 선물로 고메스의 호의를 살 수 있었으나, 사리스는 자신이 속고 있다고 의심하기 시작했다. 그는 즉시 닻을 올려 테르나테섬으로 직접 가서 총독을 대면했으나 제로니모는 교역할 의사가 없음을 명확히 했다. 그가 영국에 원했던 것은 오로지 선원용 부츠 몇 켤레뿐이었다. 결국 사리스는 부츠 세 켤레를 무상으로 전달하고는 차선책으로 항로를 일본으로 돌렸다.

1615년에 열린 영국과 네덜란드 사이의 두 번째 협상 테이블에 사리스에 대한 네덜란드의 대처 안건이 의제로 올려졌다. 첫 번째 협상은 사리스가 해상에서 항해하는 도중에 열렸다. 사실 흐로트가 제임스 1세에게 바다의 자유에 대해 강연하던 날이 1613년 4월 13일이었는데, 마침 같은 날 사리스가 향료제도를 떠나는 작별인사로 제로니모에게 부츠를 보냈다. 당시 네덜란드나 영국 모두 테르나테섬에서 어떤 일이 일어났는지 잘 몰랐으나, 2년 후 헤이그에서 열린 두 번째 협상에서 만난 양국은 모두 이 일을 잘 인지하고 있었다.

　흐로트는 발표 단상에 올라 『자유로운 바다』 발행 이후 네덜란드 입장은 변함이 없었다고 주장했다. 영국 대표단은 사리스의 경험을 근거로 네덜란드가 법적으로 이중 잣대를 고집한다고 지적하며, 무역은 "당신들에게 그러하듯 우리에게도 자유로워야 한다"라고 주장하였다. 네덜란드 측 답변은 흐로트가 맡았다. 그 계약은 유효하며, 이 계약에 사인했음에도 사리스와 거래를 시도했던 이들은 '신의가 없는' 자들이기에 신뢰할 수 없다는 주장이었다. 현지인을 겁박한 것은 네덜란드가 아니라 영국이었다는 것이다.

　흐로트는 이 모든 것이 허구라는 것을 알고 있었다. 그는 개인적으로 그리고 법률적으로 블록이 몰루카스를 '우리 노예들'이라고 언급한 것에 불쾌감을 느꼈으나 네덜란드 동인도회사 변호사로서 의뢰인 입장을 대변해 주장해야 했다. 그래서 그는 계약법이라는 차원이 다른 쪽으로 물러났고 "그가 제3자인 누군가에게 어떤 물건을 배송하기로 약속했다면 제3자는 배송하기로 약속한 사람이 다른 이에게 배송하는 것을 방해할 권리가 있다"라고 주장하였다. 네덜란드가 법적 용어의 편협함을 이용하여 단순히 계약을 강행하고자 했음을 피력했다. 이 문제는 바다의 자유와는 아무 상관이 없었다.

　흐로트 지지자들은 이 두 번째 협상을 전설 같은 흐로트 경력 가운데 오점이었다고 손꼽는다. 그는 계약법을 들먹여 영국을 배제한 것이 네덜란드의 법적 권리라고 표현했을지 모르지만, 사실상 현지인을 노예와 다름없이 내몬 상태에서 이루어졌다. 게다가 이 역시 오직 무력으로 강제되고 유지되었다. 반 이터섬Van Ittersum의 의견에 따르면, 흐로트는 네덜란드 동인도회사의 계약에 대해 거의 의문을 품지 않았다. 그녀는 다음과 같이 덧붙였다. "현지인 관점에서 본다면 계약은 자발적 동의가 아니라 주권과 자기 결정권을 악화하는 잔혹한 명령이었다." "그가 마음대로 할 수 있었다는 반대 증거로 몰루카스를 향한 사리스의 항해보다 더 강력하고 확실한 것은 없을 것이다."

이러한 관찰에서 그녀는 더 폭넓은 결론을 내렸다. 네덜란드 동인도회사는 무늬만 경제기업이었다는 것이다. 사실상 동인도회사는 정치·군사적 문제를 위해 존재했고, 주로 이러한 목적을 위해 상업적 부를 활용했다.

그녀가 지적했듯이 흐로트의 "무역과 항해의 자유를 위한 유명한 항변은 네덜란드 동인도회사의 적나라한 사리私利를 가리기 위한 무화과 나뭇잎에 불과했다." 하지만 이것은 유효했다. 네덜란드는 향료 제도에 대한 그들의 지배적 위치를 유지했고, 영국은 어디든 조금이라도 이익이 남는 틈새를 찾아 떠났다. 결국 영국인은 돈을 벌기 위해 남아시아로 떠났고, 동남아시아는 네덜란드 몫으로 남게 되었다.

────

　존 사리스는 1613년 6월 9일 일본 남해연안에 도착하여 윌 아담스[16]를 찾았다. 아담스는 태평양을 횡단하던 네덜란드 선박에서 살아남은 몇 사람 가운데 한 명으로 1600년 일본에 표착했다. 일본에 도달한 첫 번째 영국인이었던 그는 새롭게 떠오른 쇼군인 도쿠가와 이에야스에게 필요한 존재가 되려고 지난 13년을 애썼고, 그 와중에 일본 해역에 대해 풍부한 지식을 획득했다.

　영국 동인도회사는 그가 일본과 영국 사이의 무역을 개시하는 데 매우 유용한 자산이 될 것으로 기대했고, 그 예상은 적중했다. 아담스는 이를 도울 의지로 충만했다. 일본 사회에 완전히 동화된(그는 일본인 아내와 아이들이 있었다) 아담스는 일본 해역에서 자유롭게 항해할 수 있었을 뿐 아니라 복잡한 정치·사회적 네트워크를 통해 동인도회사 입장에서 주변인, 쇼군 등과 협상을 진행해나갔다. 또 그는 검증된 유능한 선장이자 항해사였는데, 훗날 동인도회사의 화물 정크 선박[17]을 몰고 중국 연해에 가기도 했다.

　사리스가 도착했을 때 아담스는 히라도 항구에 있지 않았으나 몇몇 다른 유럽인이 남아 있었다. 그들은 사리스를 히라도의 다이묘, 즉 영주에게 소개했다. 그리고 사리스는 다이묘를 통해 이단李旦이라는 이

---

16) Will Adams(1564~1620), 일본명은 미우라 안진(三浦按針)으로, 영국 출신 항해사다. — 옮긴이

17) 정크는 선박의 밑바닥이 용골이 대신 평평한 바닥으로 되어 있는 범선을 지칭하는 전문용어다. 이것은 일반적으로 화물이나 사람 둘 다 실어 나르기 위해 설계된 범선이다. 이 이름은 말레이어 정(jong)에서 유래했으며 이미 영어에서 삭구로 쓰기에는 너덜너덜한 로프를 지칭하는 'junk'라는 항해 용어와 이중으로 사용되었다.

름의 중국인 상인 리더를 소개받았다. 사리스 일기에 이단이라는 이름은 그가 히라도에 도착한 지 6일이 지난 1613년 6월 16일부터 등장한다. 사리스는 상관을 설립하려고 했는데, 이단이 소유한 땅을 활용할 예정이었다. 사리스는 일기에 이단을 캡틴 안다스Captain Andace라고 했는데, 이는 그가 '중국 교민들의 수장'이라고 인식했기 때문이다.

캡틴 안다스와 사리스의 관계는 우호적이었고, 한 달 후 사리스 일기에 다시 캡틴 안다스가 등장했다. 이때는 원인 모를 요인으로 조난 사고를 당한 아담스라는 영국인이 과연 4일 안에 나타날지를 놓고 사리스와 안다스가 내기를 한 것이다. 다음 날 아담스가 등장했기에 사리스가 내기에서 졌다. 하지만 이제부터 사리스는 영국 동인도회사의 상관을 건립하기 위해 필요한 복잡한 사항을 협상하고 해결하는 데 기여할 수 있는 일본어에 능숙한 영국인 동료를 만났기에, 내기 결과에 기쁘게 승복했다.

안다스라는 이단의 이름은 사리스 일기에 등장한 이름일 뿐이고, 당시 히라도에 머물던 영국인들은 그를 안드레아 디티스Andrea Dittis라고 불렀다. 히라도 상관 총책임자였던 리처드 콕스의 일기 덕분에 우리는 이 인물의 삶과 행적을 알 수 있다. 남아 있는 일기에 디티스의 행적은 1615년 6월 1일부터 등장한다. 그날 콕스 일기에 등장하는 이름은 디티스뿐 아니라 그의 형인 캡틴 화우Captain Whaw도 있다. 콕스는 화우의 막내딸에게 세례를 기념하는 선물로 골드바gold bar를 보냈다. 이 이름들은 확실히 중국인 이름이 아니었지만, 일본 사학자 이와오 세이치岩

生成一가 이름의 비밀을 풀어주었다. 디티스는 이단Li Dan이라는 이름의 큐슈九州 발음Li=Di, Dan=ttis에서 왔고, 안드레아는 포르투갈인이 기독교 세례명으로 붙여준 이름이었다. 화우(Whaw 또는 Whowe)라는 이 이름은 본래 화위Huayu라는 호칭이 변형된 것이다. 이단 형의 중국 이름은 이화우李華宇였다.

이씨 형제는 푸젠성의 대표적 해양 도시 두 곳 중 하나인 취안저우泉州 출신이었다(다른 하나는 샤먼). 각종 상인들과 쿨리coolies[18]들이 이곳에서 동아시아의 무역 네트워크로 진출했다. 이단은 젊은 나이에 스페인의 아시아 교역 거점이었던 마닐라로 진출하여 상당히 많은 돈을 벌었다(적어도 콕스는 이렇게 인식했다). 하지만 1603년 스페인이 중국인을 대상으로 대량 학살을 자행하는 바람에 마닐라를 떠날 수밖에 없었다. 이단은 일본으로 도망쳤고, 그곳에 영국인들이 도착하기 전까지 9년을 지냈다.

이씨 형제의 나이는 사리스보다 훨씬 많았고, 콕스보다는 조금 많았을 것이다. 히라도에 도착했을 때 사리스 나이는 서른네 살이었고, 콕스가 히라도에 도달했을 때는 이미 마흔여덟 살의 고령이었다(콕스가 노년에 이곳에 온 것은 영국에서 운영하던 사업이 실패했기 때문이다). 1619년 형 이화우가 사망했고, 동생 이단은 1625년에 사망했는데 모두 자연사였다. 따라서 1613년 당시 이씨 형제의 나이는 이미 쉰 살 전후였을 것으로 추정할 수 있다.

---

18) 주로 19세기에 돈을 벌기 위해 중국을 떠나 서구로 진출한 노동자를 지칭한다. ―옮긴이

그들이 일본에서 머문 9년은 대단히 의미있는 시간이었다. 영국의 클로브호가 히라도에 도착했을 때 이씨 형제는 일본 남단에 살고 있던 수백 명에 달하는 중국인 무역 공동체의 지도자가 되어 있었다. 두 사람은 모두 나가사키에 거주지가 있었지만 주요 활동 거점은 히라도였다. 나가사키는 포르투갈이 무역을 시작한 곳이자 이후 도쿠가와 막부가 '쇄국'을 실시하면서 네덜란드인들이 머물며 거래를 진행하던 곳이었지만, 히라도 역시 당시는 네덜란드와 영국의 상업 거점이었다.

당시 중국 해역에서 교역을 진행하던 모든 이들의 최종 목표는 중국과 접촉하는 것이었지만, 명조는 결코 이를 용인하려고 하지 않았다. 베이징의 공식 입장은 대외무역이라면 오로지 외교관계의 부속물로 허용할 뿐이었다. 만약 외교 사절들이 황제에게 조공을 바치겠다고 하면 그들의 교역은 허가되었지만, 이때에도 공식적 통제 아래서만 가능했다. 만약 변경 지역이 안전하다고 판단된다면 조정은 대외무역에 대한 제한을 느슨하게 풀어주었으나, 해안 변경에서 이러한 안정감은 좀처럼 느끼기 어려웠다. 해안에는 밀무역에 종사하는 이들이 너무 많았는데, 특히 일본인이 많았다. 이 때문에 중앙에서 이러한 해적질과 밀반입을 효과적으로 통제할 수 없다고 판단될 경우 차라리 모든 사무역을 금지하는 것을 오히려 선호했다. 물론 이러한 강경 조치는 오히려 해적질과 밀수를 증가시키는 결과를 가져올 뿐이었다.

이씨 형제가 제안한 것은 중국과 접촉할 수 있는 기회였다. 그들은 푸젠성 안에서 사업을 했고 관료들과도 접촉한 적이 있다고 주장했다.

따라서 그들에게 뇌물이 제대로만 전달되면 유럽인들도 중국과 거래할 기회가 열릴 수 있었다. 즉 중국은 이단이 가지고 있던 가장 좋은 패였다. 히라도에 체류하는 영국인과 네덜란드인이 이씨 형제를 제외하고는 중국 내부와 닿을 연락망이 존재하지 않았으므로 로비 활동을 지원하기 위한 돈이 이씨 형제에게 지불될 수밖에 없었다.

조만간 만력제(치세 1573~1620)가 사망할 것이라는 예측이 있었으므로(1620년 여름이 되어서야 만력제의 죽음이 피로해진 백성들에게 알려졌다), 그의 대외 정책 역시 뒤집힐 것이라는 기대가 생겨날 수 있었다. 반세기 전 그의 부친 융경제隆慶帝가 제위에 오르면서 일부 해금 정책을 놀랍게 해제했던 전례(월항 개항)가 있었기 때문이다. 만약 이씨 형제가 조금 일찍 태어났더라면 그들은 새로운 무역의 흐름을 주도할 수 있었을 것이다. 설령 만력제 사후에 정책적 전환이 일어나지 않는다 하더라도 만력제가 임명했던 관료들이 새 황제가 임명하는 새로운 관료군으로 교체되는 것은 이씨 형제에게 여전히 고무적인 소식이었다. 이는 새로 임명될 후보 관료들에게 서양인들이 뇌물을 주어야 함을 의미했기 때문이다. 이씨 형제는 새로운 국면에서 외국인 교역 파트너들에게 다가가 새로운 관료들에게 사용할 뇌물을 요구하였다. 이러한 상황에서 히라도에 있는 영국 상관은 키메라chimera 같은 대중對中 무역을 위해 몇 년 동안 돈을 허비했다.

이씨 형제는 그들의 비용과 전망에 대해 진실을 말했을까? 만약 중국과 무역 루트를 뚫어 그들이 영국의 중개 무역상으로 유일하게 활동하면 엄청난 이익이 그들에게 돌아갈 것은 분명했다. 이단은 여러 차례 콕스가 이러한 협상 조건을 신뢰할 수 있도록 설득했고, 만약 최종적으로 이러한 시도가 실패하면 콕스에게서 받은 모든 돈을 돌려주겠다고까지 약속했다. 하지만 사실상 이 일이 성사될 가능성은 희박했다. 베이징에 있던 일부 대학사大學士들은 해상무역을 개방해 해적 활동과 지역의 가난 문제를 해결할 수 있다고 주장했다. 하지만 조정에서는 해안을 따라 발생할 국내적 불안정에 대한 불안감이 워낙 컸으므로(그뿐만 아니라 관세의 수혜는 모두 황실로 귀속되었으므로), 해안선이 1년 넘도록 개방되는 일은 사실상 드물었다. 이러한 조정의 불안감은 결국 금령을 어떻게 어길 수 있는지 잘 아는 이씨 형제와 같은 수완가들에게 황금 같은 혜택이 돌아가는 기회를 열어주었다.

콕스의 간절함도 있었겠지만 어쩌면 영국 동인도회사의 무모한 경영이 이단과 관계를 더욱더 야심찬 방향이자 큰 대가를 치러야 할 상황으로 내몰았다. 중국 시장 진출이라는 목표를 가지고 각종 선물과 대출 그리고 소규모 무역 거래가 점차 그들의 파트너십을 확대해나갔다. 1617년 콕스는 대출로 여기에 확실히 개입되었다. 콕스는 이화우에게 총 2,000냥의 은을 20퍼센트의 연이율로 대출해주고, 같은 조건으로 1,000냥을 나가사키에 있는 중국 상인에게 빌려주었다.

대출 기한이 끝나갈 무렵인 12월 16일 이단은 선물과 형 이화우의 편지를 들고 콕스의 집을 찾아왔다. 편지에는 대출 반환에 대한 내용은 하나도 없었다. 그 대신 '중국 무역 조달에 필요한 노동자를 고용하기 위해' 은 1,000냥이 필요하다는 내용만 담겨 있었다. 이씨 형제는 '이 일이 성사되건 안 되건 반환은 이루어질 것'이라고 했고, 결국 콕스는 추가 자금을 이단에게 전달했다. 또 이씨는 중국 관원들을 회유하는 데 사용하기 위해 막부의 쇼군이 콕스에게 하사했던 거대한 예복을 요구하였다. 물론 이때에도 '잊지 않고 책임을 지겠다'고 주장했다. 이튿날 콕스는 자신이 가지고 있던 좋은 예복 두 벌을 그에게 주었으나, 이화우가 요구한 은을 마련하기 위해 히라도 도주가 빌려갔던 금액 가운데 일부인 은 3,000냥을 받을 때까지 기다려야 했다.

돈을 받던 날 아침, 시암Siam(태국)으로 출항하려는 영국 정크선에 탑승하던 일본 관원이 콕스에게 사례금을 재촉하였다. 콕스는 마지못해 시암에서 원목을 사는 데 보태어 사용하라는 명목으로 은 65냥을 전달했다. 물론 콕스는 일본 관원이 이 돈을 그 명목으로 사용하지 않을 것임을 알았지만, 돈을 지불하지 않으면 선박이 출항하지 못했기에 어쩔 수 없었다. 몹시 화가 난 콕스는 그날 일기의 말미를 다음과 같이 마무리했다. "주님, 이들의 손아귀에서 벗어나도록 은총을 베푸소서."

시암과 교역하는 일은 부수적 활동이었다. 진짜 목표는 중국과 교역하는 것이었다. 1618년 2월 15일 날짜로 영국으로 부친 편지에서 콕스는 그의 중국 모험이 상당히 긍정적이라고 공언했다. 중국 황제에게 전달할 제임스 1세의 편지 두 통(한 통은 우호적이지만 다른 한 통은 위협적인 내용)에 대한 응답에서 콕스는 이러한 낙관주의를 피력했다. 당시 반탐에 있던 회사의 중국인 통역사들은 이 서신을 잘못 번역할 경우 황제에게 불경죄를 범하여 목숨이 위태할지 모른다는 두려움에 차마 번역을 시도하지 못했다.

이런 상황에서 콕스는 '우리 중국 친구들'인 이씨 형제는 전혀 당황하지 않았다고 기쁘게 보고했다. 게다가 이씨 형제는 "단순히 번역만 할 뿐 아니라, 이것이 중국에 잘 전달될 수 있도록 할 것"이라고 했다. 하지만 두 편지 가운데 우호적인 편지만 전달되었다. 콕스는 위협적인 편지가 그들에게 아무런 도움이 되지 않는다는 점을 조심스럽게 런던에 알렸다. 이씨 형제는 콕스에게 "무력으로 중국 통치자를 압박해서는 아무것도 얻을 수 없다"는 점을 분명히 각인시켰다.

2년 뒤 이화우가 죽었지만 이것이 콕스의 열정을 꺾지는 못했다. 콕스는 살아 있는 그의 동생 이단이 '중국과 거래를 시작하는 즐거운 일을 증명해 보일 것'이라고 여전히 확신했다. 그는 이단의 주장을 다음과 같이 기록했다. "거래는 이미 거의 결정된 단계다. 그래서 이단은 그의 친척이 황제의 통행증을 가지고 중국에서 나와 우리와 동행하여 들어갈 것이라고 약속했다. 그때가 되면 우리는 중국을 자유롭게 드나들 것이다."

1621년 1월 11일이 되자 콕스는 '중국에서 자유무역을 확보하기 위해' 매월 2퍼센트 이자로 은 1,500냥을 추가로 지불했다. 일설에는 이때 이단도 자신의 돈 1,500냥을 대응자금으로 지불하면서, 만약 거래가 성사되지 못하면 자신이 모든 대출금에 이자를 쳐서 되갚을 것이라고 안심시켰다고 한다. 실제로 1622년 12월 이단은 콕스에게 2,000냥을 가져왔다. 하지만 이단은 본래 이 돈으로 빚 일부를 갚으려 했지만, 히라도 도주를 만족시키기 위해 어쩔 수 없이 도주에게 바쳐야 한다고 말했다. 모든 약속은 이전의 약속을 보상하기 위한 것처럼, 그리고 이후에 대한 긍정적 기대를 지속시키는 것처럼 보였다. 그러나 이 거래에 투자한 돈은 영원히 돌려받지 못했다.

————————

몇 세기 동안 독자들은 선장 존 사리스, 선원 리처드 콕스 그리고 좌초당한 영국 항해사 윌 아담스 이야기를 좋아했다. 제임스 클라벨James Clavell[19]은 아담스 하나만으로도 충분히 흥미로운 소재가 될 수 있다고 생각하여 『쇼군』이라는 소설을 썼다. 하지만 역사가들은 이 모험가들의 실제 업적에 그리 관대하지 않았다. 역사가들은 히라도 상관의 고난과 낭비에 주목하여 그들이 실질적 성과를 이루었다기보다는 기회를 놓친 사례로 간주했다. 모두가 동의하는 바는 중국인 캡틴 이단이 콕스를 기만했다는 것이다. 하지만 나는 꼭 그렇게만 생각하지 않는다. 물론 영국 동인도회사가 1623년 히라도 상관의 문을 닫았을 때 총 부채는 12만 8,218냥이고, 그 가운데 6,636냥이 이단에게 쌓인 부채였다. 콕스는 바타비아Batavia 지사에 도착했을 때 회사의 강한 문책을 받았다. 물론 바타비아는 그의 활동에 대한 마지막 판결을 런던 본사로

————————

19) 오스트레일리아 태생으로, 20세기 영국의 소설가이자 영화 감독이다. —옮긴이

넘겼지만 말이다.

하지만 이 판결은 끝내 이루어지지 않았다. 1624년 3월 27일, 콕스는 런던으로 소환되는 도중 해상에서 숨을 거두고 말았다. 죽기 직전 그는 몹시 괴로워했으나 사인은 명확하지 않았다. 영국 동인도회사는 손실을 메우려고 약 300파운드의 가치가 있던 그의 개인 부동산 계좌를 몰수했다. 상인에게 이 정도 재산은 변변치 않은 수준이었다. 이미 콕스는 1620년 초반 런던 본부에 보고하면서, 일본 지사에서 벌이는 사업이 흑자를 거두기 어렵고 따라서 자신도 아무런 이득이 없을 것 같다는 경고성 메시지를 보낸 바 있다. 그는 직설적으로 언급하길, 만약 "상황이 개선되지 않고 각하의 특별한 배려가 없다면, 영국에서 떠날 때 가난하게 온 나는 다시 거지 신세로 고향에 돌아갈 것"이라고 했다.

1626년 11월 24일 동인도회사 이사회 모임은 콕스의 동생이 그의 부동산을 유산으로 받게 해달라고 올린 탄원서를 논의했는데, 이사들은 회사가 콕스에게 진 채무가 없다고 결론 내렸다. "이사회는 그 형의 방탕하고 적절치 못했던 활동에 대해 다음과 같이 판단한다. 그는 동인도회사의 뜻을 어기고 일본에서 너무 오래 머물며 4만 파운드나 허비하면서도 이를 조금도 반환하지 않았다. 게다가 그는 자신에게 들어온 자금을 불필요한 항목에 마음껏 소모했다."

이사회가 주장한 손실액은 아마 10배 정도 과장되었을 것이다. 다만 동인도회사는 결국 콕스의 부동산이 동생에게 상속되는 것을 허용했다. 동생에게 상속된 액수는 사실상 그들에게 아무런 의미가 없을 만큼 작았다. 동인도회사에서 볼 때 콕스 형제의 탄원에 응한 것이 대중적 이미지 개선에 더 나았다. 하지만 그 와중에 콕스를 질책하는 언급을 잊지 않았다. 누가 보아도 쉽게 이목을 끄는 표현은 콕스를 '방탕하다debauched'고 고발한 것이다. 사리스가 선정적인 책과 도판에서 얻은 대리만족이 무엇이든지간에, 동인도회사의 이사들은 콕스가 이를 직접 획득하는 방법을 강구했다고 판단했다.

물론 콕스가 일기에 사적 경험을 언급하는 데 대단히 신중했음에도 종종 자가 검열을 통과해 언급된 부분이 있다. 가령 1616년 9월 8일 히라도의 한 상인 가문 만찬에 참석한 기록을 보면, 그날 저녁 호스트가 손님들에게 각각 노래하며 춤추는 기녀를 붙여 흥을 돋우었다고 적었다. 일기의 다른 부분에서 이러한 언급을 찾기는 어렵다. 따라서 우리는 그가 어떤 불미스러운 일을 했는지는 정말 알 수가 없고, 동인도회사 측 혐의 역시 확인할 방법이 없다.

그의 일기를 여러 번 읽으면 한 여성 이름이 여러 번 등장하는 것을 알아챌 수 있다. 마틴가Matinga라는 여성이 일기에 처음 등장한 날은 1615년 8월 2일로, 남아 있는 일기를 기록하기 시작하고 한 달 정도 지난 뒤의 일이다. 그날의 기록은, 그가 그녀에게 쌀을 사라고 은을 6냥 주었다는 내용이다. 9월 25일에는 콕스가 누군가에게 빌려주었다가 돌려받은 은 2냥을 다시 그녀에게 전달했다. 12월 29일자 기록에는 그가 은 5냥인 비단과 은 1냥인 호박단琥珀緞을 마틴가에게 주어 그녀와 그녀의 두 하녀인 오토와 푸코에게 기모노를 만들어 입을 수 있게 했다.

4일 뒤 기록을 보면, "오늘 마틴가는 새로운 집에 들어갔다"라고 적었다. 춘절이 다가오는 1월 말이 되자 콕스는 그녀에게 은 6냥을 전달하면서 새 집에서 맞이할 "새해에 필요한 물건을 사라"고 했다. 유사한 언급이 몇 달에 한 번씩 다시 등장했는데, 대체로 1617년 4월 22일의 기록까지 그러했다. 그날의 기록에 따르면, 히라도 도주가 "1년 전에 나에게 집세를 면제해주겠다고 해서 그 집에 마틴가가 거주하였다. 비용으로는 1년에 10실링 또는 2냥에 해당했다. 이번에 전언傳言을 통해 더는 집세 면제가 어렵다고 했다"라는 내용이다. 즉 마틴가는 콕스가 개인적으로 제공받은 집에 1년간 거주한 셈이고, 이제부터는 콕스가 집세를 내야만 했던 것이다.

또 다른 실마리는 회계장부 기록과 유사한 일기에서 발견할 수 있다. 콕스가 제화공에게 돈을 지불할 때, 두 켤레는 자기 신발을 위한 것이었고 다른 한 켤레는 그녀의 나막신을 위한 것이었다. 그녀에 대한 모든 언급이 이러한 장부 형태로 된 것은 아니다. 어쨌든 콕스가 히라도를 떠나면서 일본에 보낸 편지 두 통의 수신자는 이단과 마틴가였다.

이후로 콕스 일기에서 그녀에 대한 언급은 점차 줄어들었으나, 그녀에 대한 잦은 언급으로 확인할 수 있는 사실은 마틴가가 그의 일본인 아내였다는 것이다. 그들의 관계는 1615년 이전에 시작되어 늦어도 1619년 1월 9일까지 지속되었을 것이다. 그날 콕스는 친구들에게 준 선물 내역을 나열했는데, 목록 중 그녀에게 준 값비싼 선물들이 포함되어 있었다. 가령 병풍 2개와 그녀의 하녀 오토에게 준 다소 평범한 선물이 그것이다.

하지만 3월 2일, 모든 것이 끝났다. 오토는 마틴가가 다른 남자를 여섯 명이나 만나고 있었다고 폭로함으로써 자유의 몸이 되었고, 이를 증명해줄 증인을 세 명 내세웠다. 만약 우리가 '방탕하다'는 표현을 쓰고 싶다면, 그것은 그가 아니라 그녀에게 적합했다. 이것이 마틴가에 대한 마지막 기록이다. 우리가 이를 '결혼'이라고 할 수 있다면, 그들 관계는 이렇게 끝났다.

동인도회사는 콕스와 마틴가의 관계를 원망하지 않았을 것이다. 당시 회사의 사업으로 해외에 파견된 남자가 영국에 부인이 있든 없든, 자신이 개척한 지역의 여성과 관계를 맺는 일은 당연하게 받아들여졌다. 그뿐만 아니라 이러한 관계 형성이 어떤 방식으로든 회사에 유익할 수 있다고 간주되었다. 왜냐하면 새로운 진출자가 그곳 사회에 진입하는 일을 연결해줄 뿐 아니라 그녀가 없다면 활용할 수 없는 다양한 자원에 접근할 기회를 제공했기 때문이다. 이것은 이중 잣대도 이중생활도 아니었다. 이것은 단순하게 두 존재였다. 이것은 용납된 주선이자 실제 모두가 격려하는 바였다(예외라고 한다면 본국에 있는 아내로, 비록 이를 통해 큰 재산을 얻게 될 것이라는 약속이 있더라도 용납하기 어려웠을 것이다). 콕스의 일기에서 이것은 히라도의 일반적 관행이었음을 알 수 있다. 다른 영국 남성들과 관련된 여성의 언급이 자주 등장하는데, 대부분 여성에게 전달해야 하는 선물 이야기였다. 콕스는 단지 자기 여성에 대해 명확하게 그 관계를 밝히려고 하지 않았을 뿐이다.

런던 본부는 이에 대해 알지도 못했지만 그다지 상관하지도 않았다. 동인도회사에 중요한 사실은 일본 진출에 실패했다는 것이다. 게다가 그 대가는 대단히 컸다. 존 사리스는 여러 항구를 거치면서 상당한 부를 축적할 수 있는 충분한 후추와 다른 물품들을 확보해나갔다. 그런데 일본 진출 사업을 접으면서 회사에 돌아온 것은 금 1,000파운드와 은 100파운드뿐이었다. 이는 런던탑에 보내져 동전 주조에 사용되었다. 재정적으로 리처드 콕스가 남긴 유산은 없었다.

이단이 남긴 재정적 유산은 더욱 처참했다. 그는 콕스보다 1년 반을 더 살면서 영국과 진행했던 사업적 모험을 네덜란드와도 진행했다. 그가 제시했던 조건은 중국과 교역이 곧 성사될 것이라는 전망으로, 영국에 했던 것과 같았다. 이단이 구축하려 했던 것은 네덜란드, 명나라 그리고 동남아시아를 연결하는 합법적인 무역 왕국과 이를 연결하는 지속 가능한 무역 네트워크였으나 이는 1624년에 실패하고 말았다. 이단은 심각한 패배와 부채만 가지고 다음 해 여름 일본으로 돌아갔다가 그곳에서 사망했다.

1625년 1월 그의 사망 소식이 바타비아에 있는 회사 대표들에게 전해졌다. 그들은 런던으로 보고하길 그가 "그의 채권자들을 위해 재산을 약간 남겼는데 이것은 정당하게 분배되었으며, 그 가운데 각종 진귀한 금속 일부가 당신들 몫"이라고 했다. 그들은 확실한 각서를 약속하였으나 실제 그 어떤 것도 보내지지 않았다. 영국 동인도회사 역시 히라도에서 그 상황을 파악해줄 사람이 없었으므로 이단의 재산에 대해 어떤 권한도 행사할 수 없었다.

반면 네덜란드 동인도회사는 현장에 있었으므로 사태를 더 정확하게 파악했다. 네덜란드 상관의 책임자는 그 상관上官에게 보고하길, 이단이 엄청난 빚을 갚기 위해 남긴 것은 없으므로 영국은 이단에게 빌려준 은 7만 냥 가운데 조금도 돌려받지 못할 것이라고 했다. 이 액수는 10배 정도 과장된 수치였는데, 아마도 영국인의 처참해진 상황을 듣기 좋아하는 네덜란드인의 입맛을 맞추기 위해서였을 것이다. 분명한 사실은 중국 진출이라는 모험이 재정적으로 실패했다는 것이다. 이 블랙홀에 투입될 자금이 더는 남아 있지 않았다.[20]

하지만 중국인 캡틴 이야기는 여기서 끝나지 않았다. 이단이 남긴 유산은 은괴 형태의 돈이 아니라 남중국해 무역을 장악할 때 엄청난 부를 챙길 수 있다는 아이디어였다. 장기간 명조는 그들의 해안을 벗어난 바다에 대해 어떠한 통제권도 주장하지 않았고, 유럽 열강 역시 오랫동안 무역을 독점할 만한 위치에 오르지 못했다. 따라서 바다는 성능 좋은 선박과 물품, 무기 그리고 어디서 어떻게 교역해야 하는지에 대한 지식이 풍부한 자라면 누구에게든 활짝 열려 있었다. 이단은 이

---

20) 네덜란드 역시 1639년에 유사한 상황에 빠졌음을 깨닫게 되었다. 당시 바타비아(자카르타)에서 활동하던 중국인 캡틴은 네덜란드 동인도회사에 엄청난 부채를 남긴 채 사망했다. 역사가 레오나르드 브루세(Leonard Blusse)가 지적한 것처럼, 이것은 단순히 횡령 문제가 아니었다. 중국 상인은 탐욕스러운 유럽인 의뢰인을 상대로 지키지도 못할 약속을 하면 할수록 깊어지는 거래와 의무의 수렁에 더욱 깊이 빠져드는 것을 경험하게 되었다.

러한 실마리들을 엮어 하나의 시스템을 만들지는 못했으나, 이단의 선
박에서 함께 모험했던 청년들 가운데 이것을 해내는 사람이 나타났다.

정지룡은 젊고 잘생긴 인물로, 천주교로 개종한 뒤 삼촌 배를 타고
마카오에서 나가사키로 진출했다. 정지룡은 처음부터 노령의 이단 눈
에 강렬하게 들어왔으므로, 정지룡의 전기를 집필했던 초기 작가들 중
에는 그가 이단의 후계자가 되기 전까지 사실상 이단의 애인이었다고
생각하는 이들이 있었다. 푸젠성 엘리트 사이에 널리 퍼진 동성애를
고려하면, 이단이 왜 그의 주변에서 함께 일하는 수많은 소년 가운데
정지룡을 유일하게 선택했는지에 대한 설명이 납득이 된다. 그들의 관
계가 정확하게 어떤 차원이든간에, 정확한 것은 정지룡이 이단의 신임
을 얻어 이단이 네덜란드와 협상할 때 그의 곁에서 함께 일했고, 그가
사망하자 스물한 살이라는 젊은 나이에 자기 수장이 남긴 엉성한 해상
제국을 이어받게 되었다는 것이다.

정지룡은 네덜란드와 협상을 본격적으로 시작하고 마닐라에서 일
본을 연결하는 자신만의 네트워크를 운영하면서 남중국해에서 일어
나는 무역을 대부분 지배하게 되었다. 그는 잠깐이나마 자기 정권을
세우려고 했으나 결국 중단했는데, 특히 명 황제가 그를 불러 위로한
이후 그는 사실상 권력을 다투는 경쟁자로서는 살짝 밀려났다. 그는
명조가 멸망하고 2년 뒤인 1646년 중원을 정복한 만주족에게 투항하
여 1661년까지 베이징에서 좋은 대우를 받으며 볼모로 평생을 지냈다.
하지만 1661년 그가 나가사키의 일본인 여인과 사이에서 낳은 아들 정

성공이 반란을 일으키자 결국 청조에게 처형당했다.

정지룡의 아들 정성공은 해상에서 부친의 지위를 이어받아 해상 패권을 획득했고, 청조를 상대로 대치할 정도로 강성해졌다. 1661년 타이완에서 네덜란드 세력을 몰아낸 정성공은 동녕東寧, 즉 '동쪽의 평온함'이라는 뜻을 지닌 새로운 왕국을 세우고 독립 왕조를 이루기 위한 첫걸음을 내디뎠다. 비록 정성공은 다음 해 말라리아에 걸려 사망했지만, 동녕왕국은 만주족의 청조에 패배하여 타이완에 귀속될 때까지 20여 년간 타이완에서 세력을 유지했다. 이것이 바로 타이완이 중국의 일부가 된 이야기다.

제국의 기반을 육지보다 바다 위에 세우려는 아이디어는 이단이 상상한 것을 넘어서는 혁신적인 일이었다. 그는 재부의 기초가 자신이 무엇을 소유하고 있느냐가 아니라 이를 가지고 얼마나 교환할 수 있느냐에 있다는 것을 알았다. 그리고 이러한 지식을 개인의 장점으로 만들었다. 영국과 네덜란드 모두 이러한 제국을 건립하는 데 일정한 대가를 치렀고, 이단 역시 마찬가지였다. 이단에게는 교역의 혜택을 누리면서 경제가 붕괴하는 가운데서도 살아남을 수 있었던 조직이 결여되어 있었다.

이단이 생각하지 못했으며 또 그럴 이유도 없었던 사실이 있는데, 국가가 민간인 상업 활동의 창건자이자 보호자가 될 수 있다는 것이다. 명조는 교역 장려에는 일말의 관심도 없었다. 반면 히라도와 나가사키의 영주들은 이단의 교역과 그를 일종의 비공식 은행으로 삼아 자신들의 적자를 메꾸는 것에 확실히 관심이 많았다. 그렇지만 일본에서 이러한 부정한 돈벌이는 결국 국가와 상업이 일체화되는 결합까지 이어지지 않았다.

사면초가에 몰린 상인이 중국 바다에서 표류하면서 누구도 보지 못한 미래를 예측했다고 상상하는 것은 곤란하다. 네덜란드와 영국은 자신들의 일부 관심사와 상당한 미래를 민간인 기업의 손에 맡겼다. 하지만 동양이든 서양이든 누구도 제국주의 시대가 도래하리라고는 예상하지 못했다. 이단은 이러한 추측을 할 이유가 없었지만, 이단이 죽은 뒤 20여 년 만에 그가 가장 총애하던 이의 아들이 육지보다는 해상에서 국가 정권을 세우고자 했다. 당시 유럽에서는 국가와 기업 사이에 새로운 계약이 체결되었다. 사람들은 대부분 바다는 누구에게나 열려 있다는 흐로트의 생각이 옳았다고 생각하기 쉽지만, 어쩌면 흐로트는 셀던의 생각이 더 적합하다고 느꼈을지 모른다. 다가오는 시대는 자유무역이 아닌 제국의 시대였기 때문이다.

나침도

5

셀던 지도에서 가장 이상한 것은 바로 나침도羅針圖, the compass rose
다. 나침도는 베이징 북쪽에 위치한 만리장성 위의 공간 정중앙에 있
다. 몽골에 있는 버드나무의 가지는 별나게 늘어뜨려져 있으며, 피고
있는 자두나무의 꽃 또한 기이하게 서쪽으로 뻗어 있다(그림 10 참조).
실제 나침반 자체에 이상한 점은 없다. 이것은 각각의 이름이 있는 24
개 방위로 구성된 표준식 중국 나침반이다. 조금 이상한 점은 셀던 지
도를 그린 사람은 마치 그림에 라벨이 필요했던 것처럼 '나침반'의 의
미를 지닌 단어 '나경羅經'을 중심에 있는 작은 원안에 적어넣었다는 것
이다. (그리고 이것은 분명 심복종이 아니라 지도 제작자가 썼다.)

오히려 이 나침반이 이상하게 느껴지는 진짜 이유는 나침도가 그곳
에 있어서는 안 되기 때문이다. 중국에서는 일반적으로 나침도를 지도
에 포함하지 않는다. 셀던 지도가 그려지기 이전뿐 아니라 20세기 유

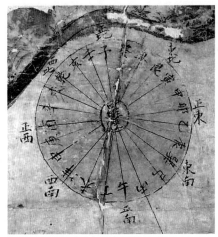

그림 10 셀던 지도에 그려져 있는 나침도

럽인의 지도 제작 스타일이 장악하기 이전까지 나침도를 포함한 중국 지도는 존재하지 않았다.

나침도는 낯선 짝 두 개로 이루어져 있는데, 바로 밑에 있는 자와 한 쪽 끝에 그려져 있는 테두리가 둘러진 빈 직사각형이다. 자는 중국의 피트인 척尺을 나타내도록 그려졌는데 여기에는 10분의 1단위인 촌寸 과 100분의 1단위인 분分 눈금이 매겨져 있다. 왜 측정 단위로 척이 사용되었는지는 확실하지 않다. 명조 말기 중국의 1척은 32센티미터보 다 조금 짧았는데 그에 비해 지도상 자는 37.5센티미터가량 되었다. 어 떤 상황에서도 중국 지도는 측량 단위를 포함하지 않았다. 관습에 따 르면, 자와 나침반 모두 그곳에 있으면 안 되지만 그곳에 명백히 그려 져 있다. 우리는 빈 직사각형을 어떻게 해석해야 할까? 이것은 마치 표제를 둘러싼 테두리 같아 보이지만, 중국의 지도 제작자들은 그렇게 하지 않았다. 그들이 지도에 표제를 달 때는 표제를 지도 맨 위 테두리에 놓지, 지도 안 빈 공간에 집어넣지 않는다. 가끔 그들이 뭔가 설명을 덧붙일 때는 테두리를 두른 직사각형을 그려 넣기도 한다(실제로 셀던 지도의 경우 좌편에서 설명을 담은 직사각형을 볼 수 있다). 하지만 이 경우에도 설명을 담은 직사각형의 테두리는 한 줄로 그리지 두 줄로 그려서 표기하지 않는다.

만약 이러한 세 가지 의아한 점이 중국의 전통적 지도 제작 방식이 아니라면, 과연 이것들은 어떻게 셀던 지도에 포함되었을까?

먼저 이 지도 안에 그려진 나침반이 아니라 일반적인 나침반 이야기부터 해보자. 내 생각에는 이 책에 등장하는 모든 인물이 최소한 나침반 하나씩은 소유했을 것이다. 존 사리스는 나침반을 다수 소유하고 있었다. 사리스가 인도네시아 티도레섬에서 스페인과 무역 거래를 성사시키고자 할 때, 그와 그의 선원들이 스페인 항해사 고메스에게 건네준 각종 선물 품목에서 이 사실을 알 수 있다.

클로브호 선장은 선박의 속도를 잴 수 있는 30분짜리 유리시계와 30초짜리 유리시계, 바다와 육지의 배열을 알려주는 반구 그리고 측수測水가 가능한 '심해' 선線을 기부했다. 리처드 콕스는 '태양을 관찰할 수 있는' 상한의象限儀, quadrant를 내놓았는데, 이로써 태양의 각도를 가늠하여 위도를 측정할 수 있었다. 사리스는 그에게 상한의뿐 아니라 해양 나침반도 주었다. 확실히 영국 선박에는 이러한 항해 도구들이 잘 구비되어 있었다.

당시 고메스와 사리스는 항해 나침반이 중국인의 발명품이라는 사실을 알지 못했을 것이다. 중국 항해자들은 이것을 적어도 10세기부터 사용해왔다. 고메스와 사리스는 나침반이 페르시아 항해사들을 거쳐 유럽에 도달했다는 사실도 몰랐을 것이다. 13세기 혹은 이보다 더 이른 시기에 중국인에게 이 기술을 획득한 페르시아 항해사들이 이를 지중해의 항해사들에게 전달한 것이다. 나침반은 중국어로 남쪽을 가리킨다는 뜻의 지남指南으로 불렸다. 남과 북은 같은 축에 있기에, 어느 방향을 기준 축으로 삼아도 차이가 생기지 않는다.

분명 두 유럽인은 중국인이 처음으로 미래를 예측하기 위해 점궤가 그려진 판 위에 자철석磁鐵石을 놓고 이를 지구의 자기장에 맞추는 자기화磁器化 현상을 활용한 사실도 몰랐을 것이다. 그뿐만 아니라 그들은 이처럼 판에 자철석을 놓는 방식이 이후 체스, 도미노 그리고 놀랍게도 모든 카드놀이의 발명을 가능케 하는 전조가 되었음도 몰랐을 것이다.

이처럼 복잡한 역사는 영국의 위대한 중국 과학사가 조지프 니덤 Joseph Needham이 처음으로 종합했는데, 그의 저술은 내가 열한 살 무렵에 출판되었다(앞서 언급한 것처럼, 나는 우이관을 떠난 뒤 여름을 두 번 맞는 동안 그의 연구 보조원으로 일한 적이 있다).

나침반은 매우 유용했지만, 항해자가 익숙하지 않은 곳에서 나침반만으로 항해 방향을 찾기는 쉽지 않았다. 현지에 대한 지리 지식이 필수적이었으므로, 이를 위해서 그 지역을 잘 아는 항해자가 필요했다. 사리스는 몇 달 항해한 경험으로 이러한 필요성을 절감했다. 현지 항해사 없이 항구 입구가 복잡한 히라도에 클로브호를 처음 정박하는 것은 거의 불가능한 일이나 다름없었다. 다행히도 그는 항구 밖에서 만난 고기잡이 선박 두 척의 선주들에게 안내를 받을 수 있었다. 당시 일본 어부들이 30온스의 꽤 좋은 보수와 하루치 양식을 수고비로 받고 항해를 돕는 것은 대단히 쉬운 일이었다.

그러나 이러한 도움이 늘 평화적으로 제공된 것은 아니다. 1613년 1월 31일 클로브호가 셀레베스Celebes섬[21] 주변의 위험천만한 해상에 도달했을 때, 사리스는 말레이반도Malay Peninsula 동쪽의 빠따니Pattani[22]로부터 셀레베스섬 동쪽인 암본섬Ambon Island[23]으로 향하는 항로에 있던 선박 두 척을 공격했다. 그는 '선장에게 그들이 협곡을 지나갈 수 있게 안내하라고 강요'하며 작은 배에 탑승시켜 길잡이 역할을 하도록 했

---

21) 인도네시아 중앙부에 있는 섬이다. 인도네시아어로는 술라웨시(Sulawesi)라고 한다. 몰루카제도와 중계지에 있기 때문에 남서부는 예부터 무역의 중심지였다. ─옮긴이

22) 현재 말레이반도 타이 시암만(灣) 연안에 있다. 16세기 무렵부터 포르투갈, 네덜란드, 중국, 일본 등지를 잇는 통상항(通商港)으로 발전하였다. ─옮긴이

23) 인도네시아 말루쿠제도에 속한 섬으로, 반다해 북안에 위치하며 행정구역상으로는 말루쿠주에 속한다. ─옮긴이

다. 협곡을 무사히 지나고 다음 날이 되자, 사리스는 선장을 다시 큰 선박에 옮겨 태운 뒤 수고에 대한 대가로 선장에게는 흰 무명베를, 선주船主에게는 '그가 만나게 될 모든 영국 선박으로부터 호의를 받을 수 있는 편지'를 주었다.

아시아 항해사들에게 의존해 항해해야 한다는 사실이 유럽 상인들에게 불안감을 불러왔다. 영국 동인도회사는 이 해역에서 활동한 첫 3년 동안 대부분 중국인 항해사를 활용했다. 이를 통해 중국인이 남중국해 주변의 무역을 장악하고 있었음을 대략 알 수 있다. 이 때문에 이것은 잘 계산된 정치적 투자이기도 했다. 콕스는 빠따니에서 주재 중인 회사 동료에게 보내는 편지에서 이러한 점을 잘 드러냈다. 이 편지에서 콕스는 "중국인을 활용할 때는 모두 친절과 존중의 자세로 임하라"라고 조언했다. 그의 조언은 동인도회사의 지상 목표인 중국 진출을 염두에 둔 것이었다.

아시아에서 동인도회사의 모든 전략은 이러한 지상 목표에 달려 있었다. 콕스는 중국인에게 동인도회사가 희망하는 직접 교역을 거절할 어떤 구실도 제공하길 원치 않았다. 그는 빠따니에 있는 동료에게 이러한 점을 상기시켰다. "나는 중국 황제가 영국, 네덜란드, 스페인, 포르투갈이 진출한 세계 각지로 간첩을 파견하여 그들의 품행과 중국에 대한 태도를 파악한다는 얘기를 확실히 들었다." 물론 중국 조정이 간첩을 파견해 정보를 캐내려 한다는 생각은 무리한 발상일지 모르지만, 당시 중국과 교역하려 애쓰던 유럽인들이 경험했던 수많은 난관과 어

떤 방법을 써도 그 야망을 이루기 어려웠던 정황이 이러한 의혹을 불러
일으켰다.

콕스는 중국과 무역을 하기 위한 돌파구를 간절히 원했고, 이를 망
치는 그 어떤 상황도 원치 않았다. 그는 빠따니에 있던 동료들에게 이
러한 민감한 상황에 대한 영국인의 생각이 중국인에게 누설되지 않도
록 당부했다. 그는 편지 말미에 "내가 당신에게 쓴 것은 꾸며낸 이야기
가 아니고 사실"이며 "비밀이 새어나가지 않도록 주의"하라고 분명히
언급했다.

━━━━━━━

명조의 항해사들은 예외 없이 익명으로 남아 있다. 나는 17세기 초
의 사료 가운데 프란시스코 고메스라는 이름으로 활동했던 중국인을
찾아내지 못했다. 우리가 그들을 찾지 못하는 것은 중국 상인이 활동
을 비밀스럽게 유지했기 때문이다. 선주는 항해사의 급료를 회계장부
에 기록했겠지만, 이러한 거래는 매우 조심스럽게 이루어졌기에 장부
는 외부로 유출되지 않았다. 상거래의 재정 상황이 경쟁자들에게 유출
되는 것이 허락되지 않았고, 심지어 세무관에도 노출되지 않았다. 내
가 아는 한 단 하나의 예외를 제외하면, 18세기 이전 상업 회사들과 무
역 상행商行의 회계장부는 전혀 남아 있지 않다. 우리가 명대 항해사 가
운데 단 한 명의 이름도 제대로 파악하지 못하는 이유가 여기에 있다.

그들은 자신에 대한 기록을 글로 남기지 않았고, 공적인 기록을 남기는 사람들의 눈을 피해갔다.

예외적으로 바다를 사랑한 나머지 스스로 선박, 항로, 나침반, 항해 요령과 기술에 대한 사소한 정보를 수집한 남자가 있다. 그의 이름은 장섭張燮으로, 1617년 무렵에는 이 모든 자료를 모아 책으로 완성하여 이듬해에 출간했다. 사실 그는 항해사도 선장도 아니었다. 그의 유년 시절 경험은 바다와 아무런 관련이 없었다. 당시 대부분 남자아이는 관료가 되어 관직에 나아갈 수 있는 길인 과거시험을 보려고 공부에 전념했고, 그도 예외가 아니었다. 유교 경전과 과거시험의 덤불 속을 지나도록 인생의 방향이 정해졌다.

그의 학문 인생은 푸젠성 최남단에 위치한 고향 장저우漳州라는 지방의 작은 학교에서 시작되었다. 이후 북쪽으로 올라가 성도省都인 푸저우福州에 머물렀다가 다시 경쟁이 치열한 베이징으로 향하게 되었다. 장섭은 푸저우에서 1594년 시험을 통과해 거인擧人 자격을 획득했다. 하지만 베이징에 가서 진사進士가 되는 길은 그에게 너무나 좁고 어려웠다. 그는 성급省級 단위의 지붕을 뚫고 올라가지는 못했다. 그는 거인으로 현승縣丞과 같은 지방의 하급관료가 되기에는 충분했지만, 진사가 되기에는 부족했다.

그의 가문 가운데 방계 4대조 선조가 과거에 최종 합격하여 시랑侍郎 지위까지 오른 적이 있다. 하지만 그 후손 가운데 누구도 그런 지위를 획득한 사람은 나오지 않았다. 장섭의 아버지 장정방張廷榜은 1572년 거인 자격을 획득했다. 이 자격으로 장정방은 지현知縣(현의 장관)에 임명되었다. 이후 그는 실력을 발휘하여 지부知府(부의 장관)의 아랫자리인 동지同知(부의 부장관)까지 올라갔으나, 지부의 비위를 맞추기 싫어했던 태도로 말미암아 30대 초반에 일자리를 잃게 되었다. 이것이 장정방에게 관료 경력의 마지막이 되었다. 장정방은 고향인 장저우로 낙향할 수밖에 없었다.

강제로 퇴직한 이후 삶에 대해 우리가 알 수 있는 것은 푸젠 지역 잡기雜記 가운데 남은 짧은 그의 전기傳記뿐이다. 전기에 따르면, 그는 장저우의 개원사開元寺라는 사찰 서편에 거주하였다. 그는 개원사를 풍아당風雅堂이라고 불렀고 1601년 그곳을 시사詩社의 회합장소로 발전시켰다. 또 전기에서는 그가 선박을 좋아했음을 알려주는데, 인생 후반부에 선상 가옥에서 살면서 여생을 고향의 강 위에서 보냈다.

이름에 지나치게 의미를 부여하는 일은 경계해야 하지만, 이름은 나름의 의미를 지니고 있다. 정방廷榜이라는 이름은 '조정의 공고'라는 뜻을, 섭燮은 '화합하다'는 뜻을 지니고 있다. 만약 이 두 이름이 가문의 방향 전환을 의미한다면, 장정방과 그 아들 장섭은 실제로 그러한 삶을 살았다. 장정방의 가족은 확실히 그가 베이징에서 성공하길 원했으나 장정방은 그 야망을 자기 아들에게 강요하지 않았다.

비교적 젊은 나이인 스무 살에 향시를 통과한 장섭은 관직 경력에 미련을 두었던 부친의 전철을 밟겠다는 마음이 없었다. 그 대신 그는 여행을 떠나 나라의 훌륭한 명승지들을 방문하고 시대를 선도하게 될 유명인사들과 어울렸다. 유명인사들이 장섭을 알게 되었고, 그를 자신들의 친구로 인정했다. 한때 장저우에서 그는 '빈해일사濱海逸史'라는 자호自號를 가지고 글을 쓴 적이 있다. 그는 책을 총 15권 출간하였는데 대부분 시문이었다. 단 하나만 제외하고 모두 유실되었는데, 이 책이 없었다면 그는 완전히 잊혔을 것이다.[24]

『동서양고東西洋考』는 남중국해에 대한 중국인들의 해양 진출에 대하여 우리가 가지고 있는 유일한 자료다. 이 책은 제목이 딱딱하고 학술적이나 당대의 주목할 만한 책 가운데 하나였다. 이 책의 출발점은 외부로부터 부여된 과제였다. 당시 장저우의 해안에 위치한 하이청시옌海澄縣의 지현은 월항月港 입구에 위치한 규서圭嶼에 있는 등탑燈塔에서 시작하여 세상으로 뻗어가는 해양 세계에 대한 자료 획득을 희망했다. 규圭는 제권帝權을 상징하는 고대의 옥기玉器로, 위는 둥그렇고 아래는 사각 모양으로 천지天地를 형상화했다. 하이청시옌의 지현은 다른 관리들처럼 뱃사람과는 거리가 멀었지만, 자신이 관할하는 현 인구의 과반이 왜 바다로 떠나는지, 그곳에서 무엇을 하는지 알아야만 했다.

장섭은 이 과제를 형식적으로 끝낼 수도 있었다. 하지만 그는 이 과제에 어마어마한 역량을 집중했고, 직접 항만을 답사하고 관련 문서를 뒤져서 해양 세계에 대한 광범위한 지식을 확보하였다. 하지만 장저우

---

24) 최근 장섭의 대부분 문집이 『장섭집』으로 출간되었는데, 이에 따르면 그의 시문집도 상당 부분 보존되어 있다.─옮긴이

부의 열정적인 관원의 노력이 없었다면 이 원고는 미완성으로 출간되지 않았을 것이다. 이 관원이 책 서문에 썼듯이, '수국水國'인 하이청시옌은 "아침저녁으로 사용되는 것이 모두 바다에서 공급되고 손님 접대에 필요한 사치품은 모두 외국의 생산품으로, 마을의 아이들이 말을 깨칠 때면 이미 통역이 익숙해진다"[25)]고 할 정도였다. 중국에 이러한 지역은 없었으므로, 하이청이 얼마나 밀접하게 해양 세계와 얽혀 있는지 기록을 남길 필요가 있었다.

책의 기록에서 장섭을 한눈에 파악하기는 쉽지 않지만, 나는 그가 대단히 정력적인 인물이라고 생각한다. 그는 직설적인 방식으로 글을 써나갔지만, 종종 고상한 문장을 남김으로써 문인의 품격을 보여주려고 했다. 그는 자신이 선호하는 것과 자신을 짜증나게 하는 바를 거리낌 없이 서술함으로써 무능한 문서 담당 서기들과 산만한 관료들을 질책했으며, 경험이 부족해 잘못된 정보를 전하는 이들은 멸시했다. 비록 장섭에게 부친의 선상 가옥보다 더 항해에 도전적인 경험이 있었는지는 드러내지 않았지만, 자신이 직접 하이청의 선원들과 오랜 시간 대화하면서 직접 항해 경험을 한 것처럼 많은 것을 알게 되었다고 언급했다.

그는 또한 외국인에 대해서도 대단히 유연하고 열린 마음을 지니고 있었다. 누군가 왜 그가 일본인과 네덜란드인처럼 달갑지 않은 사람들에 대한 글을 남겨 그들을 의미있는 인물처럼 보이게 하느냐고 물어

---

25) "朝夕之, 皆海供, 酎酢之, 皆夷産. 閭左兒艱聲切而慣通譯."

오자, 장섭은 그것이 자신의 의도가 아니라고 대답했다. 그는 단지 상선들의 진로를 방해하는 존재를 기록했을 뿐인데, 그것이 우연찮게 일본인과 네덜란드인이었다. 그에게는 민족성ethnicity이 아니라 순환circulation이 중요했다. 만약 장섭이 흐로트를 알았더라면 그는 바다의 자유의 중요성에 동의했을 것이다.

장섭은 우리가 통상 도선사導船士, pilot라고 하는 '화장火長'이라는 선원에 대해 찬사를 아끼지 않았다. 화장이라는 직함은 이상해 보인다. 니덤은 이것이 호송대의 선두 선박에만 유일하게 불을 휴대하도록 허락된 관례와 관련이 있을 것이라고 추측했다. 내 생각에는 아무래도 그렇지 않은 것 같다. 중국인의 화물선은 일반적으로 선단 형태로 무리지어 항해하지 않기 때문이다. 이뿐만 아니라 아무리 무리를 이뤄 항해한다 해도 언젠가는 선단에서 분리될 수도 있기 때문에 도선사 없이 바다로 나가는 선장은 없을 것이기 때문이다.

윌리엄 댐피어William Dampier의 체험기memoirs를 읽으면서 나는 더 나은 추측을 해볼 수 있었다. 이 책 에필로그에 두 번이나 등장하는 영국인 약탈자the English freebooter(해적을 지칭하는 신사들의 용어)가 중국인 정크선에 오르게 되었고, 그들이 목도한 것을 대단히 긍정적인 단어로 묘사하였다. "선박의 선수船首와 선미船尾는 정사각형으로 평평했다. 선수는 선미만큼 넓지 않았다. 갑판은 가축우리 같은 조그마한 공간이 팔메토Palmeto 잎으로 덮여 있는데, 선원들이 들어올 수 있도록 3피트(약 90센티미터) 정도 높이로 만들어져 있었다."

갑판 아래의 좁은 공간에 마련된 구조물과 조직에 대해 댐피어는 훨씬 놀라워했다. "짐칸은 조그마한 칸막이들로 나뉘어 있었고 칸막이가 단단하게 만들어져 만약 어느 곳에서 갑자기 물이 새더라도 이것이 다른 칸으로 흘러 손실이 생기지 않도록 되어 있다. 오로지 물이 새는 칸에 실린 물건만 손상되도록 되어 있다." 이 칸들은 화물을 운송하는 상인들의 은신처이기도 했다. "각 공간은 상인 한두 명 혹은 그 이상에게 제공되는데, 각 상인은 자신의 화물을 각자 방에 보관하였다. 만약 상인이 직접 탑승할 경우 그 공간에서 숙박했다."

댐피어는 갑판 위의 돛대와 삭구素具에 대해서도 칭찬했다. 큰 돛대는 "내가 보기에 영국의 3급 전함의 돛대만큼이나 커 보인다"라고 하였다. 여기서 3급 전함은 영국 제도에서 높은 급수였다. 이 돛대는 "우리 것처럼 여러 조각을 맞춘 것이 아니라 하나의 큰 나무로 만들어졌다"라고 했다. 또 "나의 지난 모든 여정 가운데 중국인 정크선에서 본 것처럼 크고 길며 심지어 끝이 가늘게 잘 만들어진 단일 나무 돛대는 보지 못하였다"라고 기록하였다.

댐피어는 마지막으로 선미의 선실로 향했다. "그곳에는 제단과 촛불이 있었다. 나는 단지 들여다보았고 우상이 없다는 것을 확인했다." 댐피어는 배 안에 제사하는 사묘가 있을 것이라는 사실은 알고 있었다. 모든 중국 선박에는 하늘의 황후인 마조媽祖를 위한 제단이 있었고, 그녀에게 항해의 안전을 염원했기 때문이다. 댐피어가 몰랐던 것은 여기가 바로 도선사가 나침반을 보관하는 곳이라는 사실이다. 도선사들의 임무 중 하나가 제단 위의 등불이 꺼지지 않도록 유지하는 것으로, 아마도 이로써 도선사가 화장火長이라고 불렸을 것이다. 그들이 불을 꺼뜨리지 않음으로써 마조나 다른 신들이 바다를 항해하는 선원들을 늘 위태롭게 만드는 악의 세력으로부터 선박을 보호하는 일에 무관심하지 않게 할 수 있었다. 하지만 이보다 더 간단한 설명도 가능하다. 남방은 오행 가운데 불[火]을 상징하는데, 이는 나침반이 가리키는 방향이기도 했다. 따라서 나침반을 중시하는 항해사에게 불이 중요하게 여겨졌던 것이다.

장섭 역시 월항의 선원들이 바다에 띄운 선박에 대해 크게 감탄했다. "큰 선박은 폭이 10미터에 전장이 30미터가 넘는다. 작은 배들도 폭이 6미터에 전장이 20미터를 초과한다." 이러한 선박을 제조하는 데는 엄청난 자금이 필요했다. "배 한 척을 만드는 데 은 1,000냥이 넘게 든다. 이 선박이 매년 돌아올 때마다 완전히 정비되어 수리되어야 하는데, 최소 500~600냥이 필요하다." 선박들의 상업적 운행을 가능케 하는 것은 바로 도선사의 기술이다. 장섭은 도선사의 결정이 선장보다 우선한다고 말했다.

선장이 "심해를 건널 때 따라가는 물길은 광활하지만 배 운항에 영향을 미치는 모든 것에 주의를 기울인다." 항해사로서 도선사(화장)의 권한은 전적으로 지식에 기반한 것이다. "그는 구름이 생기는 것과 바람이 움직이는 것의 법칙을 알고 있었고, 이러한 지식을 바탕으로 천리를 운행할 때에도 단 한 번의 오차도 없이 파도를 뚫고 지나갈 수 있

었다."그리고 이 모든 것의 핵심 기술은 나침반에 있었다. 장섭은 선원
에 대해 다음과 같이 서술했다.

> (그들은) 나침반에 의지하여 암중모색暗中摸索하였고, 어떤 섬이 어디
> 에 있는지와 어디에 위험하고 방어해야 할 암초가 있는지 알 수 있었
> 다. 만약 강한 바람과 큰 물결을 만나더라도 (나침반에 의지하여) 용이하
> 게 각도를 바꿀 수 있었고, 바람과 파도가 안정되면 다시 이전처럼 항
> 해를 진행할 수 있었다. 이런 경험이 오래 쌓이게 되니 그들은 마치 평
> 원을 가는 것처럼 항해를 해나간다. 대개 한눈에 계산이 되는 것과 같
> 았다.

이는 그다지 쉬운 일이 아니었다. 배의 위치를 추정하려면 배의 방
향과 속도를 알아야만 했다. 나침반을 읽으면 되므로, 방향을 알아내
는 것은 비교적 쉬웠다. 중국 항해사는 대략 20해리마다 선박 위치를
확인해야 했는데, 잘못 판독되지 않도록 배의 선수와 선미 양측에서
나침판을 확인하였다. 하지만 속도를 측정하는 것은 쉽지 않았다. 속
도는 거리를 시간으로 나누면 나오는데, 해상에서는 거리와 시간 모두
를 정확하게 잴 수 없었기 때문이다.

시간은 하늘을 가로지르는 태양의 궤적을 보고 계산하거나 향초의
소화燒火 속도를 알 경우 태워진 초의 양으로 대략적인 측정이 가능했
다. 육지가 보이지 않는 해상에서 이동 거리를 측정하는 것은 대단히

어려운 일이었다. 일반적인 계산을 위해서, 명나라 항해사들은 보통 1.25경更마다 선박이 5분의 4참站(지상 거리로는 약 30킬로미터)을 항해한 다고 생각했다. 하루 24시간은 10개 경으로 나뉜다. 그러한 속도로 가면 선박은 2시간 24분에 대략 24킬로미터 또는 15해리를 항해할 수 있는데, 이는 6.25노트의 속도다.[26]

항해사는 선수에서 나뭇조각(유럽 항해사들은 이것을 'speed log'라고 한 다)을 떨어뜨려 배의 선미에 도달하는 시간을 계산하여 측정 속도를 조정했다. 즉 특정 거리(1참)와 배의 전장에서 나온 비율에 소모된 시간을 곱하여 얻어냈다. 물론 이러한 계산 결과는 정확하지 못할 것이다. 왜냐하면 배는 조류, 물살, 파도와 같은 것들에 영향을 받으며, 어느 것이든 실제 어떤 속력으로 얼마나 항해했는지를 측정하는 데 혼동을 줄 수 있기 때문이다.

우리는 이러한 사실들에서 나침반 하나만 가지고 광활하고 표지가 부족한 바다를 항해하는 것이 얼마나 어려웠을지 짐작할 수 있다. 지식의 공백을 채우기 위해 항해사들은 이전에 항해로에 대해 남겨놓았던 기록을 참조했다. 요점만 기록한 필기부터 대략적인 스케치 또는 완전한 해도海圖가 모두 이에 해당한다. 존 사리스는 그러한 자료

---

26) 내가 예상하는 6.25노트는 다양한 학자가 일반적으로 말하는 12~20노트보다 느리다. 나의 제한된 항해 경험에 따르면 그들의 예측 속도는 비현실적이다. 밑바닥이 평평한 정크선은 대략 6노트 속도로 항해하는 것이 적당하다. 『순풍상송(順風相送)』에 대한 도론을 쓴 역사학자 향달(向達)이 소모된 시간으로 이동한 거리를 계산한 것에 따르면, 1경(更)의 항해 거리는 31里, 즉 10해리 정도인데 이는 곧 약 4노트 속도임을 보여준다.(자세한 내용은 341쪽 참조)

를 'platts' 또는 'plotts'라고 불렀는데, 오늘날까지 'plotting a course', 즉 '진로를 정하다'라는 표현으로 남아 있다. 사리스는 주로 이러한 자료들이 부정확하다는 점을 불평하는 기록을 일기에 여러 차례 남겼다.

흥미로운 기사도 남아 있는데, 이후 사리스가 친척 에드먼드 세이어즈Edmund Sayers에게서 받은 편지에서 묘사한 시암에서 히라도까지 험난했던 여정 기록이다. 당시 배에 탑승했던 무능한 중국 항해사가 심각한 병이 들어 도저히 "그의 선실에서 기어나올 수 없게 되"자, 세이어즈는 선박의 현 위치도 알지 못한 채 조타수 역할을 대신해야 했다. 마침 세이어즈는 선상에 있던 요리사 가운데 한 명이 'platt'라고 부르던 것을 소유하고 있음을 발견했다. 그는 이 기록을 잘 읽을 수 있었던 덕분에 방위를 잘 잡아 6일 후 목적지였던 일본에 무사히 도착할 수 있었다. 무사히 살아남은 선원은 겨우 다섯 명이었지만 말이다.

대부분 platts는 현존하지 않는다. 그나마 전해지는 것은 길 안내서들인데 영국인은 그것들을 'rutters'라 부르고, 포르투갈 사람들은 'portolanos'라고 부른다. '항구들의 목록'이라는 뜻이다. 중국어로는 '침경針經', 즉 '나침판 사용법'이다. 이렇게 손으로 필기된 문서들은 항해사가 A 지점에서 B 지점으로(중국인의 표현으로는 갑 지점에서 을 지점으로) 도달할 때 필요한 정보를 담고 있다. 각 노선은 특정 항구에서 출발하여 배가 지향해야 하는 방향을 서술하고, 그 각도에서 소요되는 경수更數(시간)를 첨부해놓았다. 종착지는 목적지 항구다. 침경은 한 가문 안에서 대단히 조심스럽게 물려져 내려온 지식으로 외부인에게 절대 유출되지 않았다. 따라서 원형 그대로 현존하는 것은 없다. 하지만 극히 일부가 명대 지식인 소유가 되었고, 그는 이것은 다른 책에 필사해 놓았다. 장섭의『동서양고』가 그중 하나다.

장섭은 확보할 수 있었던 나침판 사용법 여러 권을『동서양고』가운데 '침로針路(나침반 지식)'라는 제목 아래 상당히 모아놓았다. 나침판 설명서를 습득하는 것도 어려웠지만, 그 내용을 이해하기는 더욱 힘들었다. 나침판 설명서는 경험이 많은 항해사들만 이해할 수 있는 특수한 부호로 기록되어 있었기 때문이다. 장섭은 원망스러운 어조로 "항해사들이 오랫동안 '침경'을 전문용어로 기록해서 해석하기가 쉽지 않다"라고 전제하고, 따라서 "나는 적절한 언어로 번역하여 기록하였다. 그리고 믿을 만하고 기록할 만한 부분은 조금 보충해서 남겨놓았다"라고 했다.

그는 또한 항로들을 더 체계적으로 재구성해놓았다. 자료가 "혼란한 부분이 많고 서로 연결되지 않는 부분도 있기에 나는 그것들을 통합적으로 융합했다. 나는 모든 것을 항로에 따라 정리하였다. 중간에 갈림길을 만나 어느 항구에 들어가면 그 부수적인 항로를 기입하고 어느 나라로 들어간다고 기록했다. 그다음에 다시 본래 항로를 따라가면 그 방향을 적고 다음 갈림길을 만나면 같은 방식으로 기록했다." 장섭은 이러한 기록 방식에 만족했다. "나는 바다 전체를 한 자[尺]도 안 되는 두루마리에 넣는 데 성공했다(이는 책을 비유적으로 표현한 것이지 실제 한 자도 안 되는 길이의 지도를 말하는 것은 아니다). 이로써 당신은 한눈에 볼 수

그림 11 보들리안도서관에 있는 중국 항해 설명서 필사본의 표지다. 이는 대주교 윌리엄 러드(William Laud)에 대한 경의를 표시하는 의미로 'the Laud rutter'라고 불린다. 윌리엄 러드 대주교는 1638년에 상당한 분량의 동양 원고를 기증할 때 이것을 함께 전달했다. 중국어 제목은 『순풍상송』(순풍에 기대어 보내다)으로 아마도 심복종(마이클 심)이 1687년 옥스퍼드를 방문하는 기간에 썼을 것이다. 확실한 것은 심복종이 네 글자에 상응된 로마자 표기 발음을 썼다는 점이다. Xin Fum Siam(Siang으로 수정됨) Sum. 라틴어 번역은 도서관 책임자 하이드가 같은 시기에 했다.

있다." 동남 중국해를 둘러싼 복잡했던 정보가 그의 손을 거쳐 일관되고 체계적인 항로 설명으로 변화된 것이다. 그가 정리한 혼잡했던 원형 자료들이 모두 남아 있다면 좋겠지만 아쉽게도 우리는 이것들을 가지고 있지 않다. 그나마 장섭의 정리 원고가 남아 있는 것이 아무것도 없는 것보다 나을 것이다.

나침판 설명서 가운데 현존하는 유일한 원고가 있는데 『순풍상송

順風相送』이 그것이다. 장섭의 『동서양고』가 항해사들의 나침판 설명서 원본에서 한 발자국 떨어진 것이라고 본다면, 『순풍상송』은 반 발자국 가까운 것이라 할 수 있다. 윌리엄 로드William Laud는 『순풍상송』을 1639년 보들리안도서관에 기증했다(그림 11 참조). 각각으로 특이하기만 한 『순풍상송』과 셀던 지도가 모두 동일한 도서관에 소장되었다는 사실이 믿기 어려울 정도로 신기한 일이다. 하지만 다시 생각해보면, 나침판 설명서와 중국해 지도가 도서관처럼 무역과 정치로부터 동떨어진 곳에 함께 보관된 것이 아니었다면 어떻게 오늘날까지 전해 내려올 수 있었겠는가? 이 두 자료가 동시에 영국에 도착했을 가능성은 있지만 옥스퍼드에는 따로 유입되었다. 우리는 여기까지 알 수 있을 뿐이다. 단 우리는 동일한 몇 가지 동력이 이들을 옥스퍼드까지 옮겨놓았다고 말할 수 있다. 향신료 무역, 글로벌한 해상 연계 그리고 동방 지식에 대한 학자들의 진지한 관심이 바로 그것이다.

———————

대주교 로드Laud는 동시대인에게 논란이 많은 인물이었을 뿐 아니라 스스로도 대단히 복잡한 사람이었다. 평범한 가문에서 독신 생활을 하는 사제가 된 로드는 제임스 1세 아래에서 런던 주교라는 막강한 직책으로 올라갔고, 찰스 1세 때는 캔터버리 대주교로 임명되었다. 점차 신뢰를 잃기 시작하는 스튜어드왕조에 봉사하며 출세할수록 더욱 견고하게 왕가를 지지했는데, 나중에는 심지어 제임스 1세의 왕권신수설마저 옹호했다.

로드는 기민한 인물로 타인을 움직이는 능력을 본능적으로 타고났으나, 자신의 판단에 대해 자부심이 너무 강해서 자기확신에 쉽게 속아 넘어갔다. 그가 자란 상당히 빈곤했던 환경이 그의 정치적 야심을 어느 정도 설명해주지만, 그의 최종적인 정치적 결말을 설명해주진 못한다. 자신의 장점을 좀 더 잘 알았더라면, 그는 1641년 런던탑에 투옥될 정도로 정치적으로 퇴락했을 때 어떻게 빠져나와야 하는지 알아차렸을 것이다.

2년 전 로드는 자신에게 닥치는 상황이 어떤 것인지 알아차렸고, 자신이 소유하고 있던 대부분 동양 원고들이 적들 손에 넘어가지 않게 하려고 보들리안도서관에 기증했다. 하지만 그는 자신의 야심에 동력이 되었던 원칙 자체를 포기할 정도로 야심차지는 못했다. 그 원칙에는 왕권신수설과 자신이 지도하는 천주교회 수호까지 포함되었다. 3년 반 뒤 로드는 자신이 부정했던 청교도 극단주의자들에 의해 단두대에 오르게 되었다.

신학적으로는 예리한 통찰력을 발휘하는 한편 정치적 야심도 있던 로드는 주변 사람들을 당혹스럽게 했다. 일부는 그를 존경했지만 다수는 그를 혐오했고, 그에게 빚진 것이 없는 대다수는 그를 기피했다. 셀던은 후자에 속했다. 교인도 아니고 종교적 문제에 관심도 없었던 그는 본래 로드와 아무런 관계도 없었다.

하지만 셀던이 두 번째로 투옥되고 대주교가 그의 후원자로 나서면서 상황이 변했다. 로드가 셀던을 석방하는 조건으로 『닫힌 바다』를 출간하기로 찰스 1세와 모종의 합의를 했다는 소문이 돌았다. 그런데 이 소문의 발신자가 로드 자신이었는지도 모른다. 모종의 거래가 있었다는 사실을 로드의 1636년 2월 2일 일기에서 발견할 수 있기 때문이다. "내가 가까이 돌보던 존 셀던은 나의 인도를 받기로 약속했으며, 이는 금요일 이후에 완전히 합의되었다."

셀던은 로드를 이용할 경우 자신들의 특권을 주장하는 왕과 주교 측과 이러한 특권을 해체하고 자신들의 권리를 확보하려는 의회의 공화주의자 사이에서 타협점을 찾을 수 있다고 잘못 생각했던 것 같다. 셀던과 로드 사이가 얼마나 가까웠는지는 오늘날 옥스퍼드에 있는 과학사박물관에서 그 실마리를 찾을 수 있다.

셀던은 태양과 별들의 각도를 측정하여 위치를 확정할 수 있는, 아름다운 금속으로 만들어진 페르시안 아스트롤라베astrolables(천문 관측에 쓰이던 장치)를 두 개 소유하게 되었다. 그 정확한 출처는 알려지지 않았지만, 아마도 북아프리카에서 획득한 장치일 것이다. 셀던은 그중 하나를 로드에게 선물로 보냈다. 하지만 두 아스트롤라베 모두 서로 다른 시기에 보들리안도서관에 유증되었다. 보들리안도서관은 나중에 이 아스트롤라베를 문화적 유물을 수장하기에 적합한 애슈몰린Ashmolean박물관에 빌려주었다. 이후 애슈몰린박물관은 이전했지만 아스트롤라베는 원래 전시되었던 건물에 소장되어 있는데, 이 건물이

현재 옥스퍼드의 과학사박물관이다.[27]

셀던과 로드 사이에 우정이 있었다 하더라도, 그 우정은 오래 지속되지 못했다. 가톨릭교회와 그 대표자 자격에 극단적 보호 의식을 지녔던 로드는 정치적으로 유연한 대주교라면 별 어려움 없이 내려놓을 수 있었던 이슈에 대해 조금도 물러서지 않았다. 물론 셀던은 로드가 옥스퍼드대학교 총장으로서 이룬 업적에 대해서는 존경심을 가졌고, 동방 학문에 대한 로드의 후원에 대해서는 더욱 그러했다.

두 사람은 청교도들이 지적으로는 빈곤하고 도덕적으로는 해이하다는 의견에 동의했다. 로드는 다음과 같은 셀던의 신랄한 비평을 들으며 쾌감을 느꼈을 것이다. "청교도들은 하나님의 말씀에 따라 심판을 받는다고 한다. 이는 곧 그들이 명확하게 밝히는 바로 스스로가 신이 되는 것이다." 하지만 로드는 세속에 해당하는 사안을 신성한 원리로 적용하기를 거부했던 셀던의 주장을 받아들일 수 없었다. 특히 주교가 지닌 신성한 권리에 법률적 비판을 가한 셀던의『십일조의 역사』는 매우 못마땅해했을 것이다.

셀던 역시 1630년대에 이르면 좀 더 실질적인 문제를 가지고 로드를 비판했다. 그는 로드가 국민의 지지를 잃어버린 정책을 과도하게 지지한다고 여겼다. 그 가운데 선박세ship money는 대표적이었다. 찰스 1세는 북해와 영국해협에 증강된 해군 주둔 비용을 마련하기 위해 의회 동

---

27) 이 지점에서 순수한 추측을 해볼 수 있다. 셀던이 페르시안 아스트롤라베를 두 개 가지고 있다가 그중 하나를 로드에게 선물했다면, 그가 중국 지도와 나침판 설명서를 모두 가지고 있다가 그중 하나를 로드에게 준 것은 아닐까?

의 없이 선박세를 부과했다. 의회에서 이를 결코 동의하지 않았을 것이기 때문이다.

셸던은 찰스 1세가 30년 전쟁으로 불리는 유럽 내부의 잇따른 투쟁에 끼어들려고 해군을 강화하는 것에 비판적이었다. 로드가 『닫힌 바다』에서 제기된 셸던의 논리가 영국 주변의 해상 지배권을 보호하려고 선박세를 추가한 찰스 입장을 강화한다고 생각했는지 모르지만, 이는 그의 착각이었다. 셸던이 주장한 것은 과세 권리는 오로지 국민에게 있다는 것이었다. 왕과 주교가 누릴 수 있는 권리는 국민이 허락하는 만큼까지였다.

1640년 11월 로드는 셸던에게 보낸 마지막 편지에서 찰스 1세로 하여금 선박세를 포기하도록 설득하겠다고 썼지만, 이미 그 문제는 로드의 권한 밖에 있었다. 1641년 의회에서 대주교 로드에 대한 고발장을 작성하기 위해 위원회를 선발했고, 셸던은 비록 그 직을 받아들이기를 상당히 꺼렸음에도 결국 그 위원직을 받아들였다. 3년 후 로드가 재판장에 서게 되었을 때, 셸던은 로드의 변호 요청을 받아들여 로드가 요구했던 문서를 모아 보내주었다. 하지만 셸던은 이미 정해진 목적지를 향해 달려가는 기차를 멈출 수 없었다. 돌아오는 1월 로드는 처형되었다. 비록 셸던이 로드 의견에 동의했던 것은 아니지만, 로드를 처형하는 행위가 합법적 정의 구현이라고 보는 주장에도 동의한 것은 아니었다.

로드는 학자는 아니었으나 미래를 위한 지식을 보존하고 배우는 중요성을 깊이 이해하고 있었다. 그는 대단히 적극적으로 총장 직무를 수행했다. 자금을 모으고, 건물을 세우고, 옥스퍼드의 첫 번째 아랍어 강의를 위한 자금을 지원하고, 보들리안도서관에 대한 기증 작업을 도모했다. 로드는 이미 스스로 1,000건이 넘는 문서를 도서관에 기증했다. 그가 기증한 문서들의 4분의 1은 중국어를 포함한 동양 언어로 적힌 것들이었다. 1635년 로드는 이런 기록을 남겼다. 이 문서들은 "필히 알아야 하는 학문에 대해 상당히 많은 부분을 포함하고 있"으며, 이러한 문서가 없다면 "어느 누구도 시간을 들여 [아랍어] 또는 다른 동양 언어를 배울 수 없다." 로드는 이러한 공백을 메우기로 결정했다. 그 결과 당시 로드가 전혀 이해하지는 못했던 중국어 문서들이 보들리안도서관에 소장되었다.

『순풍상송』은 현직 항해사의 항해 설명서가 아니라 복사본이다. 장섭이 그러했던 것처럼, 이 원본을 획득한 이름 모를 편집자가 좀 더 정리된 형태로 수정하여 필사했다. 편집자는 서문에 나침판을 사용해서 방향을 찾는 방법은 주공周公이 고안한 것이라는 전통적인 주장을 실었다. 주공은 주나라 초기(기원전 11세기)에 섭정攝政을 했던 상당히 신격화된 인물로, 중국 사회의 모든 예禮와 덕德을 창안한 것으로 알려져 있다. 편집자의 설명에 따르면, 이 자료는 글과 그림이 뒤죽박죽 뒤섞

여 있어서 자신이 일관성 있게 순서를 잡았다고 했다.

여러분이 이 설명서를 읽게 되면, 이 자료가 15세기 환관 정화鄭和의 항해 기록에 기반하고 있다는 사실을 단번에 알아차릴 것이다. 정화는 명의 세 번째 황제 영락제(치세 1402~1424)의 명령을 받고 세계로 나아가 중국과 관계를 맺은 모든 주변국에 새로운 황제가 등극했다는 사실(물론 그가 조카의 황위를 불법적으로 찬탈했다는 사실을 숨기면서)과 그의 황제 등극을 인정하는 의미에서 조공을 기대한다는 사실을 알렸다. 이러한 외교적 임무를 수행하기 위해 정화는 1405년부터 1422년 사이에 동남아시아에서 인도양을 거쳐 멀게는 아프리카 동쪽 해안까지 이르는 항해를 여섯 번이나 이어갔다.

나는 처음에 이러한 발견을 했음에도 실망했다. 내가 찾고자 했던 것은 외교적 사명이 아니라 구체적인 해양 교류를 보여주는 증거였기 때문이다. 실제 『순풍상송』의 항로와 셸던 지도의 항로를 비교해보니, 양자 모두 같은 항로를 이용했음을 알 수 있었다. 이러한 일치는 환관 함대가 개척한 항로를 이후에 다른 이들이 따라갔기 때문이 아니라, 명나라 전후 시기에 모두가 이 항로를 이용한 결과였다. 정화는 단지 '보선寶船'이라고 불리는 선박을 타고 당시 해양 상인들이 화물선을 운행했던 길을 답습한 것이다. 따라서 『순풍상송』에 실린 항해 정보는 당시 일반적인 항해 지식일 뿐 환관 선박의 항로에 영향을 받은 것이라고 보기는 어렵다.

『순풍상송』은 나침판을 사용하기 전에 드리는 긴 기원의 문장으로

그림 12 셀던이 보들리안도서관에 기증한 나무로 된 덮개가 있는 중국 나침판이다. 바늘은 중앙에 건식(乾式)으로 설치되어 있고, 이를 둘러싼 가장 안쪽의 원 안에 주역의 8괘가, 네 번째 동심원에는 24개 주요 방위가 표시되어 있다. 나침판은 장기간 애슈몰린박물관에 대여되었다가 지금은 옥스퍼드 과학사박물관에 전시되어 있다.

시작한다. 먼저 전설상 제왕인 황제黃帝에게, 다음에는 주공, 그다음에는 6인의 현자賢者 그리고 원양 항해에 선공했던 선장을 호명하면서 항해사는 안전하고 이익이 많은 항해를 기원한다. 그리고 나서 나침판 사용법이 나온다. 현재 우리가 익숙하게 사용하는 나침판은 축에 자침이 달려 있는 '건식乾式' 나침판이다. 이와 달리 당시 사용하던 것은 테두리에 방위가 새겨진 것으로, 얕은 대야에 물을 담고 그 위에 자침을 띄우는 형식의 '습식濕式' 나침판이었다.

셀던이 유언장에 남긴 '독특한 구조로 방위를 알 수 있도록 만들어진 항해용 나침판'이라는 표현에서 그가 습식 나침판을 획득했다고 믿었음을 알 수 있다. 만약 그 나침판이 현재 과학사박물관에 소장된, 셀던과 로드가 각각 기증한 페르시안 아스트롤라베 두 개와 함께 전시된 나침판(그림 12 참조)이라면, 셸던이 착각했다는 것을 알 수 있다. 그가 기증한 나침판은 항해사가 바다에서 사용하던 해양 나침판이 아니라 풍수지리가 건물이나 묏자리를 정할 때 사용하던 건식 나침판의 일종이다. 해양 나침판은 물 위에 뜨는 형태이기 때문이다.

『순풍상송』에는 나침판에 물을 붓는 것이 힘든 작업으로 묘사되어 있다. "나침판을 물로 채울 때 가장 핵심은 양수陽水를 이용하는 것으로, 음수陰水를 사용하면 안 된다. 무엇이 양수이고 무엇이 음수인가? 양수는 바람이 스칠 때 떨리는 물이며, 음수는 바람이 멈출 때 가라앉는 물이다."

나는 이러한 설명이 무엇을 의미하는지 정확히 이해하지 못한다. 혹시 항해사가 나침판의 침을 띄우려면 담수淡水가 아닌 해수海水를 사용하라는 지침이 아닐까? 다음 단계로 "자침을 대야에 수평으로 놓고 남쪽을 향하도록 맞춘다. 이때 자침이 건궁乾宮을 가리키도록 하는 것이 필수적이다." 여기서 말하는 '건乾' 곧 하늘이란 모든 하늘을 지칭하는 것이 아니라 '28수宿' 가운데 하나를 지칭한다. 28수는 중국 천문학에서 달이 통과하는 지평선상의 둥근 원을 말하는데, '건'은 북으로부터 315도에 위치한다.

사료의 설명은 다음과 같다. "대개 건궁은 24개 방향 가운데 으뜸이다. 무릇 건은 하늘의 성정性情이므로 자침은 여기서 시작해야 한다. 자침은 방향을 가리켜야 하고 가라앉지 않도록 해야 한다." 이러한 충고의 요점은 선박이 나아가는 방향으로 자침 방향을 맞추지 말라는 것이다. 즉 배의 방향과 상관없이 항상 남북 방향으로 자침 방향을 유지하라는 것이다. 이로써 자침은 사전에 조정된 바가 아니라 스스로 그 축을 '찾아내게[找到]' 된다는 것을 알 수 있다.

정확성은 나침판을 사용할 때 가장 중요하다. 『순풍상송』편집자 역시 이 점을 강조한다. "만약 아주 작은 호리毫釐 차이만 나도 목적지로부터 천 리千里나 떨어지게 되어서 그때 가서는 후회해도 소용이 없다." 그는 나침판을 사용하는 것과 관련한 몇 가지 작은 정보를 덧붙였다. 그는 나침판의 어느 지점에서 매달 해와 달이 뜨고 지는지를 나열하였다. 또 나침판 방위점 사이의 관계를 계산하는 네 가지 방법도 제시했다. 아마도 이러한 지식은 항해사들이 새로운 선원들을 훈련할 때 사용하는 오래된 방법으로, 이로써 선원들은 필요한 방위를 빠르게 연상해낼 수 있었을 것이다.

이 가운데 오늘날 항해사들도 학습하는 한 가지 방법을 '사방위법四方位法'이라고 한다. 이는 네 글자가 세 개씩 조합된 세트로 구성되는데, 이를 통해 방위를 상호적으로 계산한다. 즉 나침반에 위치한 반대편 방위까지 표현하는 방식이다. 가령 180도 반대편 방위는 360도, 150도 반대편은 330도, 120도 반대편은 300도인 것처럼 말이다.

유럽의 나침반에서 반대편 방위를 읽는 방법은 간단하다. 그저 180도를 더하거나 빼면 반대 방향이 나온다. 이것이 중국 나침판에서 그리 쉽지 않은 것은 24개 방위점이 숫자가 아니라 문자로 표시되어 있기 때문이다. 가령 북쪽은 '자子'이고, 그 반대 방향인 남쪽은 '오午'로 표시된다. '자'와 '오'는 늘 상반된 뜻으로 표현된다. 시간 주기에서 밤 12시를 '자야子夜'로, 낮 12시를 '정오正午'로 표시하는 것처럼 말이다. 신입 선원은 나침반의 반대편에 위치한 다른 11개 짝을 그저 외우는 방법밖에 없었다. 이런 이유로 『순풍상송』에 방위를 연상할 수 있는 기호 구절이 담긴 것이다.

　중국 나침판이 작동하는 방식을 이해하기 위해 직접 선박을 정북 방향(나침반의 '자' 방위)으로 항해하는 항해사인 것처럼 상상해보라. 항해 선박이 종종 그러하듯, 배가 항로에서 이탈하면 선장에게 항로가 계癸 방위(정북에서 시계 방향으로 15도 기운 방향)로 옮겨졌다고 보고할 것이다. 만약 배가 그보다 더 이탈하게 되었다면, 나침판의 그다음 방위(15도 더 기운 방향)인 축丑 방위라고 보고할 것이다. 만약 정북 방향의 선박을 서쪽으로 나아가게 하고 싶다면, 정북에서 시계 반대 방향으로 한 칸 떨어진 임壬 방위(345도)를 지목해야 한다. 배가 더 서쪽으로 향하게 하려면 그다음 칸인 해亥 방위(330도)를 표시하고, 더 서쪽으로 꺾으려면 315도인 건乾 방위를 말하면 된다. 이러한 방식으로 나침판 방위를 다 돌면 360도를 회전하여 다시 북쪽을 가리키게 된다.

　중국인은 나침판 방위 명칭에 대단히 익숙하다. 비록 나침판에 표시된 순서가 익숙하지 않더라도 말이다. 이 명칭은 모두 중국에서 전통적으로 숫자를 세는 세 가지 방식에서 유래했기 때문이다. 바로 팔괘八卦와 십간十干, 십이지十二支다. 팔괘는 역경易經에서 사람의 운세를 점

치는 팔괘에서 왔고, 십간은 천간天干에서, 십이지는 지지地支에서 왔
다. 팔괘, 천간, 지지를 모두 열거하면 총 30개 순서를 지칭하는 부호
가 만들어진다. 나침판에는 24개 부호만 있는데, 십간 가운데 2개와 팔
괘 가운데 4개 부호가 빠진 것이다. 십이지는 시계 방향으로 시간을 표
시하는 순서 그대로 12개 모두 배치되어 있다. 이 24개 명칭에는 일정
한 패턴이 있지만 전체 순서가 직관적으로 명확한 것은 아니어서 학습
이 필요하다.

유럽 나침판은 24개 방위로 나눈 중국 나침판과 다른 방식으로 방향
을 파악했다. 이는 중국 발명품인 나침판이 12세기에 지중해 지역에
도착하고 난 뒤 고안된 것이다. 서구의 나침판(혹은 오늘날 통용되는 나침
판이라면 어떤 것이나)을 한번 보면, 간단한 것이라면 16개 점으로, 좀 더
정교한 것이라면 32개 점으로 구성된 것을 발견할 것이다. 어떻게 이
런 방식으로 방향이 나뉘게 되었을까?

일단 원을 45도 간격으로 나누는 8개 방향, 즉 사방四方(즉 북·동·남·
서)과 사우四隅(즉 북동, 남동, 남서, 북서)를 생각해보자. 이 8개 방향 개념
은 중국인과 유럽인 모두에게 매우 상식적인 것으로, 아담스가 1617년
통킹으로 항해할 때 일기장에 남긴 중국 단어이기도 하다. 동서양 차
이는 8개 방향 이후부터 발생했다. 중국인은 24개 방향을 얻기 위해 45
도를 각 15도로 구성된 세 개 쐐기로 분할하고, 각각 하나의 단어로 된
이름을 부여했다. 자子나 계癸처럼 말이다. 하지만 유럽인은 8개 방향
을 각각 두 개로 나누었다. 그래서 8개 방향은 16개로 나뉘고, 각 방위

그림 13 셀던의 지도 가운데 지명과 경로들을 보여주면서 번역한 것이다. 대문자는 그 당시 지명을 나타내고, 대문자 아래 작은 글자는 이에 상응하는 현재 지명이다.

사이는 22.5도가 되었다. 이렇게 반으로 쪼개진 방위는 다시 반으로 쪼개져 각 11.25도가 되는 32개 방위로 늘어났다.

분수로 쪼개진 방위 표시의 불편함을 피하기 위해 이탈리아인은 32개 방위 명칭을 만들어 붙였다. 명의 항해사들이 24개 방위 명칭을 숙지하듯, 모든 유럽 항해사 역시 32개 방위 명칭을 순서대로 암송해야 했다. 방위를 암송하는 훈련 과정을 '방위를 차례대로 열거하다boxing the compass'라고 한다.

서로 다른 나침판 독법을 발전시킨 중국과 유럽은 두 가지 방식의 나침판을 구분했다. 하나는 항해용 나침판이고, 다른 하나는 다른 용도를 위한 것이다. 셀던은 중국 나침판을 옥스퍼드에 유증하면서 그것이 해양용 나침판이라고 생각했다. 하지만 나침판을 둘러싼 방위 숫자가 좀 달랐다. 셀던의 나침판에는 표준적 순번에 따라 24개 방위가 표시되어 있지만, 방위마다 네 가지 방위가 더해져 총 72개 방위 지점이 표현되어 있다. 각 점은 한자 두 글자가 조합된 형태다.

우리는 하이드가 심복종에게 이 나침판을 보여준 적이 있다는 것을 알고 있다. 왜냐하면 하이드의 노트에서 심복종이 그려준 72개 방위 점이 담긴 원을 발견할 수 있기 때문이다.[28] 나는 순진하게 그 방위 명

---

28) 이 그림은 마이클(심복종)이 셀던 지도상 나침판의 24개 점을 전사한 종이 뒷면에 나타난다. 15년이 지난 후 하이드는 다시 이 그림으로 돌아와 다음과 같은 메모를 남겼다. "이 원 안에 있는 글자들은 어떤 바람의 이름도 아니다. 하지만 이 경우에는 그렇게 사용된 것이다. 어떠한 문법적 중요성이 없이 그들 시간의 이름이 있는가. 그들의 해시계에서 사용된 것처럼 말이다. 그렇지 않다면 우리의 2시간에 해당하는 중국 시간은 존재하지 않는다. 모든 것이 그들의 60주기에서 비롯되었고 그들의 음력

칭을 셀던 지도에 그려진 나침판의 방위 명칭과 맞추어보았지만, 허사였다. 그들도 그렇게 하지 않았기 때문이다. 이것은 풍수사가 건물이나 무덤 위치를 찾기 위해 사용하던 풍수용 나침판의 일종이다. 나는 풍수사와 항해사가 나침판 방위를 동일하게 읽을 것이라고 추정했다. 그리고 심복종이 나와 같은 실수를 했을 것이라 생각했다. 하지만 사실은 달랐다.

이 책 초판이 간행된 이후 문제점을 알아차린 동료 엔디미온 윌킨슨 Endymion Wilkinson이 문제를 풀 수 있도록 도와주었다. 풍수사와 항해사 모두 8방향의 바람(=八風)을 각각 3개로 나누어 표준적인 24개 방위를 공유했다. 하지만 그다음부터 방위를 나누는 방식이 달랐다. 풍수사는 24개 각도를 3등분하여 72개 점으로 만들었는데, 각 칸은 5도 간격이 되었다. 항해사들은 24개 방위를 이등분하여 48개 방위를 만들었고, 각 칸은 7.5도가 되었다. 이 둘의 차이는 2.5도밖에 나지 않지만, 그 차이가 선박을 목적지 해안에 도착하게 할지, 원래 목적지에서 완전히 동떨어진 곳에 도달하게 할지를 갈랐다.

무엇보다 큰 차이는, 각 점에 이름을 붙이는 방식이다. 그들은 같은

달들의 이름도 거기서 나왔으며 해마다 다른 이름을 가졌다. 말한 주기가 5년 안에 끝날 때까지. 그리고 다시 이것이 영원히 반복된다. 그러므로 여기에 적힌 이름들은 1700년 옥스퍼드에서 출간한 하이드의 『옛 페르시안의 종교에 대한 역사』라는 책에서 보일 수도 있다." 이처럼 그것들은 10개 줄기, 12개 가지 그리고 그것들의 조합이 60년간 주기로 나타난다고 그의 책 218쪽에 나오는데, 거기에는 중국 한자들이 심복종이 쓴 것과 함께 수록되어 있다. 해당 표에는 서아시아의 날짜 주기 시스템에 중국이 미친 영향을 서술한 내용이 함께 있다.

어휘를 사용하지만 풍수사는 나침판에 팔괘를 사용하지 않았다. 또 방위 배치 순서도 달랐다. 그 결과 풍수사와 항해사의 방위는 오직 12개 지점만 동일했다. 예를 들어 셸던 지도에서 규슈 동부를 향하는 노선은 '자계子癸'라고 쓰여 있다. 항해용 나침판에서 '자계'는 '자(정북)'와 '계(15도)' 방향의 가운데인 7.5도에 있다. 셸던의 풍수용 나침판을 보면 '자계'는 정북 방향과 '축丑(30도)' 방향 사이에서 6분의 5 지점인 25도에 있다. 이는 매우 큰 차이다.

혹시나 동양과 서양을 너무 깔끔하게 구분하지 않도록, 중국인과 마찬가지로 유럽인도 두 가지 방식으로 나침판 방위를 읽었음을 상기할 필요가 있겠다. 유럽에서 항해사들은 32개 점으로 구성된 나침판을 사용했지만, 천체 관계를 규명하려 했던 점성술사는 72개 점으로 된 나침판을 사용했다. 따라서 동양과 서양에서 항해사가 나침판을 읽는 방식은 달라졌지만, 점쟁이(풍수사와 점성술사)들은 동일한 방식을 고수했던 것이다. 아마도 운명을 계산하는 것은 세상에서 가장 보수적인 직업일 것이다.

───────────

포르툴라노 해도는 이탈리아인이 '포르툴라노', 즉 항해 안내서에 기록된 지역을 그림으로 표현한 지도다. 현존하는 가장 오래된 해도는 13세기로 거슬러 올라간다. 포르툴라노 해도는 수학적 지도 제작 기법으로 만들어진 지도[29]에 밀려나는 17세기까지 쭉 사용되었다. 바다 위에 항로를 그리는 방식이 아니라 항로를 따라 연해를 그리는 방식이 었다. 포르툴라노 해도 제작자가 당면했던 과제는 어떻게 하면 축적과 방위의 일관성을 유지하면서 한 장소에서 다른 장소로 옮겨갈 수 있는 가였다. 이를 해결하기 위해 등장한 것이 나침도였다. 나침도는 큰 원 안에 배치되어 지도상 모든 지점에서 참조가 가능한 교점交點 역할을 수행했다. 이상적으로는 16개 나침도가 배치될 수 있었다. 만약 모든 점이 나침도의 자성磁性 각도에 따라 다른 나침도로 조정될 수만 있다 면, 그 결과 만들어진 지도는 완벽하게 정확해질 수 있었다.

　나침도로부터 방사되어 나가는 선은 일정한 방위를 유지하는 '항정 선航程線'이라 불린다. 오래된 포르툴라노 해도를 보면 이러한 항정선 이 대단히 조밀하게 지도 표면에 교차되어 있다. 전통적으로 여덟 방 향으로 향하는 팔풍선은 갈색이나 검은색을 사용했고, 팔풍을 제외한 16방향의 선은 초록색, 16방향을 제외한 32방향의 선은 빨간색을 사 용했다. 이러한 항정선이 어디를 향하든 모두 나침도에 연결되었다. 그 지점이 실제 해도에 나타나든 혹은 해도 외부로 연결된다고 상정하 든 마찬가지였다. 16방위가 존재하는 것처럼 최대 16개 교점이 표현될 수 있었다. 따라서 16개 나침도가 전체 해도에 가득 차는 것이 가능했 다. 하지만 대부분 포르툴라노 해도는 교점을 담고 있는 원 일부만 그 려서 필요한 지점을 찾도록 되어 있어 나침도 역시 몇 개만 그려져 있

---

29) 대표적인 것이 메르카도르 도법의 지도다.—옮긴이

그림 14 잉글랜드와 스코틀랜드 일부를 보여주는 지도다. 셀던은 '왕의 공간', 즉 영국의 연안 해역에 대한 관할구역을 표시하기 위해 『닫힌 바다』에 이 지도를 실었다. 지도 디자인은 포르툴라노 해도에 쓰이는 오래된 지도 제작 방식을 반영했다. 여기에는 두 나침도에서 뿜어져 나오는 항정선이 거미줄처럼 그려져 있고, 해안 주변 지명은 항상 해안선과 직각으로 표기되어 있다.

그림 15 셀던의 『닫힌 바다』에 있는 두 지도 가운데 두 번째 지도로, 대영제국과 그 주변 바다를 보여준다. 이 지도 디자인은 나침도와 항정선을 그리는 포르툴라노 전통이 보이지 않고 내륙의 지명이 강조되어 있다. 지명을 관찰자가 보기에 횡적으로 인쇄한 것 역시 포르툴라노 해도의 수법과 다르다.

을 뿐이다.

　나침도는 점차 지도에서 사라져갔다. 지도 제작자들이 오직 해안선에 집중된 포르툴라노 해도에 관심을 잃는 한편 점차 다양한 지질학적 정보를 포함한 종합적인 지도 제작에 관심을 쏟기 시작했기 때문이다. 이러한 변화는 17세기에 일어났다. 우리는 이러한 변화를 셀던의 『닫힌 바다』에 삽입된 두 가지 지도에서 알 수 있다.

　첫 번째 지도는 대영제국의 위치를 이를 둘러싼 바다와 관계 속에서 보여준다. 이 지도는 국가명을 표기했지만 그 정치적 경계선은 그리지 않았다(그림 15 참조[30]). 두 번째 지도는 '왕의 공간King's Chambers'[31]을 표현했다(그림 14 참조[32]). '왕의 공간'에 표현된 해역은 외국 선박이 무해통항을 할 수 있지만, 어떤 경우에도 다른 국가 선박에 간섭할 수 없는 공간이었다. '왕의 공간' 안으로 들어온 선박은 영국 영해 안에 진입한 것으로 간주되었으므로 영국 법률을 적용받았다.

　이러한 개념은 1604년 제임스 1세가 영국 근해에서 네덜란드 선박이 스페인 선박을 공격한 사건에 대응하기 위해 고안되었다. 당시 이는 대단히 혁신적인 개념이었다. 국가가 해양 주권의 범위를 명확하게 정의한 것으로는 이것이 처음이었기 때문이다.

　『닫힌 바다』에서 셀던은 '해사海事에 매우 익숙한' 위원 12명이 '왕의

---

30) 원문에는 지도 14로 되어 있지만 실제 그림은 지도 15에 대한 설명이다. ─옮긴이

31) 대영제국의 각 도서 지역이 연결된 해역. ─옮긴이

32) 원문에는 지도 15로 되어 있지만 실제 그림은 지도 14에 대한 설명이다. ─옮긴이

공간'에 대한 경계를 확정하기 위해 소집되었다고 설명했다. "위원 12명은 '신성한 섬Holy Island'에서 시작하여 나침판을 사용해 북쪽에서 동쪽과 남쪽으로, 다시 서쪽으로 돌았다." '신성한 섬'이란 고대 수도원 공동체의 터전으로 알려진 린디스판Lindisfarne을 말한다. 북해 연안에서 약간 떨어진 곳으로, 잉글랜드와 스코틀랜드의 경계에서 가깝다. 이곳이 '왕의 공간'에서 최북단 지점이다. 거기서부터 의원들은 일련의 선을 지점마다 연결하면서 남하하여 잉글랜드 동쪽을 지나 노스 포어랜드North Foreland(현재 템스강 하구 삼각주의 남쪽 연안에 위치한 마게이트 Margate)까지 도달했다. 108리그league(1리그는 3해리 또는 5킬로미터 정도)에 달하는 이 선은 11개 단계로 구분된다. 노스 포어랜드에서 시작된 선은 영국해협에 위치한 도버Dover와 포크스틴Folkestone에 도달하고, 다시 남쪽 연해를 따라 서쪽으로 이어져 란즈엔드Land's End까지 이어진다. 이 선은 15개 단계로 구분되고, 총길이는 201리그였다. 이 선과 해안 사이에서 26개 '바다의 매우 넓은 공간'은 7개 '왕의 공간'으로 분할되었다. 이 7개 '왕의 공간' 안에서는 어떤 국적의 해군이나 상업용 선박이라도 '안전한 정박safe riding', '안전한 통행safe passage', 그리고 '평등한 보호equal protection'를 받을 수 있었지만 서로 강탈하는 것은 금지되었다.

제임스 1세는 '왕의 공간' 지도를 판각하여 배포하도록 명령함으로써 모두에게 새로운 조치를 알리려고 했다. 안타깝게도 셀던의 책에 실린 '왕의 공간' 지도에는 이러한 공간을 구획하는 선이 그려져 있지 않다. 독자가 상상할 수밖에 없다.

이 두 지도를 나란히 놓고 비교하지 않으면 대단히 비슷하다고 느낄 것이다. 하지만 이 둘을 나란히 놓고 비교해보면, 물결 모양이 물을 나타낸다는 점을 제외하고는 하나도 같은 점이 없다는 사실을 발견할 것이다. 두 지도는 유럽인들의 지도 제작 방식에서 각각 서로 다른 방향성을 보여준다. '왕의 공간' 지도(그림 14 참조)는 포르툴라노 해도로 되돌아간 경향을 보여준다.

이 지도는 나침도를 세 개 담고 있다. 다른 하나는 오른쪽 하단에 위치한 거리 눈금 뒤에 숨겨져 있으며, 이로써 모두 8개 교점을 지닌 큰 원을 암시하고 있다. 각 나침도는 32개 방향으로 항정선을 뿜어내고 있다. 거미줄처럼 얽힌 항정선 망web에 의지하여, 제도 제작자는 삼각 측량을 해서 모든 곳의 정확한 위치를 표시할 수 있는 밀도 높은 틀을 만들려고 했다.

포르툴라노 해도의 또 다른 특징은 해안 지명만 붙여놓은 것이다. 해도의 목적이 항해를 안내하는 데 있었기 때문인데, 해안선 윤곽이 모호하게 보이지 않도록 지명을 해안선과 90도 각도로 배치했다. '왕의 공간' 지도가 오랜 포르툴라노 해도의 전통과 흔적을 고스란히 재생산한 것이다.

반면 영국과 주변 바다를 그린 셸던의 또 다른 지도는 포르툴라노 해도의 전통과 멀리 떨어져 있다. 항정선은 사라졌고 지명은 독자가 보기 좋도록 수평으로 표기되었다. 북쪽은 나침도 북점에 위치한 백합 문장을 통해 표시되지 않고 지도 가장 상단에 라틴어로 '북'이라 표기되었다(다른 세 방향 역시 동, 서, 남 방향의 테두리에 각각 표기되었다). 나침도 역시 없다. 더는 항해사를 위한 해도가 아닌 것이다. 이 지도는 간략한 개요를 설명한다. 즉 독자에게 어디로 어떻게 갈 수 있는지, 특히 해안선을 어떻게 따라가야 하는지 가르쳐주지 않는다. 해안의 중요성이 육지로 이양된 것이다.

———————————

그렇다면 셀던 지도에는 왜 나침도가 그려져 있을까? 유럽식 지도의 눈에 띄는 특징을 모방하려는 시도였을까? 그럴 가능성이 충분하다. 셀던 지도 제작자가 활동하던 지역은 거의 1세기 가까이 유럽인이 항해하던 공간이었다. 그는 분명히 유럽인 선박들과 선원들을 본 적이 있었을 테며, 그사이에 그들 지도를 보았을 가능성이 있다. 지도 제작자라면 자신에게 익숙한 지도와 다른 방식으로 만들어진 외부 지도를 보고도 검토하고 싶지 않다고 느낄 사람은 없을 것이다. 그렇다면 나침도는 그가 보았던 지도를 단지 모사한 것이라는 증거가 될 수 있을까?

나침도 아래에 위치한 눈금자는 그가 베꼈다는 사실에 대한 더 유력한 증거처럼 보인다. 축척은 유럽 해도에서 필수 요소였다. 축척은 종종 문자 그대로 자와 그 위에 열린 한 쌍의 캘리퍼스calipers(둥근 물체의 지

름 등을 재는 기구)와 분도기分度器, divider('컴퍼스'의 다른 말로, 지금은 낡은 감
각을 지닌 용어)로 묘사된다. 컴퍼스와 캘리퍼스는 지도 제작자의 대표
적 도구였으며, 이를 보여주는 것은 측량을 세심하게 했음을 의미한
다. 양자는 과학적 정확성의 상징이 되었다. 엘리자베스 1세 시대 시인
들은 컴퍼스와 캘리퍼스의 이미지를 불변constancy의 상징으로 사용했
다. 벤 존슨은 자신의 시에서 이러한 표현을 사용해 박식한 친구 셀던
을 칭찬했다.

> 언제나 집 안에 있지만, 모든 국가를 돌아보았다.
> 컴퍼스처럼 한 발을 고정한 채로,
> 중심에서부터 네 원을 가득 채웠다.
> 광범위한 상식, 다양한 사람 그리고 각종 관습으로.
> 과거에 했던 말을 들었고 우리 시대의 업적을 보았노라.

셀던 지도 제작자가 유럽의 지도 디자인에서 시각적 영감을 얻었다
는 우리 추론이 맞는다면, 왜 그가 나침도 정남 방향의 양쪽 15도 방위
인 병丙과 정丁 방향으로 항정선을 두 줄 내려 자 위로 연결했는지 설명
이 가능하다. 이 모양은 자 위에 캘리퍼스가 한 쌍 위치한 삼각형 모양
을 본떴기 때문이다.

홍콩 해사박물관海事博物館 연구원 스테판 데이비스Stephen Davies는
셀던 지도의 눈금자가 단순히 장식을 위한 것이 아니라 실제 지도상 거

리를 재는 목적도 있었을 것으로 추측했다. 그는 눈금자 날에 새겨진 백 개 눈금(한 눈금은 1분分, 1촌寸은 10분의 1분, 1척尺은 100분의 1분)에서 하나는 선박이 1경更 동안 이동하는 거리일 것이라고 해석했다(하루는 10경으로 구성되어 있다). 만약 한 눈금이 하루의 10분의 1을 의미하면, 열 눈금에 해당하는 1촌은 하루 24시간 동안 항해할 수 있는 거리의 축척을 의미하게 된다.

내가 추정한 선박의 속도 6.25노트로 계산하면 하루에 항해할 수 있는 거리는 총 150해리다. 따라서 1척(=10촌=100분) 길이 눈금자는 지도에서 1,500해리를 묘사하는 것으로 볼 수 있다. 데이비스는 '지도상의 정확한 증거'가 없다는 점을 인정했다. 충분히 맞는 말이다. 사실 증거는 다른 곳에 있는데, 나는 이 문제를 이 책 마지막 장에서 다시 언급할 것이다.

이러한 계산이 가능한지와 상관없이 나는 신중하게 검토한 결과 확신하게 되었다. 지도상에 눈금자와 나침도가 있다는 것은 셀던 지도 제작자가 유럽인의 해도를 보았을 뿐 아니라 어떤 탁월한 효과를 위해 이를 차용했다는 점이다. 이러한 장치들은 단지 유럽인의 해도 모양을 흉내 내려는 장식이 아니다. 오히려 지도 제작자는 이로써 유럽의 지도 제작자들 가운데 누구도 시도하지 않았던 것을 시도했다. 바다에 관할권을 표시하는 선을 그릴 수 있다고 상상했던 셀던처럼, 이 지도 제작자는 움직이는 바다 표면에 상선商船의 항로를 그렸다.

중국에서부터 항해하다

6

항구를 출발하니 파도의 물보라가 하늘을 채우고

밀려드는 물결은 은하수만큼 높게 솟구쳐 오르네.

더는 따라갈 해안선이 없고,

찾아갈 마을도, 셀 수 있는 노정路程의 거리도 없구나.

나이 많은 선원들은 북 치며 노를 젓고 닻을 올리면서

거센 파도를 뚫고 나아가는데,

오직 나침판이 인도하는 방향을 의지한다네.

때로는 하나의 자침을 따르고, 때로는 두 개 자침의 중간을 사용하며

가리키는 방향을 의지하여 노를 저어 나아가네.

이 시는 장섭이 『동서양고』에서 푸젠성 월항月港에서 망망대해로

출항하는 배를 띄울 때 한껏 고조된 마음을 묘사한 것이다. 해안에서

멀어질수록 항해사가 도달하려는 곳이 어딘지를 알려줄 수 있는 표지들도 멀어진다. 이제는 오로지 나침판만이 그가 어디로 가고 있고 어디에 있는지 알려줄 것이다. 이것은 무미건조한 학문적 언어에 불과하다.

장섭은 망망대해로 떠나는 모험에 그 마음이 사로잡혔고, 독자들 역시 출항하는 쾌감을 맛보아야 한다고 확신했다. 일부 사람들은 중국인이 타고난 뱃사람이 아니며 바다로 나간 화교들에게 반감이 있다고 생각하지만, 장섭은 확실히 그런 사람이 아니었다. 나는 『동서양고』를 저술했던 장섭이 실제 푸른 심해를 맛보았는지 몹시 궁금하지만, 지금으로서는 알아내기가 무리일 것이다. 다만 장섭이 그랬기를 바란다.

만약 장섭이 월항을 출발하여 타이완해협으로 향하는 길을 직접 가지 않았다 해도, 그는 우리에게 그 길을 알려줄 정도의 지식을 충분히 가지고 있었다. 다행히 우리에게는 상호 대조가 가능한 셀던 지도와 『순풍상송』이 있으며, 이를 통해 장섭이 설명한 항로 네트워크의 상당 부분을 보충하여 이해할 수 있다. 만약 세 자료가 서로 일치한다면, 이는 한 자료가 다른 둘과 어떤 연관성이 있기 때문이 아니다. 오히려 그들이 기록한 항로가 오랜 시간 중국인 항해자 몇 세대에 걸쳐 안정적인 네트워크로 기능했기 때문일 것이다. 비록 세 자료가 등장한 이후 시간이 오래 흘렀지만, 우리는 이 자료들에서 셀던 지도가 처음으로 시각화해준 당시의 해양 세계에 대해 상당히 완벽한 지식을 얻을 수 있다 (그림 1 참조).

두 자료에는 아주 작은 불일치가 있는데, 이에 대해 세 번째 자료는 모호하게 서술하고 있다. 바로 항로의 출발점에 대한 언급이다. 앞서 언급했듯, 장섭은 명백하게 푸젠성 남단 끝에 있는 장저우의 항구 월항에서 시작한다. 그의 출발 항로에 대한 설명은 정확하고 오해할 여지가 없다. 썰물을 타고 규서圭嶼라는 섬에 도착하면 등대와 항해사들이 안전을 기원하는 마조媽祖 사당을 발견할 것이다. 반조半潮(만조와 간조의 중간)를 타면 샤먼廈門의 해안 경비대로 가게 되는데, 샤먼은 19세기에 월항을 대신하여 푸젠의 무역항구로 성장한 곳이다. 계속 가게 되면 5시간이 채 못 미쳐 담문擔門[33] 군도에 도착하게 된다. 이 섬들은 자연적인 방파제가 되어 장저우로부터 흐르는 물이 바다로 흘러가지 않도록 주룽장九龍江 외부 어귀를 보호한다. 장섭은 "담문에서 동양과 서양의 항로가 나뉜다"라고 기록했다.

『순풍상송』은 항로의 네트워크를 월항에서 시작하지 않는다. 그 대신에 월항에서 100킬로미터 정도 북쪽에 위치한 취안저우부泉州府의 한 항구에서 시작한다. 『순풍상송』의 저자는 "오호문五虎門에서 승선한다"라고 기록하며 이야기를 이어간다.

을진乙辰(112.5도) 방위를 잡고 관당산官塘山까지 간다. 동편으로 모래

---

33) 영어로 Duster Islands이고 중국어 원문에는 담문이라고 되어 있지만, 일본어 번역본에는 금문군도(金門群島)로 되어 있다. 담문이 금문과 동일한 곳을 지칭하는지 확인이 필요하다. 일단 중국어 번역본과 「동서양고」 권9 "二更船至擔門, 東西洋出擔門分路矣"를 근거로 담문이라고 표기한다. ―옮긴이

톱을 세 개 통과한 후 배를 병오丙午(172.5도) 방향으로 돌려 동사산東沙山으로 나아가 서쪽으로 통과하라. 수심이 6 내지 7탁扗[34] 정도인 곳에 도달하여 을乙(105도) 방향으로 잡으면 삼경三更이 지나 오서浯嶼에 도달한다.

거기서부터 당신은 망망대해로 나아가게 된다.

두 개의 다른 출발점, 즉 장저우의 '규서/담문'과 취안저우의 '오호문/오서'의 차이는 시간 경과를 나타낸다. 14세기는 취안저우가 중국의 주요한 해상무역의 거점으로 전성기를 구가하던 시기였다. 이는 명나라가 1374년 해외 교역을 중단할 때까지 지속되었다. 당시 상황을보여주는 유일하게 남은 지도도 중국의 취안저우부터 인도양까지 해양 루트가 시작되고 있음을 보여준다.

취안저우는 1403년에 다시 그 명성을 되찾았다. 당시 새로 황위에오른 영락제는 해외무역을 재개하면서 환관 정화에게 명하여 모든 나라로 하여금 명 조정에 조공을 바치게 하는 외교 항해를 이끌도록 했다. 그래서『순풍상송』은 취안저우에서 항로가 시작된다. 하지만 16세기에 이르러 취안저우는 급속하게 성장한 장저우에 그 영향력을 빼앗겼다. 물론 취안저우는 그 영향력을 완전히 상실하지는 않았는데, 히라도에서 영국 동인도회사의 매판으로 활동하던 이단李旦 형제가 취안저우를 모항母港으로 활용했기 때문이다. 하지만 장저우 출신인 장

---

34) 수심을 측정하는 단위로 두 팔을 벌리는 정도의 길이인 약 1.8미터다.―옮긴이

섭이 바라보는 관점에서, 중국으로부터 뻗어나가는 해상 네트워크의
시작점은 월항이었다.

장섭은 월항이라는 이름이 '옛 이름[舊名]'이라고 했다. 1567년에 합
법적인 해상 교역을 위해 이 항구가 다시 열릴 때 '바다가 편안하다'라
는 의미를 지닌 하이청海澄이 공식적인 새 이름으로 부여되었다. 무엇
보다 장섭이 살던 시기가 되면 독특한 초승달 모양의 항구는 사라져버
린 상태였다. 끊임없이 변하는 수로와 사주砂州는 주룽장 하구를 막아
버렸고, 그 와중에 초승달 모양이 사라진 것이다. 수심이 얕았기에 규
모가 큰 정크선은 연안에 진입하기 어려웠고, 결국 소형 정크선에 짐
을 나누어 옮겨야 했다.

월항의 어떤 단점도 정치적 장점으로 상쇄될 수 있었다. 바로 월항
에 세관稅關이 있었기 때문이다. 세금을 걷자 모인 돈은 여러 방향으로
흘러갔는데, 대표적인 것이 황실 재정으로 흐른 것이다. 물론 그 때문
에 월항에 해외 교역의 특권이 부여되었다. 월항은 이러한 교역의 우
위를 가지고 밤에는 물론이거니와 낮에도 보행을 주의해야 하는 소란
한 항구가 되어 중국의 물건을 동남아시아, 유럽, 미주로 수출하는 모
든 항구 네트워크의 처음과 마지막이 될 수 있었다.

세 자료 가운데 항로 기점을 명확하게 표현하지 않은 것은 셀던 지도
다. 타이완해협을 지나가는 항로를 표시하는 선을 자세히 보라. 그것
들이 돌출되었다가 한 지점으로 수렴된 것을 보게 될 것이다. 해안을
따라 북동쪽으로 뻗어나간 우측 선은 '갑묘甲卯(82.5도)'라고 표기되어

있고, 남서쪽으로 뻗어나간 좌측 선은 '정미丁未(202.5도)'라고 표기되어 있다. 이 두 선 사이에 '병丙(165도)'이라고 표기된 세 번째 선이 있는데, 타이완해협을 거쳐 마닐라로 뻗어 있다. 이 선은 모두 연해에 닿게 그려져 있지 않다. 다만 이 세 선은 모두 연안을 연결하는데, 점으로 그 연결 지점을 표기하였다. 이러한 지점이 바로 명나라의 해양 무역 네트워크가 세계로 뻗어가는 출발지이자 셀던 지도의 시작점이다(그림 16 참조).

셀던 지도에는 월항이라는 이름이 없을 뿐 아니라 취안저우에도 항구가 표시되어 있지 않다. 축소가 많이 된 이 지도에서 두 지명은 모두 배제되었다. 이로써 지도 제작자는 장저우와 취안저우 어느 곳에도 우위를 부여하지 않았다. 어떤 면에서 이는 중요한 문제가 아니다. 이 정도 비율의 지도라면 두 곳 모두 출항지가 될 수 있었다. 따라서 지도의 정보는 『순풍상송』 또는 장섭의 책 가운데 하나와 부합하지만, 양자 가운데 반드시 하나를 고를 이유는 없다.

셀던 지도를 이해할 때 시작점이 중요했던 만큼이나 타이완해협으로 진입하는 세 노선의 종점 역시 중요하다. 각 선의 종점은 각 방향에 위치한 세 가지 독특한 노선망의 새로운 시작점이기 때문이다. 한눈에 이를 구분하기는 쉽지 않다. 하지만 장섭은 『동서양고』에서 명확하게 세 갈래 경로를 나누어 설명하였다. 실제 세 경로를 통해 장섭은 항로 자료를 체계화했다. 명 시대 중국인은 우리가 '남중국해'라고 부르는 바다를 '남양南洋'으로 기록했다. 이를 채용한 장섭은 같은 맥락에서 남

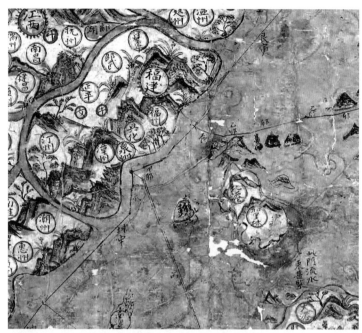

그림 16 셀던 지도의 이 부분에서, 타이완해협과 푸젠성 남쪽 해안 사이의 한 점에서 사방으로 뻗어가는 항로의 네트워크가 시작되는 것을 알 수 있다. 인접한 장저우와 취안저우는 주요 항구 도시로, 명왕조가 지속되는 동안 중국인 항해자들은 이곳에서 해외로 출발했다.

아 있는 세 방향을 설정하여 중국의 동남 연해에서 진출할 수 있는 세 구역을 구분했다. 그중 두 가지는 그의 책 제목인 『동서양고』에서 알려주었다.

첫째는 동양東洋, 즉 동쪽 바다다. 이는 동쪽으로 필리핀에 도달한 후 다시 남쪽 방향의 향료제도까지 이르는 일련의 경로다. 둘째는 서양西洋, 즉 서쪽 바다다. 이는 남쪽 방향으로 향하여 동남아시아 여러

항구로 진출하는 일련의 경로다. 실질적으로 동양과 서양 노선은 남중
국해에 둘러 그려진 큰 원의 가장 아래 끝에 위치한 자바에서 만난다.
여기서 빠진 것이 세 번째인 북양北洋, 즉 북쪽 바다다. 이는 중국 해안
을 따라 북향하여 일본으로 연결되는 경로다. 장섭은 북양노선에 큰
관심이 없어 동양이나 서양처럼 명나라 항해 체계의 주요 구성원으로
서술하지 않았다. 오히려 그는 일본으로 향하는 노선을 그의 책 맨 뒤
에 부록으로 처리하며 그 중요성을 격하했다. 셀던 지도에 대한 우리
여행은 바로 거기서 시작된다.

───────────

셀던 지도에서 북양노선은 82.5도를 지칭하는 '갑묘甲卯' 방위가 붙
어 있는 선으로 그려져 있다. 다시 이 선은 두 노선으로 갈라진다. 하나
는 곧바로 규슈로 향하는 직선으로, '간임艮寅(52.5도)' 방향이 붙어 있
다. 이 선은 일본 남쪽 규슈의 서쪽 해안 근처에 있는 다섯 개 큰 섬과
수십 개 작은 섬으로 구성된 고토五島군도에서 끝난다. 이것이 중국과
일본을 이어주는 직통노선이다.

다른 하나는 좀 더 복잡한 노선으로 류큐琉球로 연결된다. 류큐의 여
러 섬 가운데 가장 크고 잘 알려진 것은 오키나와다. 비록 류큐는 규슈
를 다스리는 일본 영주의 통치를 받기는 했지만, 엄연한 독립 왕국으
로서 명나라에 조공을 바쳤다. 이 노선은 푸젠 연해에서 출발한 후 경

로 방위가 바뀌는 여섯 단계로 구성되어 있다.

가장 먼저 '진辰(120도)' 방향으로 출발하여 '을묘乙卯(97.5도)'와 '묘卯(90도)' 사이에서 변동되면서 류큐 남쪽 끝까지 이어진다. 지도 제작자는 분명한 지식 없이 섬을 배치하여 그려넣었다. 오늘날 중국과 일본의 분쟁 지역인 댜오위다오釣魚島 또는 센카쿠尖閣열도는 타이완과 오키나와 사이에 그려진 동중국해의 여러 바위 덩어리 어딘가에 위치할 것이다. 누군가 이 섬의 영유권을 주장하기 위해 셀던 지도를 사용한다면 대단히 우스운 일이 되리라.

그다음 노선은 '자子(360도)' 방위를 향하여 북쪽으로 나아가다가 '계축癸丑(22.5도)' 방위로 방향을 바꾼다. '야고문野故門'이라고 이름 붙여진 도서 지역에 인접할 즈음 지도 제작자는 동쪽으로 흐르는 빠른 해류(오늘날 쿠로시오 해류로 알려져 있음)를 조심하라는 메모를 달아놓았다.

이후 노선은 '인寅(60도)' 방향으로 시작하여 7.5도를 틀어 '간인艮寅(52.5도)' 방향을 따라 일본 남쪽 끝에 도달한다. 그리고 지그재그로 규슈의 동쪽 연안을 따라 올라가다 효고兵庫라고 기록된 항구에 종착한다.

1618년 성탄절에 리처드 콕스는 좋지 않은 기상 상태 때문에 효고에 발이 묶이게 되었다. 이 사건에 대한 콕스의 일기를 보면, 그는 오사카 항구의 사주 바깥쪽으로 반나절 정도 떨어진 곳에 있었다. 이 기록으로 우리는 효고가 오늘날 일본의 주요 항구 중 하나인 고베神戸라는 점을 알 수 있다.

셸던 지도만 보아서는 여기가 고베라는 것을 알 수 없을 것이다. 실제 일본의 다른 어느 곳을 보아도 어디인지 전혀 구분할 수 없다. 지도 속 일본 모습이 실제 모습뿐 아니라 중국, 일본 또는 다른 지역의 지도에서 형상화된 모습과도 전혀 유사하지 않기 때문이다. 그뿐만 아니라 지명 역시 처음 볼 때는 기상천외하기 그지없다. 효고/고베 남쪽에 위치한 첫 번째 도시를 판독하는 것은 어렵지 않다. '야리마왕亞里馬王'이라는 표식은 규슈 동쪽 연안에 있던 아리마有馬라는 다이묘(영주)의 영역이라는 뜻이다(콕스는 1621년 히라도를 방문했을 때 이 영주를 만나서 광저우Canton의 직물을 선물로 주었다).

아리마로부터 조금 더 남쪽으로 내려가면 '살신만자殺身灣子'라고 표기된 곳이 있다. 이 지명을 해독하는 것도 아주 어려운 일이 아니다. '살殺(중국어 발음은 'sha')'이라는 글자는 '곡穀(중국어 발음은 'gu')'을 간략하게 표기한 것 같다. '살'을 '곡'으로 바꾸면 '곡신穀身(중국어 발음은 'gushen')'이 된다. 이 두 단어 사이에 '가ga'라는 음가를 넣고 마지막 발음의 'n'을 'na'로 열어놓으면, 이렇게 조합된 중국어 발음은 'gugashena'가 되어 일본 지명 가고시마鹿兒島(규슈 남단의 가장 큰 만灣)처럼 들리게 된다. 규슈 끝자락에 가면 살자마殺子馬(중국어 발음은 'shazima')라는 또 다른 낯선 지명을 만나게 된다. 이 역시 셸던 지도 제작자가 규슈에서 가장 강력한 번이었던 사쓰마薩摩를 표기한 방식이다.

일본 지명은 모두 한자로 기록되었다. '살자마'와 '살신만자'는 실제 사쓰마와 가고시마를 쓸 때 사용하던 한자가 아니다. 이로써 셸던 지도 제작자가 일본 지명을 한문으로 어떻게 표기해야 하는지 몰랐다는 추론을 할 수 있다. 그 대신 지도 제작자는 그 지명의 발음을 듣고 기록했는데, 발음을 들려주었던 이들은 일본 지명을 잘 아는 사람들이 아니었다.

이러한 가설은 규슈의 또 다른 지명인 나가사키長崎에서 좀 더 확실해진다. 나가사키는 도쿠가와 정권이 유일하게 대외 교류를 허락했던 항구로, 1641년 이른바 '쇄국'정책을 실시한 이후로는 네덜란드인에게 교역을 허락한 곳이다. 이곳 지명은 '롱자사기籠仔沙機, Longzishaji'로 기록되어 있다. 이처럼 황당한 용어가 나온 것은 나가사키를 '랑가사쿠Langasque'로 부르던 포르투갈인의 발음을 별 생각 없이 차용한 결과다. '롱자사기'는 명백히 일본인 발음이 아니라 포르투갈인 발음에서 온 것이다.

일부 중국인은 나가사키 항구에 대한 두 가지 명칭, 즉 '장기長崎(나가사키의 정확한 한자 표기)'와 '롱자사기籠仔沙機(『순풍상송』에 등장한다)'를 모두 알고 있었다. 그러나 셀던 지도 제작자는 아니었다. 그는 유럽인의 호칭밖에 알지 못했다. 그렇다고 이것으로 그가 유럽인에게 직접 그 명칭을 들었다고 결론을 내릴 수는 없다. 하지만 그렇지 않았다면, 지도 제작자는 유럽인과 무역을 하던 이들에게 들었을 것이다.

나가사키를 넘어 규슈 서쪽 상단에 기록된 지명을 이해하기는 상당히 어려웠고, 가장 많은 시간을 할애해야 했다. '어린도漁鱗島, Yulindao'라는 지명이었다. 물고기 비늘이라는 의미에 혼돈되기 전에 우선 이전

처럼 발음부터 확인해야 했다. 'Yu(위)'는 외국인이 발음하기도 쉽지 않을 뿐 아니라 중국어에서도 고정된 발음이 없는 단어로, 종종 부드러운 발음이나 숨소리가 혼합된 발음으로 대체될 수 있었다. 'lin(린)'은 중국어와 외국어에서 모두 발음될 수 있으나 치경음齒莖音[35]이라고 알려진 소리들(n, l, r 음)이 섞여 있다. 다행히도 'dao(따오)'는 쉬웠다. 이것은 영락없이 일본어의 'ど'나 'どう' 발음에 부합한다. 유도柔道, 'judo'와 검도劍道, 'kendo'와 같은 단어들의 '도do, どう'는 바로 이 한자 음절에서 왔다. 이런 점을 고려할 때 어린도漁鱗島는 포르투갈어 '페란도Ferando'와 유사한 발음임을 알 수 있다. '페란도'는 사리스가 일본에 영국 동인도회사를 열었던 항구 이름, 즉 히라도平戶를 당시 유럽인이 부르던 이름이었다.

일본에서 활동하던 동인도회사의 10여 년 동안의 기록(상관장 리처드 콕스의 일기, 선장 존 사리스의 일기, 협력자 윌 아담스의 일지와 편지들)은 장섭이 기록한 것 이상으로 북해의 주요 항로를 항해하는 것이 어떠했는지에 대한 매우 상세한 정보를 제공한다. 콕스, 사리스, 아담스뿐 아니라 히라도와 나가사키에서 활동했던 이단과 여러 상인에게 북해노선은 명나라 경제와 이어주는 생명줄이었다. 비록 불가능한 것은 아니지만 중국에 접근하는 것 자체가 어려웠다는 상황을 감안한다면, 북해노선은 그들을 안남, 참파(이 둘 모두는 현재 베트남에 속해 있는 지역), 캄보디아

---

35) 치경, 즉 잇몸과 설단(舌端, 혀끝) 사이에서 발음되는 언어음을 말한다. 음성학에서 치경(잇몸)은 앞니와 경구개 사잇부분을 지칭한다.―옮긴이

와 아유타야(태국) 그리고 이들을 넘어 말레이시아반도 아래의 파타니 Pattani와 조호르 그리고 궁극적으로 자바의 반탐과 바타비아(자카르타)에 있는 항구들을 이어주는 전선관conduit이었다.

일본을 거점으로 활동하는 상인들은 북양北洋노선을 서양西洋노선의 후방 연장선으로 생각했다. 이렇게 연결된 노선들이 모든 국가 선박들이 오고 갈 수 있는 일종의 자유로운 항로를 만든 것이다. 이단과 동인도회사는 이 노선들을 최대한 활용하려고 했지만, 결코 쉬운 일이 아니었다.

영국은 북양의 두 가지 항로를 모두 사용했다. 사리스가 클로브호를 타고 일본을 떠날 때, 그는 좀 더 가깝게 중국으로 향하는 서쪽 항로를 선택했다. 1613년 12월 일본을 떠나는 날 쓴 일기에서 사리스는 "남서쪽으로 키를 잡고 점차 중국에 접근했다"라고 했다. 북북동 방향에서 불어온 '거센 바람과 화창한 날씨'는 선박을 운행하는 데 완벽한 조건을 제공했다.

7일 후 클로브호는 푸젠 연해에 도착했다. 월항 근처에 이르렀을 때, 300척에 가까운 정크선이 고기를 잡기 위해 사리스의 항로를 가로질러 지나갔다. 이처럼 인상적인 광경은 3일 후 도착한 광둥의 주장珠江 어귀에서도 반복되었다. 클로브호는 곡선을 그리며 '육지가 굽은 대로' 서남쪽 경로를 따라갔고, 4일 후 메콩강 어귀에 도착했다. 이는 상당히 쉬운 항해였다. 아마 그동안 영국 동인도회사 선박들이 일본에서 떠나온 사례 가운데 가장 수월했던 항해였을 것이다.

콕스가 북양노선으로 파견한 최초 선박은 '시 어드벤처Sea Adventure'라는 이름의 배였다. 사리스가 일본을 떠난 이듬해 여름, 콕스가 나가사키에서 시 어드벤처호를 구입할 때 이 배는 물이 새는 곳이 있을 정도로 노후한 상태였다. 그해 가을 출항하기에 앞서 콕스는 종착지인 시암, 곧 오늘날 방콕에 도착해 거래할 수 있는 화물을 닥치는 대로 모았다. 하지만 구입한 화물의 값어치가 은 700냥兩 정도밖에 되지 않았으므로, 추가로 은괴 5,000냥을 챙겼다. 이 은화로 시암에서 물건을 구입하여 일본에 돌아와 더 높은 가격에 팔아 이윤을 남길 요량이었다.

콕스는 아담스를 선장으로 임명하고, 세이어스와 이탈리아인 다미엔 마린Damien Marin을 고용하였으며, 리처드 위크햄Richard Wickham에게는 항해 중 진행되는 상거래를 책임지게 했다. 그는 위크햄에게 써준 지시문에서 화물을 헐값에 팔지 말고, 본전보다 싸게 팔기보다는 차라리 다시 가져오라고 충고했다. 또 콕스는 시암에서 위크햄이 구매해야 할 상품명을 일일이 적어주었다.

먼저 일본 시장에서 잘 팔리는 향나무를 사고, 그다음으로는 사슴 가죽, 중국 견직물, 건어피(칼집과 칼 손잡이를 감쌀 때 사용하던 말린 생선 껍질), 무소뿔을 구입하게 했다. 당시 무소뿔은 필리핀에서 수입되었지만, 다른 곳에서 좀 더 저렴하게 구입할 수 있으면 싸게 판매할 수 있었다. 콕스는 위크햄에게 얼마를 지불하고 물건을 사야 이윤이 남는지를 알려주기 위해 시암뿐 아니라 일본에서 이러한 물건의 현행 거래 가격이 얼마인지 알려주었다. 일단 여름 계절풍이 시작되면 위크햄은 화물

을 가득 채우기 위해 출발을 조금이라도 지연해서는 안 되었다. 만재滿
載하지 않고 돌아가는 것이 '분별없이 다음번 여정을 맞이하는 것'보다
는 나았기 때문이다. 이러한 상업 교역에 대한 지침과 함께 콕스는 두
가지 개인적 충고를 덧붙였다. 까칠한 아담스와는 논쟁에 빠지지 말
것. 그리고 "여성을 멀리하라. 비록 그 지역이 성적으로 자유분방할지
라도 말이다."

악천후로 시 어드벤처호 출항은 12월 17일까지 지연되었다. 셀던 지
도에 따르면, 아담스는 '간인艮寅(52.5도)'의 역방향인 '건신乾申(232.5도)'
방향을 잡아 직진하여 중국 연해에 도달하려고 했을 것이다. 하지만 3
일 후 그는 배에 물이 너무 많이 센다는 것을 발견하고는 방위를 '계축
癸丑(22.5도)'의 역방향인 '정미丁未(202.5도)' 방향으로 변경하여 12월 27
일 류큐 지역의 오키나와에 도착했다.

4일 후 그는 선박을 검사하고 필요한 부분에 대한 수리를 마쳤다. 이
과정은 상당히 세심하게 천천히 진행되었다. 돛대를 내리고, 바닥짐을
비우고, 선체를 씻은 후 물이 세는 곳을 점검했다. 손톱만 한 구멍 주변
으로 심각하게 물이 새었으므로, 그는 선원들에게 널빤지로 선체에 난
틈을 메우도록 했다. 하지만 현지에서 조달되는 석회石灰가 불량하다
는 것을 발견한 아담스는 보수 작업을 중단했다.

이처럼 작업이 지연되는 사이 아담스는 일본인뿐 아니라 중국인의
심기를 건드리기 원치 않는 류큐 현지 관원들을 달래야 했다. 그들은
일본인이 영국인을 후원한다고 생각했고, 이제 곧 오키나와에 도착할

명나라 사신단은 유럽인의 류큐 체류를 반대할 것이기 때문이었다. 그 뿐만 아니라 아담스는 일본인 선원과 돈을 내고 승객 자격으로 탑승한 20여 명의 일본인 상인과 그들의 하인 사이에 발생한 갈등까지 진정시켜야 했다. 아담스가 선원과 상인 집단 사이의 무력 충돌을 방지하기 위해 개입했음에도 갈등은 점차 고조되어 3월에는 결국 상인들의 리더가 선원들의 우두머리 목을 베는 사건까지 발생했다.

심지어 날씨조차 협조적이지 않았다. 바람이 남서쪽에서 불어올 때는 그나마 괜찮았다. 하지만 바람의 방향이 북동쪽으로 바뀌면서 다시 악천후가 찾아왔다. 선원들은 점차 난동, 절도 그리고 강간에 물들어갔다. 콕스가 우려했던 바와 같이 위크햄은 아담스와 다투기 시작했고, 류큐 관원들은 필사적으로 시 어드벤처호를 해안에서 쫓아내려 했다. 1615년 5월 21일, 선박이 다시 출항할 수 있을 정도로 수리되었을 때는 이미 시암으로 항해하기는 늦어버렸고, 계절풍을 타고 돌아오는 것을 희망할 뿐이었다. 결국 히라도로 돌아가는 것 외에 다른 방법이 없었다.

아담스는 12월에 다시 시암으로 출항하려고 시도했다. 이번엔 선박에 물이 새지 않았고 바람도 그들 편이었지만 날씨가 좋지 않을 무렵 항해가 시작되었다. 그래도 배는 순조롭게 나아갔다. 7일 후, 시 어드벤처호는 취안저우 앞바다를 항해했고, 다시 6일 후 베트남 연안에 도착했다. 3주 후 아담스와 세이어스는 시암에 도달할 수 있었다. 장사도 잘되었다. 세이어스는 히라도 상관을 위한 물건을 너무 많이 구매하게 되자 이를 모두 실어 가기 위해 방콕에서 또 다른 선박을 빌려야 했다. 아담스는 1616년 6월 5일 때마침 북서쪽으로 부는 계절풍을 이용해 시어드벤처호를 출항시켰고, 7월 22일 히라도에 도착했다.

세이어스에게는 그런 운이 따라주지 않았다. 그는 아담스보다 단 하루 늦게 방콕에서 출발했지만, 풍향이 바뀌는 바람에 방콕을 갓 벗어난 정박지에서 12일 동안이나 발이 묶여 있어야 했다. 그가 남중국해에 진입할 무렵에는 계절풍이 사라져버렸다. 7월이 다 끝나갈 무렵까지 선박은 겨우 푸젠 연해까지 도달했으나 더 나아가는 것은 불가능했다. 당시 이미 풍향은 북동쪽에서 불어오는 것으로 바뀌어버렸다. 선장은 속절없이 푸젠 연해의 한 정박지에서 다른 정박지로 옮겨다닐 뿐 앞으로 나아가지는 못했다. 8월 9일 불교신자들은 시암 양식으로 만들어진 작은 탑을 바다에 던지며 하늘의 도움을 간구했다. 3일 후 중국인 선장은 천비天妃에게 제사를 드렸다. 일본인 기독교도들은 그들만의 의식을 거행했다.

8월 22일 드디어 바람이 남쪽으로 불기 시작했으나 이번에는 선원의 반 이상이 괴혈병을 앓고 있었다. 선장을 포함하여 사람들이 죽어나가기 시작했다. 마침내 세이어스 선박은 일본에 도착했다. 하지만 장부를 정산하는 과정에서 콕스는 중국인 선원 두 명이 회계를 조작하여 이번 여정에서 획득할 수 있었던 수입의 상당 부분을 착복한 사실을 확인했다.

아담스는 벌어들인 돈으로 세이어스 선박을 구입하여 '신의 선물Gift

of God'이라는 이름을 새롭게 붙인 후 이듬해 겨울 베트남을 잘 다녀왔다. 같은 해 겨울 일본인 선장과 영국인 항해사 두 명이 이끈 시 어드벤처호 역시 항해를 떠났으나 이전 해보다 더 운이 없어서 히라도에 되돌아올 때까지 선원 34명이 사망했다. 아담스는 1617년 말에 신의 선물호를 매각했지만, 시 어드벤처호를 가지고는 마지막 항해를 시도하였다. 하지만 시 어드벤처호에는 다시 심각한 누수 현상이 생겼고, 항로를 류큐로 변경해야만 했다. 거의 1년이 지나서야 시 어드벤처호는 다시 항해에 나설 수 있었다. 12월의 마지막 날 시 어드벤처호는 시암에 도달했으나 더는 항해하기 어려웠고, 결국 폐선廢船 판정을 받았다. 그 대신 동인도회사는 또 다른 선박 두 척을 북양노선에 투입했다. 한 척은 베트남 통킹(오늘날 하노이)까지 도달하여 그럭저럭 수입을 얻었지만, 다른 한 척은 메콩강 삼각주에 도달했으나 바람을 잘못 만나 회사에 별다른 수입을 올려주지 못했다.

이후 4년간 추가 항해가 이루어지지 않자 영국 동인도회사는 히라도 상관을 폐쇄하고 콕스와 그 일행의 복귀를 명령했다. 콕스에게는 회사에 막대한 손실을 입혔다는 질책이 돌아갔다. 하지만 그는 집으로 돌아오지 못하고 회항 도중 극심한 고통에 시달리다 사망하고 말았다. 실패 원인이 콕스에게 있는 것이 아니었다. 시기를 잘못 잡을 경우 언제든지 선박을 전복시킬 수 있는 계절풍도 문제의 핵심은 아니었다. 문제는 다음과 같은 교역 환경에 있었다. 경쟁이 매우 치열했고, 중국 시장으로 진입할 수 있는 길은 너무 좁았으며, 가는 길목마다 마주해야 하는 관원들의 착취가 극에 달해 있었다.

───────

　명나라와 직접 교역을 진행할 수 없던 사람들에게(명나라 시기에 중국과 직접 교역이 허락된 이는 거의 없었지만) 북양노선은 지속 가능한 교역로가 될 수 없었다. 교역에서 이익을 남기는 유일한 방법은 아담스와 세이어스가 반복적으로 이용했던 서양노선을 활용하는 것이었다. 셀던 지도에 따르면, 서양노선은 장저우/취안저우에서 출발하며 정미丁未(202.5도) 방향으로 내려간 후 타이완해협에 이르러 곤신坤申(232.5도) 방향으로 방위를 바꾼다.

　셀던 지도에서 서양노선은 남쪽으로 갈수록 여러 갈래로 나뉜다. 어떤 때는 두 갈래, 어떤 때는 세 갈래로 각 분기점에서 갈라진 노선은 덩굴손처럼 남중국해를 에워싼다. 처음에는 하이난섬 앞바다에 있는 치저우에서 갈라진다. 여기서 갈라져 나온 지선支線 하나는 경유庚酉(262.5도) 방향을 향해 길게 뻗다가 건해乾亥(322.5도) 방향으로 기울어져 통킹 항구에 도달한다. 간선幹線은 남쪽으로 쭉 내려가 시사군도西沙群島, the Paracel Islands와 베트남 사이를 지나 베트남 동남 연해안에서 네 갈래로 갈라진다. 첫 번째 선은 바타비아로 곧장 향하고, 두 번째 선은 남쪽으로 긴 곡선을 그리며 동쪽으로 돌아 보르네오에 도착한다. 세 번째 선은 싱가포르해협 입구로 가고, 네 번째 선은 말레이반도 가운데쯤에 위치한 파타니Pattani로 향한다. 이러한 노선은 중국과 남중국해의 주요 항구에 기반을 둔 화교 공동체를 연결하고 있다.

셸던 지도에서 가장 번잡해 보이는 지점은 말레이반도 남쪽 끝에 위치한 싱가포르해협이다. 이곳은 조호르왕국이 위치한 곳으로, 셸던과 흐로트의 논쟁을 야기했던 헤임스커르크의 산타 카타리나호 점령 사건이 일어난 곳이기도 하다. 조호르에서 시작되는 노선은 사방으로 뻗어나간다. 하나는 동쪽으로 뻗어나가 남중국해를 가로질러 브루나이에 도달한다. 다른 하나는 남동쪽 방향인 손사巽巳(142.5도) 방위에서 출발하여 보르네오섬 남쪽 끝을 돌아 몰루카Moluccas로 향한다. 여기서 다시 갈라져 나온 지선은 방향을 아래쪽으로 급선회하여 자바섬 동쪽 끝에 있는 수라바야Surabaya에 이른다.

다른 하나는 정오丁午(187.5도) 방향으로 시작하여 수마트라 동해연안에 있는 팔렘방Palembang에 도달하고, 거기서 다시 자바의 반탐과 바타비아로 이어진다. 또 다른 하나는 싱가포르해협을 지나 북서방향인 건乾(315도) 방향으로 올라가 말라카해협 말라카Malacca(현재는 Melaka로 표기) 항구로 이어진 후 다시 수마트라 북쪽 끝인 아체Aceh로 연장된다. 서양 노선의 마지막 구간은 아체에서 북쪽으로 나아가 인도양을 향하게 된다.

세 번째 살펴볼 동양東洋노선 역시 월항에서 출발한다. 장섭은 이 노선의 시작을 진손辰巽(127.5도) 방향이라고 묘사했다. 셀던 지도는 처음 시작 구간의 방향은 표기하지 않았지만, 타이완을 슬쩍 지나 곧바로 필리핀으로 향하는 간선의 항로 방향을 병丙(165도)이라고 달아놓았다. 지도 제작자는 타이완을 크게 주목하지 않았는데 이유는 간단하다. 아직 타이완을 유명하게 했던 주요 사건, 즉 네덜란드 상관 개설, 푸젠으로부터 중국인 이주, 정씨 세력의 흥기와 동녕왕국 건설 그리고 청조의 타이완 진압 등이 일어나기 전이었기 때문이다. 따라서 타이완은 흥미로운 지점이 아니었다. 그 대신 동양노선은 병丙(165도) 방향의 직선으로 마닐라로 향했다. 필리핀의 가장 큰 섬인 루손 북서 연안에 표기된 7개 항구 이름에서 지도 제작자가 이 지역에 대한 상당한 지리적 지식을 가지고 있었음을 알 수 있다.

병丙 방향 항로가 마닐라에 도달하기 전에 또 다른 선과 연결되어 있다. 이 노선은 광둥, 더 정확히 말하면 광둥의 주장珠江 입구에 있는 포르투갈 식민지 마카오에서 출발하여 손사巽巳(142.5도) 방향으로 뻗어와 연결된 것이다. 이 두 노선은 모두 중국에서 출발하여 필리핀에 도달하는 항로로, 병 방향을 달고 마닐라 항구까지 직선으로 연결된다.

마닐라는 스페인이라는 정복 제국empire of conquest과 명이라는 교역

제국empire of trade이 만나는 거점이었다. 이곳에서 중국의 물건이 아메리카산 은과 교환되었다. 셀던 지도에 마닐라가 유럽인의 도시임을 알려주는 표식은 없다. 하지만 마닐라에서 흘러나오는 강 건너편에 중국인 거주지를 구획하는 '파리안Parian'이라는 이름이 있는데, 이를 통해 마닐라는 중국인이 무역을 위해 올 수는 있지만 따로 떨어진 곳에 거주해야 하는 지점임을 알 수 있다. 마닐라 바로 남쪽에 위치한 지명은 루손Luzon 님단을 따라 뻗어 있는 베르데 이일랜드 수로Verde Island Passage처럼 보이는 곳의 입구가 표시되어 있다. 이 수로를 따라 동쪽으로 산 베르나르디노San Bernardino해협[36]을 통과하면 태평양에 이르게 된다. 셀던 지도 제작자는 해협을 통과하는 선을 그리지 않았는데, 그것을 그릴 수 있는 항해 데이터가 없었기 때문이었을 것이다.

하지만 그는 해협이 대해로 뻗어나가는 곳에 '화인은 이 항구를 거쳐 루손을 왕래한다(化人番在此港往來呂宋)'는 메모를 적어놓았다. 해협 출구가 마닐라의 갈레온galleon 선박이 대해로 뻗어나가 태평양을 건너 아카풀코[37]에 도달하는 출항지이기에, 위의 문장에서 '화인化人'은 스페인 사람을 지칭한다. 나는 "서쪽 끝에 있는 나라(西極之國)"에서 중국에

---

36) 필리핀 중동부 루손섬 남동쪽 끝에서 사마르섬 북쪽 끝 사이의 해협이다. 길이는 43킬로미터이고 너비는 8킬로미터다.—옮긴이

37) 아카풀코는 멕시코 게레로주(州)에 있는 항구도시로, 1531년에 에스파냐인이 처음 찾아왔으며, 1550년에 항구가 개설되었다. 식민지시대를 통하여 남아메리카의 에스파냐 식민지와 필리핀으로 항해하는 출발점이었으며, 은을 수출하고 비단과 향료를 수입하였다. 현재는 멕시코 제1의 해수욕장이자 휴양지로 유명하다.—옮긴이

와서 온갖 조화를 부렸던 '화인'을 소개한 옛이야기[38]를 근거로, 이 책 초판에서 화인化人(문자적으로 '바꾸는 사람')을 '변형자shapeshifters'로 번역했다.

이후 동료 월트 이데마Wilt Idema[39]가 이에 대해 더 좋은 설명을 제시했다. 바로 18세기 타이완 역사에서 화인의 용례를 찾은 것이다. 즉 일찍이 루손섬에 있던 중국인이 주변 사람들을 자신의 종교로 바꾸게 하려고 열성적이었던 스페인 신부를 '화인'으로 지칭했다는 것이다. 따라서 여기서 화인化人이란 '자신을 변형시키는 사람'이 아니라 '타인을 변화시키는 사람'을 말하는데, 변함없이 스페인 사람을 지칭한다.[40]

지도 제작자는 필리핀 군도를 지나는 항해에 대해 잘 몰랐기 때문에 항로를 표기하지 않았을 것이다. 하지만 그는 적어도 이곳이 아메리카로 나아가는 선박의 출구이자 중국 상품을 사기 위해 페루의 은을 잔뜩

---

38) 『열자(列子)』의 '西極之國有化人來' 이야기. ─옮긴이

39) 1944년에 태어난 월트 이데마는 네덜란드 출신 학자로 중국 문학 연구자이며, 현재 하버드 대학교 교수다. ─옮긴이

40) '화인(化人)'이라는 단어는 셀던 지도 다른 한곳에서도 찾아볼 수 있다. 바로 '화인번(化人番)', 즉 '타인을 변화시키는 외국인'이라는 표현이다. 이것은 지도 상단에 위치한 나침도 오른편에 있는 직사각형 박스 안에 표기되어 있다. 글자가 마모되어 정확히 읽기는 어렵지만, 박스 안에 있는 문장을 "다른 사람을 바꾸는 외국인은 이곳 너머에 산다"고 추정해보았다. 만약 화인이 스페인 사람을 지칭한다는 월트 이데마의 설명이 맞다면, 이 문장은 셀던 지도 제작자가 스페인이 서쪽 멀리 있다는 것을 알고 있었음을 암시한다. 화인이 언급되는 문장은 이데마의 "Canon, Clocks, and Clever Monkeys: Europeana, Europeans and Europe in Some Early Qing Novels," in *Development and Decline of Fukien Province in the 17th and 18th Centuries*, ed. E.B.Vermeer(Leiden: Brill, 1990), p. 477 참조.

탑재한 갈레온 선박이 해마다 도착하는 마닐라의 입구라는 사실을 알고 있었다. 오늘날 우리는 이곳이 17세기 중국과 유럽 경제를 이어주는 통로channel라는 것을 잘 알고 있다. 지도 제작자도 과연 이것을 알고 있었을까? 확신할 수는 없지만, 그럴 가능성은 충분하다.

베르데 아일랜드 수로 입구 밖에서 동양노선이 갈라진다. 서쪽노선은 곧장 보르네오 북서쪽에 위치한 브루나이로 향한다. 브루나이에서 247.5도로 방향을 잡아 내려가다 보르네오 서쪽 끝에 위치한 섬 한 쌍을 통과한 후 다시 서쪽으로 방향을 틀어 남중국해의 아래쪽을 가로지르며 말레이반도에 도달한다. 장섭은 브루나이를 동양노선의 종점으로 표시했다. 하지만 셀던 지도 제작자는 브루나이를 동양노선과 서양노선이 연결되는 지점 가운데 하나로 간주했다.

동양노선의 다른 가닥은 마닐라 남쪽에서 동남쪽 방향으로 이동한다. 방위나 인식 가능한 지명이 없으므로 지도 제작자가 선박을 어디로 이동시키는지 알기는 쉽지 않았을 것이다. 심지어 그곳 섬들의 모양 또한 실제 모습과는 사뭇 달랐다. 루손섬 남쪽에서 동쪽으로 흩뿌려진 섬들 가운데 확실하게 확인되는 곳은 술루Sulu, 蘇祿다. 술루제도 諸島[41]는 오늘날 여전히 같은 이름으로 불린다. 비록 지도에는 동쪽으로 치우쳐 있지만, 실제는 마닐라와 같은 경도의 남쪽에 위치한다. 지

---

41) 필리핀의 남서부 민다나오섬과 북보르네오 사이 약 270킬로미터 해상에 산재한 400여 개 섬을 일컫는다. 몰루카제도와 가깝기 때문에 예부터 남해 무역의 중심지였으며 중국인, 말레이인과 교역이 활발하였다. 주민은 모로족이며 14세기경부터 이슬람교를 신봉하기 시작하여 스페인인이 늘어왔던 무렵에는 술탄 지배하의 왕국을 이루고 있었다. —옮긴이

도 제작자는 확실히 이 지역에 대해 잘 몰랐던 것 같다. 그가 알고 있던 것은 마닐라와 술루를 이어주는 항로가 존재한다는 것이지 술루제도 자체의 위치는 아니었다. 실제로 항로는 술루에 닿지 않고 지나친 뒤 이후에 등장하는 서쪽 항구에서 멈춘다. 이곳의 여러 지역을 정확히 어떻게 연결해야 하는지 확신이 없는 것처럼 보인다. 그의 펜이 미지의 영역으로 들어간 것이다.

이후 진행되는 항해노선은 지도에서 가장 기묘한 길로 인도한다. 필리핀 남쪽 끝에서부터 지그재그로 이어진 노선이 '만로고萬老高'라고 불리는 장소에 이른다. 이 항로는 정확한 것일까? 아니면 대략 알고 있을 뿐 정확한 위치와 방위를 몰라 임의로 연결한 것일까? 후자인 것 같다. 내게 '만로고'는 지도에서 가장 난해한 퍼즐이었다. '고高'는 '높음'을 의미하고 '만로萬老'는 '만년이 되도록 오래된'이라는 뜻이다. 즉 이름의 뜻은 오래된 산이지만 지명을 밝히는 데 별로 도움이 되지는 않았다. 섬으로 구성된 동남아시아는 화산지대에 있고, 그곳에 산들은 셀 수 없이 많다. 다행히 '만로고'는 장섭의 『동서양고』에서도 언급되었다. 그곳에서 만로고는 더 이해하기 어려운 '미락거美洛居'라는 지명을 지닌 곳의 두 가지 지형적 특징 가운데 하나로 등장하였다. 장섭은 '미락거'가 '미육합米六合'으로 불린다고 설명했지만 이 역시 위치를 확인하는 데 별 도움이 안 된다. '만로고'를 이해하기 위해 장섭이 풀어놓은 이야기를 들어볼 필요가 있다.

이 지역에 있던 나라는 이전에 '불랑기인佛朗機人'이라고 알려진 민족에게 침략을 당했다. '불랑기'는 중국인이 유럽인을 지칭할 때 사용하는 일반 용어로, 본래 아랍어에서 빌려온 것이다. 물론 이 상황에서 불랑기인은 스페인 사람을 의미할 것이다. 원주민들이 항복하자 불랑기인은 족장에게 다시 이전처럼 나라를 관리할 수 있도록 풀어주되, 해마다 정해진 양의 정향丁香, clove을 바치도록 명했다. 불랑기인은 군사 통치를 직접 하지 않고 나라의 방위를 원주민에게 맡기고 떠났다. 이후 또 다른 약탈자들이 바다를 건너왔는데, '홍모紅毛'라고 불리는 네덜란드인이었다. 홍모인이 도착하자 안전한 지역이 없어졌다. 그들의 배는 기습적으로 마을을 공격했고 족장을 잡아갔다.

홍모인은 족장에게 으름장을 놓았다. "만약 당신이 우리를 잘 섬긴다면, 우리가 당신을 우두머리로 삼아주고 '백경白頸'을 쫓아주겠다." 여기서 장섭은 스페인인이 목이 하얗기에 '백경'으로 불린다고 설명했다. 사로잡힌 족장은 홍모인이 제시한 대로 동의하는 것 외에 선택의 여지가 없었다. 스페인 사람들이 이 소문을 듣고 다시 찾아와 족장이 배신한 것을 비난했다.

"우리가 너를 칼로 죽이지 않은 것을 후회했는데, 결국 네가 반역하였구나!" 그러고는 병사를 출동시켜 원주민을 공격했다.

이 대목에서 장섭은 다른 이야기를 엮어 넣었다. '랑뢰씨폐리계郎雷氏敝裏系'라는 도무지 이해할 수 없는 이름을 가진 루손의 왕이 미락거를 되찾는 전투에 동원하기 위해 마닐라에서 일하는 중국인들을 징집했다. 루손 왕의 무자비한 명령에 반발한 중국인들이 어느 날 밤 숙소에 있던 왕을 공격했다. 장섭이 그의 책 다른 곳에서 상세하게 묘사한 것처럼, 중국인 주모자 반화오潘和五는 따르는 병사들에게 다음과 같이 선포했다.

> "만약 우리가 반역죄로 죽거나, 교수형을 당하거나, 칼에 찔려 죽지 않는다 하더라도 전투에 동원되어 죽을 것이다. 이렇게 죽는 것보다는 적장을 죽여 우리의 억울함을 푸는 것이 낫다. 승리하면 우리는 배를 띄워 고향으로 돌아갈 테고, 승리하지 못해도 오래 기다리다 죽는 것보다 낫다."

그리하여 그들은 왕을 죽이고 배를 취하여 베트남으로 출발했다. 필리핀의 다른 지역을 통치하던 왕의 아들은 이 소식을 듣자마자 급히 돌아와 미락거를 상대로 전쟁을 벌이는 대신 왕좌를 계승하여 지켰다. 한참이 지난 뒤 그는 더 큰 군대를 일으켜 자기 부친이 못다 이룬 야심을 실현했다.

이것이 장섭이 들려주는 사건의 전말이다. 스페인 자료는 이를 다른 측면에서 언급했다. 루손 왕 '랑뢰씨폐리계'는 사실 필리핀의 스페인 총독 고메즈 페레스 다스마리냐스Gómez Pérez Dasmariñas(1590~1593)였다. 실제로 다스마리냐스는 징집했던 중국인 선원들에게 살해되었으며, 그의 아들 루이스 페레스Luis Pérez는 총독직이 다른 고위 스페인 군대 장교에게 넘어갈 것을 염려하여 급히 마닐라로 돌아와 아버지의 직위를 계승했다. 장섭의 설명에서 문제가 되는 부분은 다스마리냐스가 1593년 10월 25일 살해됐다는 사실이다.

이 시기는 네덜란드 선박들이 아직 이쪽 바다에 진입하기 전이었다. 장섭은 시간차를 두고 들었던 스페인과 네덜란드 이야기를 뒤섞어 하나의 이야기로 만들었다. 이어서 네덜란드인은 해마다 고국으로 돌아갔고, 그다음 해에는 새로운 네덜란드인이 도착했다고 설명했다. 즉 네덜란드인은 간헐적으로 주둔했고, 그들이 떠난 시이 스페인인이 진입했다. 그 결과 '미락거'라는 곳의 지배권은 네덜란드와 스페인 사이를 왔다 갔다 했다.

이 상황을 안정시킨 사람은 유럽인이 아니라 그 섬에 체류하던 중국 상인이었다. 술책이 뛰어나고 설득에 능통했다는 이 상인은 긴장을 완화하려고 두 유럽 세력이 섬을 나누어 관리하는 데 합의하도록 유도했다. 그 분할선이 '만로고'라는 산을 가로지르는데, 그 북쪽은 '홍모'인에게, 그 남쪽은 '백경'인에게 귀속되었다.

장섭의 이야기는 대부분 맞지만 오류도 약간 있었다. 1593년 다스마리냐스는 포르투갈을 몰아내고 테르나테[42]라는 작은 섬을 장악하기 위해 향료제도로 향하던 중이었다. 당시 선원들의 반란으로 계획이 중단되었지만, 두 번 시도 만에 1606년 스페인은 테르나테섬을 안정적으로 장악한 후 그곳의 술탄왕인 사이드 바라캇Said Barakat을 인질로 잡아

---

42) 테르나테는 인도네시아 동부 말루쿠제도의 섬이자 그 수도 이름이다. 식민지가 되기 이전에 테르나테는 '향료제도'로 불리던 말루쿠제도의 정치적·경제적 중심지였다. 현재 테르나테는 북말루쿠주에서 가장 큰 도시다. ─옮긴이

마닐라로 데려왔다. 스페인인들의 기쁨은 1년 만에 끝나고 말았는데, 다음 해인 1607년 네덜란드인이 도착하여 요새를 구축했기 때문이다. 일찍이 1600년에 네덜란드인이 주둔하려고 했다는 장섭의 언급은 사실이었다. 공교롭게도 1601년 스페인인을 물리치기 위해 파견된 네덜란드 동인도회사 선장이 바로 헤임스커르크였고, 이는 산타 카타리나 호 사건이 발생하기 2년 전이었다.

그렇다면 테르나테가 '만로고'일까? 이 문제는 내가 우연히 1726년에 제작된 테르나테섬이 새겨진 네덜란드 판화를 본 후 매듭이 지어졌다. 왼쪽 위 구석에 그려진 삽도는 스페인인들이 정착해 있던 요새를 평면도처럼 보여주는데, 그곳 이름은 포트 가마라마Fort Gamma Lamma였다. '가마라마Gamalama'는 이 작은 섬에 위치한 화산 이름이다. 중국어는 다른 언어를 음역音譯하기에 좋은 언어가 아니다. '가마라마'를 발음하기 위해 중국 남방 사람들은 첫 번째 음절 'ga'를 떨어뜨리고 두 번째 음절을 'man'으로 비음화鼻音化했는데, 베이징 표준어로는 '만萬(발음은wan)'이 되었다. 'la'는 중국어에서 약한 음절인데 이것이 'lao'가 되었다. 마지막 '고高'는 단순히 '높다'는 의미로, 산을 표현한 것으로 보인다. 이런 과정을 거쳐 말레이Malay어의 '가마라마'가 한자 '만로고'로 변한 것이다.

테르나테섬은 향료제국spice empire에서 가장 먼 곳의 전초기지인 동시에 중국인이 구축한 무역 제국의 영향력이 미치는 변경이었다. 합의된 분할선이라는 장섭의 언급 역시 사실이었다. 1607년에 네덜란드

인은 섬에 상륙한 후 스페인인이 세운 가마라마 반대편에 요새를 세웠
고, 1663년 스페인인이 철수할 때까지 섬을 분할 통치하였다. 셸던 지
도에는 이 사실을 상기시키는 두 가지 메모가 담겨 있다. 하나는 '홍모
주紅毛住', 즉 '빨간 머리들이 사는 곳'이다. 하이드는 이에 관심을 가지
고 그 여백에 '네덜란드 사람Hollanders'이라고 기입했다. 그 옆에 쓴 또
다른 메모는 '화인주化人住', 즉 '변형자들이 사는 곳'이다. 물론 이는 사
면초가에 몰린 스페인 사람들을 지칭한다.

셸던 지도가 보여주지 않는 것은 테르나테섬이 1613년 사리스가 이
용했던 남중국해의 다른 해양 네트워크와 어떻게 연결되느냐다. 항해
도중 사리스가 중국 선박의 선장을 납치했던 일로 우리는 중국인들이
이 항로를 이용했음을 알 수 있다. 하지만 셸던 지도에는 필리핀으로
뻗어간 동양노선이 자바섬으로 내려간 서양노선과 어떻게 연결되는
지 흔적이 남아 있지 않다. 중국인 선원에게 이 두 노선은 큰 원을 형성
하지만, 셸던 지도 제작자에게는 그렇지 않았다. 그의 지식에서 테르
나테섬은 가장 멀리 떨어져 있는 지점이었다. 확실히 이 지도는 간신
히 거기까지 닿았으나, 보르네오를 넘어서는 지도의 모든 부분은 과장
되게 그려지고, 어디가 물이고 어디가 땅인지 얼버무리는 혼란스러운
상태다.

만약 테르나테섬이 셸던 지도 제작자가 아는 범주의 한계였다면, 이
는 사리스에게도 마찬가지였다. 선원용 장화 몇 켤레 외에 스페인인을
유인할 만한 것이 없었으므로, 사리스는 향료제도를 자유로운 교역이

가능한 바다로 바꾸려는 희망을 포기한 채 방향을 북쪽으로 돌려 일본으로 향했다. 동시에 그는 어떠한 중국 선박도 가지 않았을 노선이자 셀던 지도에도 표기되지 않은 필리핀 동편으로 열린 대양노선을 지도에 표시했다. 사리스는 동양항로의 외연을 넘어 항해하여 북양노선 끝단으로부터 연결되는 항해 시스템에 진입하려 했다.

이렇게 잘 헤쳐 나갔음에도 이러한 항해가 일본에 주둔하면서 중국과 교역의 문이 열리기를 기다릴 수 있을 정도로 동인도회사에 수익을 제공해주지는 못했다. 사리스가 상당한 재산과 외설물을 가지고 영국으로 돌아간 지 7년 후, 영국 동인도회사는 일본 상관을 폐쇄하고 콕스의 귀환을 명령했다. 비록 콕스는 본토를 밟지 못하고 생을 마감했지만 말이다.

———————

셀던 지도가 묘사한 항로의 원형 권역에는 오로지 서쪽 방향으로 출구가 있다. 이 지점은 말레이반도 끝에 위치한 조호르인데, 이곳은 셀던이 너무 많이 만져서 닳아진 지점이다. 거기서 서양노선의 마지막 지선支線이 말레이해협을 통과해 수마트라섬 북단에 위치한 아체Aceh로 연결된 것을 찾을 수 있다. 지선은 거기서 끝나지 않고 다시 갈라진다. 서쪽 가닥은 수마트라 위쪽을 감아돈 후 바깥쪽으로 내려간다. 이 바깥쪽 지역으로 해안선을 따라 항구들이 있지만, 항해지침서에 관

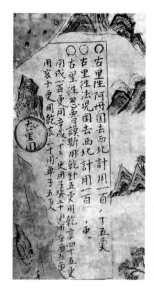

그림 17 캘리컷 오른쪽에 위치한 직사각형은 캘리컷에서 아라비아 지역 해안에 있는 세 주요 항구인 아덴, 드조파르 그리고 호르무즈로 항해하는 데 필요한 거리와 방향에 대한 정보를 제공해준다.(캘리컷은 동그라미) 캘리컷은 인도 서쪽 해안에 있는 주요한 무역 중심지다.

련된 기록이 남아 있지 않다. 동쪽 가닥은 거의 북향에 가까운 임자壬子(352.5도) 방향으로 버마를 향한다. 그 후 이 선은 인도 서쪽 연안에 위치한 케렐라Kerala의 항구도시 캘리컷Calicut, 古里國에서 갑자기 끊어진다.

캘리컷은 왜 여기에 있을까? 셀던 지도상에 캘리컷이라 표시된 점은 대략 랑군Rangoon이 위치한 곳이다. 벵갈만은 어디 있나? 인도 아대륙이 사라진 것은 말할 것도 없다. 셀던 지도 제작자는 아체 너머의 해양 세계가 갑자기 사라진 것을 당황스럽게 여기지 않았다. 다만 그는 공간으로 보여준 것이 아니라 말로 이어갔다. 이것은 지도상에서 유일하게 박스 안에 담긴 바깥 세계에 대한 설명이다(그림 17 참조). 그는 지도의 왼쪽 가장자리에 바짝 붙여 눈에 띠는 세 가지 요약문을 써놓았다. 첫 번째는 다음과 같다.

- 캘리컷에서 아덴Aden, 阿丹國으로. 서북 방향으로 185경更을 나아간다.

아덴은 예멘Yemen에 있는데, 홍해 입구 근처 아라비아의 남쪽 연해에 있다. 지도 제작자는 명백히 '고리국古里國(캘리컷)'이라고 표기한 곳을 캘리컷으로 취급했는데, 벵갈만이 아니라 아라비아해를 건너는 노선으로 설명한 것이다. 또 지도에서 처음으로 나침도의 방위가 아닌 그저 '서북'이라는 방향만 기록했다.

두 번째 메모도 거의 비슷하다.

- 캘리컷에서 드조파르Djofar, 法兒國로. 서북 방향으로 150경을 나아간다.

드조파르는 같은 해안에서 동쪽으로 더 나아간 곳에 위치하며, 오늘날의 오만Oman이다.

마지막 방향에 대한 메모는 더 자세하며, 일반 방향 대신 정확한 나침도의 방위를 제공했다.

● 캘리컷에서 호르무즈Hormuz, 忽魯謨斯 로, 건乾(315도) 방위로 5경을

유지하다가 건해乾亥(322.5도) 방위로 45경을, 술戌(300도) 방위로 100

경을, 신술辛戌(292.5도) 방위로 15경을, 자계子癸(7.5도) 방위로 20경

을, 신유辛酉(277.5도) 방위로 5경을, 해亥(330도) 방위로 10경을, 건해乾

亥(322.5도) 방위로 30경을, 자子(360도) 방위로 5경을 나아간다.

아덴, 드조파르 그리고 호르무즈는 유럽인이 인도양에 침범하기 이전 중세 이슬람 무역의 주요 세 항구였으나 중국 선박들의 목적지는 아니었다. 원대에도 중국인은 캘리컷에서 서쪽으로 더 나아가지 않았고, 캘리컷에서 자신들의 화물을 이슬람 상인의 배로 옮겨 실었다. 만약 박스 안에 서술된 노선들이 중국인 항해자들을 위한 것이 아니었다면, 도대체 누구를 위하여 적었을까? 그 답은 누구를 위한 것도 아니라는 것이다.

사실 이 내용은 15세기에 세 지역(아덴, 드조파르, 호르무즈)을 모두 방문했던 명 황실의 환관 정화의 항해 기록이다. 이러한 사실은 지도 제작자가 이러한 노선이 명시된 자료를 활용했다는 점을 알려준다. 그리고 우리는 이와 유사한 노선을 『순풍상송』에서 찾아볼 수 있다. 하지만 장섭의 『동서양고』에서는 그렇지 않은데, 이는 정화의 영향이 미치기에는 『동서양고』가 너무 늦게 저술되었기 때문이다. 셀던 지도에 그려진 노선들은 명 후기 중국 해상무역의 네트워크를 보여주는 동시에, 당시 사라져버린 기록을 형상화했다. 따라서 이것은 기록과 경험의 합

성물이라 할 수 있다.

셀던 지도에서 찾은 캘리컷으로 하이드 삶을 탐구하는 과정에서 남 겨진 퍼즐 하나를 해결할 수 있다. 하이드가 손에 들고 있던 두루마리 에 쓰인 한자를 기억하는가? 다시 3장 후반으로 돌아가 살펴보길 바란 다. 맨 위의 중요한 글자 두 개는 고古와 리里다. 이 둘을 합치면 그럴듯 하게 '고리古里'라는 단어가 되는데, 이러한 시도는 중국인들이 캘리컷 을 표현하던 '고리국古里國'의 첫 두 단어를 쓴 것이다. 지도상에는 왜 하이드가 자신의 초상화에서 캘리컷을 선택했는지 암시가 없고, 그의 노트에서도 개인적 흥미를 보여주는 부분을 찾을 수 없다.

하지만 학자적 기질을 지닌 하이드가 이 글자들을 무작위로 선택했 다고는 믿기 어렵다. 어쩌면 이 인도양의 항구는 유럽인들이 인식하는 아시아의 끝자락, 즉 알고는 있지만 접근할 수 없는 영역을 표현한 것 이 아닐까? 혹 하이드는 동양과 서양이 조우하는 지점으로 캘리컷을 생각한 것일까? 그는 지도상에 있는 '고리古里(캘리컷)'에 주석을 달지 않았고, 그의 노트 어디에도 이 용어는 보이지 않는다. 분명히 그는 심 복종(마이클 심)이 지도상의 캘리컷을 보여줄 때 관심을 보였을 것이다. 다만 어느 정도였는지는 나도 궁금할 따름이다.

7장 천원지방

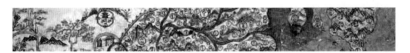

1625년 새뮤얼 퍼처스[43]는 영국 독자들에게 처음으로 중국 지도를 소개하였다. 17세기 여행기에 대한 마니아가 아니고는 오늘날 그의 이름을 아는 사람이 거의 없을 것이다. 그러나 퍼처스 시대에 그의 여행기는 많은 사람이 여가시간에 가장 즐겨 읽는 책이었고, 대중 출판계에서 그의 이름 역시 널리 알려져 있었다. 1798년 무렵에도 퍼처스는 여전히 유명했다. 그해 새뮤얼 테일러 콜리지는 『퍼처스의 순례Purchas his Pilgrimage』 472쪽 문단—'잼두Xamdu[44]에 쿠빌라이 칸은 16마일(약 26 킬로미터)에 이르는 성벽으로 둘러싸인 위풍당당한 궁전을 지었다. … 그리고 그 가운데 호화롭고 쾌락이 가득한 처소가 마련되었다.'— 을 읽고 그 유명한 아래의 영시를 지었다.

---

43) Samuel Purchas(1577~1626), 영국의 성직자 겸 여행기 작가. ─옮긴이

44) 쿠빌라이가 건립한 제2의 수도 상도(上都)를 지칭하는 재너두(Xanadu)를 말한다. ─옮긴이

그림 18 영국인 편집자 겸 작가 새뮤얼 퍼처스다. 여행자들 이야기를 모은 유명한 4권의 모음집 『퍼처스의 순례자들』 표지에 묘사된 그림이다. 이 책은 많은 영국인 독자에게 중국에 관한 지도 두 점을 처음으로 소개했는데, 이 두 지도는 나중에 재간행되었다. 퍼처스와 셀던은 본래 좋은 친구였으나 1617년 퍼처스가 셀던의 이전 연구성과를 사려 깊지 않게 사용한 뒤 갈라서게 되었다.

재너두에서 쿠빌라이 칸은

호화롭고 위풍당당한 명령을 내리네.

그곳으로 신성한 강, 알프Alph가 흘러가네.

인간이 측량할 수 없는 동굴들을 지나

태양이 비치지 않는 바다로….

『퍼처스의 순례』는 퍼처스의 첫 작품인데 베스트셀러가 되었다. 책 제목 덕분에 퍼처스는 유명해졌고, 퍼처스는 이를 이용해 10년 뒤 개

정판『퍼처스의 순례자들Purchas his Pilgrimes』을 다섯 권 분량으로 출간하여 더 큰 성공을 거두었다. 퍼처스의 전기작가는 이 책을 '영국 출판 사상 가장 방대한 책'이라고 평하였다. 퍼처스는 책의 소재를 찾기 위해 친구들과 지인들을 즐겨 만났는데, 그중에 셀던이 있었다. 두 사람은 공통점이 많았다. 모두 대단한 가문이나 고귀한 혈통 출신이 아니었다(퍼처스 아버지는 옷장수였다). 반면 두 사람은 모두 높은 학식과 대학에서 형성한 인맥(셀던은 옥스퍼드대학교에서, 퍼처스는 케임브리지대학교에서)을 통해 런던 문학계에서 이름을 날렸다. 연장자였던 퍼처스는 교구목사로서 안정적인 삶을 꾸렸고,[45] 젊은 셀던은 다소 불안정한 법조인의 길을 걸었지만, 두 사람 모두 자신의 직업에만 전념하지 않았다. 그들의 관심은 다른 곳에 있었다.

두 사람은 배움에 대한 공통된 열정을 가지고 마음에 맞는 친구들이 있는 런던으로 향했다. 1613년 무렵 셀던이『퍼처스의 순례』에 필요한 소재를 제공하자 퍼처스는 감사하며 셀던을 '근면하고 학식 있는 신사'라고 치켜세웠는데, 이를 계기로 두 사람은 꽤 가까운 사이가 되었다. 칭찬에 대한 화답으로 셀던은『퍼처스의 순례』앞쪽에 실릴 시를 두 편 선사했을 뿐 아니라, 퍼처스가 성경을 근거로 활용해 다른 역사적 자료를 반박하는 자신만의 역사 연구법을 활용한다고 장문의 추천사를 보내주었다. 하지만 두 사람의 성격은 달랐다. 셀던은 정확하고 꼼꼼

---

45) 영국은 성공회 국가였으므로 교구목사는 국왕에게 직속된 일종의 관료이자 안정적인 직업으로 인식되었다. —옮긴이

했으며 대단히 까다로웠지만, 퍼처스는 태평스럽고 과시적이었으며 엉성했다. 이러한 차이점으로 둘의 우정은 결국 파국으로 치달았다.

1617년 『퍼처스의 순례』가 출간되자 셀던은 자신이 제공했던 영국의 유대인에 대한 역사를 (셀던의 표현에 따르면) 퍼처스가 '손상했다'고 실망감을 표현했다. 이는 자신의 견해에 비하여 퍼처스의 언급이 유대인에게 동정적이지 않았기 때문이다. 하지만 퍼처스는 이 문장을 고치지 않았다. 물론 퍼처스와 셀던이 이로써 관계를 완전히 끊은 것은 아니었다. 1622년 퍼처스가 버지니아회사(동인도회사처럼 국가적 특혜를 누리던 엘리자베스 시대 또 다른 독점 상인조합)의 일원이 되자 둘은 서로를 조합원으로 용인해야 했다. 하지만 곧 셀던은 회사 일에 소극적이 되었다. 1626년 마지막 『퍼처스의 순례』 판본에서 셀던이 써준 시 두 편이 사라진 것은 둘 사이의 우정이 완전히 끝났다는 신호였다. 퍼처스가 바로 그해에 사망했으므로 둘의 관계는 회복될 수 없었다.

『퍼처스의 순례』 3권에는 셀던이 관심을 보일 법한 내용이 담겨 있었다. 몇 가지만 꼽으면 사리스의 일지, 콕스의 보고서, 아담스의 탐험기 등이다. 향신료 섬에 대한 네덜란드의 독점권을 주장한 흐로트에게 보인 셀던의 지대한 관심을 고려할 때, 그가 위의 글들을 읽지 않았다면 오히려 그것이 이상한 일이었다. 셀던은 모두 읽었다.

퍼처스가 중국 지도 두 점을 소개한 곳이 바로 이 3권이다. 첫 번째 지도의 제목은 「혼디우스의 중국 지도」(그림 19 참조)였다. 이 지도는 암스테르담의 지도 출판자 요도쿠스 혼디우스Jodocus Hondius가 1608년

그림 19 퍼처스는 이 지도를 요도쿠스 혼디우스라는 네덜란드 지도 출판업자에게서 직접 가져왔는데, 혼디우스 역시 1584년 위대한 아브라함 오르텔리우스의 지도를 복사한 것이다. 세 점의 지도 모두 중국의 북쪽을 오른쪽으로 90도 기울게 배치한 것이 특징이다. 퍼처스는 이러한 배치가 중국에 대한 유럽의 잘못된 묘사라고 인식했다. 그래서 그는 혼디우스 지도를 자신의 책에 포함했는데, 이는 이후 등장하는 중국 지도와 대조하여 보여주기 위해서였다.

출간한 세계 지도집에 실은 것이다. 중국을 우측으로 90도 돌려 서쪽이 상단에 위치하게 된 이 지도 디자인은 상업적으로 성공한 지도 제작자 아브라함 오르텔리우스Abraham Ortelius(1527~1598)가 설계했다. 혼디우스의 지도를 베껴 만든 퍼처스의 지도는, 코끼리 몇 마리의 위치가 바뀐 것과 장식된 해양 생물들을 제외하면, 1584년 출판된 오르텔리우스 지도의 완전 복제품이었다. 이 지도는 존 스피드가 1627년 펴낸 세계 지도집 『세계 유명지 일람Prospect of the Most Famous Parts of the World』에 실려 다시 유포되었다. 스피드는 중국을 좌측으로 90도 돌려 북쪽이 지도 상단에 위치하게 했는데, 결국 이후 지도 제작자들은 이 방식을 따랐다.

퍼처스는 '중국에 대한 유럽 지리학자들의 잘못된 자만심'을 보여주겠다는 다소 엉뚱한 목적을 가지고 혼디우스의 지도를 실었다. 그는 예수회 선교사 디에고 데 판토하Diego de Pantoja(1571~1618)의 중국 묘사 첫머리에 이 지도를 넣었다. 판토하는 중국에 대한 묘사에서 "위대한 중국은 거의 방형方形이고, 중국인 자신들도 이렇게 묘사한다"라는 구절로 시작한다. 스페인의 예수회 선교사인 판토하는 중국이 방형임을 알았지만 유럽의 지도 제작자들은 이를 잘 몰랐다. 적어도 퍼처스는 그렇게 생각했다. 혼디우스를 언급하면서 유럽 지도 제작자들의 오류를 드러낸 퍼처스는 3권 뒷부분에서 '더 완벽한 중국 지도'를 보게 될 거라고 독자들에게 약속했다. 정확히 40쪽 뒤에서 정확한 중국 지도가 모습을 드러냈고, 퍼처스는 이에 대해 유달리 강조했다(그림 20 참조). 그는 이것이 유럽제가 아닌 중국제 중국 지도임을 강조했다. 이 지도는 중국의 실제 모습을 보여준다. 유럽인들은 '상상의 지도를 즐기기만 했을 뿐, 실제 중국에 대해서는 아무것도 몰랐다.' 상상의 지도 시대는 이로써 끝났다.

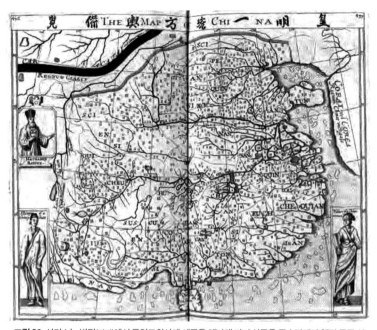

그림 20 사리스는 반탐(자바)에서 동인도회사에 세금을 체납해 자기 상품을 몰수당해야 했던 중국 상인에게 이 지도 원본을 획득하였다. 사리스는 이 지도를 편집자이며 출판업자인 해클루트에게 주었고, 해클루트 유산목록과 함께 퍼처스에게 건네졌다. 퍼처스는 이 지도가 중국 원본 지도를 모사한 것이므로 중국에 대해 올바로 묘사했다고 판단하고 자신의 책에 포함시켰다. 다만 원본은 이미 오래전에 사라졌다.

퍼처스는 이 지도 원본을 사리스에게서 구했다고 설명했는데, 사리스는 반탐에 있을 때 전혀 의외의 상황에서 지도를 습득했다. 지도의 원래 주인은 세금 체납으로 동인도회사에 자기 상품을 몰수당할 처지에 있던 중국 상인이었다. 사리스는 "그가 매우 조심스럽게 박스를 옮기는 것을 보고 그것이 무엇인지 더 궁금해져 살펴보니 그 안에 지도가 있었다. 이것은 최근 중국에서 온 뒤 자기 집에서 묵던 또 다른 중국인이 가져온 것이었다"라고 했다. 그 남자는 외국인들이 중국 지도를 소지해서는 안 된다는 신념에서 지도를 사리스에게서 낚아채려고 했다(앞서 언급했듯이 우의관에서 내가 한 경험 역시 외국인의 지도 소유를 금하는 오랜 전통과 관련 있다). 퍼처스는 "이 사실이 중국에 알려지면 큰 위험에 처할지 모른다고 생각한 중국인이 이 지도를 더욱 강하게 가져가려고 했다"고 기록했다. 하지만 사리스는 지도를 빼앗기지 않았고, 1609년 반탐을 떠날 때 런던으로 가져왔다.

지도는 처음에 리처드 해클루트[46]에게 넘어갔다. 그는 동인도회사의 지도 제작 고문이었고 여행기 작가로서는 퍼처스의 선배였다. 해클루트는 『퍼처스의 순례』에 쓰일 수많은 소재를 퍼처스에게 제공해주었다. 따라서 이 책의 부제는 '해클루트의 유물Hakluytus Posthumus'이었다. 퍼처스는 1616년 해클루트가 타계한 뒤 유산이었던 이 지도를 입수했을 것이다.

퍼처스는 독자들에게 지도를 소개하면서 자신이 중국어로 된 표기를 읽을 수 없다는 약점을 인정했다. "이 지도는 중국 글자로 되어 있기에(내 생각에 영국에서, 아니 유럽에서도 이 글자를 이해할 수 없을 것이다), 내가 아무리 전하려 해도 제대로 전할 수 없고, 누구도 제대로 보거나 이해할 수 없을 것이다." 하지만 그는 이 사실에 절망하지 않았다. 오히려

---

46) Richard Hakluyt(1552~1616), 영국의 지리학자로 각국의 무역·해사·식민지에 관해
   수집한 자료를 토대로 『영국 국민의 주요 항해·무역 및 발견』(1589)을 펴냈다. ─옮긴이

유럽인들이 그동안 알고 있던 중국이 아니라 '중국 내부로부터 바로 그 중국'을 전달한다는 기쁨에 차 있었다. 그는 유럽 지리학자들이 제공하는 중국 이미지는 전부 틀렸다고 생각했다. "유럽인들은 중국을 하프 모양으로 표현하지만, 사실은 거의 방형이다." 앞서 언급한 것처럼, 그는 판토하로부터 이 사실을 알게 되었다. 그는 유럽의 지도 제작자들이 중국 지도를 만들고자 하는 노력은 높이 평가했지만 "빛 없이 상상에 따라 이끌리는 작업은 장님이 장님을 이끄는 것과 같다"라고 평가했다. 드디어 유럽 독자들은 '유럽의 예술' 방식에 얽매이지 않고 눈앞에 '중국풍이 인도하는 진정한 중국'을 마주하게 되었다.

지도 양쪽 빈 공간에 그는 "작은 눈과 코, 매듭지어 올린 머리, 전족한 여성, 길고 넓은 소매 옷, 부채 등"을 한 '중국 남자'와 '중국 여자'를 삽화로 그려 넣었다. 그는 이 그림들이 대강 추측해서 그린 것보다 훨씬 더 실물에 유사하다고 확신했다. 이 모든 것이 사리스 선장에게서 얻은 '잘 채색된 중국제' 그림 앨범(실상은 춘화집)을 보고 그렸기 때문이다. 그는 예수회 선교사역의 주도자이자 중국에서 처음으로 유럽 지도를 제작했던 마테오 리치Matteo Ricci의 초상화도 예수회로부터 얻었다.

사리스가 얻은 인쇄 지도는 크기가 컸다. 퍼처스는 이 지도가 세로 122센티미터, 가로 152센티미터 정도라고 기록했다. 원 지도의 외곽 부분은 유럽 인쇄공들이 지도를 꾸미기 위해 넣었던 삽화가 아니라 각 성省에 대한 실용적 정보가 담긴 박스로 채워져 있었다. 유럽 독자들은 유익한 그림을 기대했고, 중국인들은 유용한 정보를 원했다. 퍼처스는 지도의 지명을 없앴는데, '정확한 의미를 알 수 없기 때문'이었다. 퍼처스는 '알 수 없는 글자를 표현하기 위해 노력하는 것, 어리석음을 나타내는 것, 혹은 기만하고 기만당하는 것보다 차라리 침묵하는 편이 낫다'고 생각했다. 다만 그는 도시를 설명하는 작은 상자 모양의 표기는 지도에 남겨두었고, 이론상 이것들은 복원 가능하였다. 그 가운데는 정확한 철자를 확신하지 못한다고 인정했던 성省 이름이 포함되었다. 이에 대해 그는 "감히 전부를 번역하려는 것이 아니라, 확실한 오류를 주는 것보다 부정확하나마 진실을 제공하는 것이 낫다고 여길 따름"이라고 해명했다.

퍼처스는 지도에 'The Map of China'라는 영어 제목을 붙였다. 그는 독자들에게 '중국 글자 맛보기'를 제공한다고 하면서도 원본에 영어 이름을 달았다. 그가 택한 영어 단어들은 본래 제목인 『황명일통방여비람皇明一統方與備覽』의 뜻을 전혀 반영하지 못했다. '비람備覽'이란 '한 번에 완전히 살펴본다'는 뜻으로, 상업 출판자들의 표준적 광고 문구였다. 그들은 학식 없는 독자들에게 한 번 보면 남김없이 모든 사실을 알 수 있다는 쉬운 형식을 약속했다. '방여方與'는 대지大地라는 뜻인데, 전통적으로 중국이 아니라 지구를 의미하였다. 지구는 사방이 네모진 [方] 형태이고, 사람들은 수레[與]를 타고 그 위를 다닌다. '일통一統'은 '하나의 질서 아래 통일되었다'는 뜻으로, 13세기 몽골인들이 자신들이 정복한 중국을 부르던 표현이었다. 콜리지의 시구에 따르면, '쿠빌라이 칸' 지배하에서 말이다. 몽골인들이 원元을 세우며 중국을 '통일'

했고, 이후 명明은 비록 원을 능가하지는 못했지만 스스로를 '일통'이라는 용어로 규정하였다. 이후 '일통'은 점차 보편화되어 현재 중국의 국가 공간을 지칭하는 데에도 대중적으로 쓰이게 되었다.

마지막으로 '황명皇明'이란 명明이라고 불리는 제국[皇]이라는 뜻이다. 따라서 'The Map of China'라는 제목은 원제의 어떤 것도 번역하지 못했지만 퍼처스에게 원제의 본뜻이 무엇인지 묻는 사람은 아무도 없었다. 그가 말했듯 '부정확하나마 진실을 제공하는 것'이 나았다.

퍼처스가 작업에 활용했던 원래 지도는 사라졌다. 당시 중국에서 그런 벽걸이 지도는 비교적 흔하고 저렴했는데, 대중 출판시장의 중심지였던 푸젠성에서는 특히 그러했다. 불행히 4세기를 지나며 중국에서는 이 지도의 사본조차 남아 있지 않게 되었다. 사라진 이유는 종이의 취약성뿐만 아니라 1644년 왕조 교체도 있었기 때문이다. 시베리아 정복에서 시작해 청이라는 이름으로 중국을 복속시킨 만주족은 정복의 정당성 문제로 고민했다. 그들은 명을 완전히 대체하기 위해 그들이 몰아낸 명 왕조에 집착하는 현상들을 약화하고자 했다. 이를 위한 한 가지 방법이 이전 왕조를 상징하는 모든 것을 불법으로 규정하는 것이었다.

따라서 단지 순진한 이들만 『황명일통방여비람』을 벽에 계속 걸어놓고 있었다. 더욱 어리석은 이들은 지도를 완전히 파기하지 않고 있다가, 참견하기 좋아하는 이웃에게 이전 왕조의 부활을 기다리며 청조의 정통성을 인정하지 않는 대역죄인으로 고발될 여지를 남겼다. 왕조 교체와 함께 진행된 엄격한 검열 속에서 이 지도가 살아남을 확률은 거의 없었다. 그러므로 살아남은 지도는 거의 대부분 중국 바깥에 있었다.

존 스피드는 제임스 1세 시대 런던에서 가장 성공적인 지도 출판업자였다. 그의『세계 유명지 일람』(북쪽을 동쪽에 자리 잡게 그렸던 혼디우스 지도의 본래 북쪽을 지도 위쪽으로 돌려 그린 세계지도집)은 이후 영국에서 권위 있는 지리학적 성과물로 인정받았다. 스피드는 퍼처스에 비해 사회적으로 낮은 지위에서 경력을 시작하였다. 그는 체셔[47] 지방의 재단사였고 그의 아버지도 그랬다. 그는 20대 후반에 런던으로 이주하여 무역업을 시작했는데, 여기서 그의 운명이 바뀌었다. 그의 재단사 동료들 표현에 따르면, 그는 "매우 특이하고 기발하게 지도를 도안하고 디자인하는 능력"을 발휘했다.

그의 첫 출판 지도는 성경에 등장하는 가나안 지방을 그린 것으로, 큰 종이 네 장에 인쇄되었는데, 당시 유명 시인들과 국회의원 풀크 그레빌Fulke Greville(1554~1628)은 이 지도에 매혹되었다. 스피드의 후원자가 된 그레빌이 스피드에게 세관의 한직을 얻어주었고 ─ 엘리자베스 1세가 임명했다 ─ 이로써 스피드는 재단업을 접어두고 전문적인 지

---

47) Cheshire, 영국 잉글랜드 북서부에 위치한 지방으로 중심 도시는 체스터다. 서쪽으로는 웨일스 지방과 접하고, 북서쪽으로 아이리시(Irish)해와 접해 있다.─옮긴이

도 제작자이자 골동품 전문가로서 활동을 시작할 수 있었다. 이후 스피드는 이에 대해 "수동적이고 일상적인 일로부터 나의 손을 해방해주었고, 내 정신이 이끌리는 것을 마음껏 표현할 수 있는 자유를 허락해주었다"며 그레빌에게 감사를 표했다.

또 중요했던 것은, 그레빌이 스피드를 골동품전문가협회Society of Antiquaries 일원이 되도록 후원해주었다는 사실이다. 웨스트민스터 교사인 윌리엄 캠던William Camden과 대학자 로버트 코튼Robert Cotton이 1586년에 세운 이 조직은 스피드가 가입한 1590년대에 이미 학계의 최신 논의를 이끄는 중심 기구였다. 캠던과 코튼은 스피드의 작업에 흥미를 보였고, 특히 코튼은 스피드에게 특별 문서 도서관의 출입을 허가해주었는데, 이는 10년 뒤에는 셀던에게도 허락된 것이었다.

이렇게 해서 일개 재단사의 아들이 당대 최고 학자들과 시인들의 반열에 올랐다. 스피드는 학자들과 시인들의 격려에 힘입어 더 큰 계획에 착수했다. 그의 첫 주요 임무는 1611년 발행된 킹 제임스 성경에 쓰일 지도를 만드는 것이었다. 다음 해에 그는 영국 최초의 실측 국가 지도인 『대영제국의 무대Theatre of the Empire of Great Britaine』를 출간하였다.[48] 16년 뒤 그는 영국 사상 최대 지도집인 『세계 유명지 일람』을 들고 나왔다.

---

48) 스피드는 『대영제국의 무대』를 제작하는 과정에서 일부를 다름 아닌 요도쿠스 혼디우스에게 하청을 맡겼다. 그중 일부 주(shire) 지도를 장기간 작업에 필요한 자금을 확보하기 위해 판매했는데, 이를 동인도회사가 구입하여 몇 편을 사리스에게 보냈다. 콕스는 그 지도 199점의 목록을 히라도 상관의 소장 목록에 올려놓았다. 그리고 보면 세상은 참 좁다.

그 재단사의 아들이 — 옷장수 아들(퍼처스)이나 바이올린 연주자의 아들(셸던)처럼 — 사회적 도약을 할 수 있었던 것은 영국사에서 둘도 없는 엘리자베스 시대와 스튜어트 시대의 눈부신 일면이었고, 이는 동시대 중국의 명과는 확실히 달랐던 점이다. 퍼처스 지도의 원작자인 나홍선羅洪先의 사회적 출신은 재단사에 비해 훨씬 높았다. 나홍선은 그를 관료로 만들어줄 수 있는 준비된 집안에서 유리한 조건으로 시작하였다. 나홍선의 아버지는 1499년 최상의 과거시험인 진사과에 합격하였고 특별한 일이 없는 한 이후 삶은 즐거울 따름이었다. 나홍선 역시 1529년에 스물다섯의 젊은 나이로 진사과에 합격해 황제에게 정치적 조언을 상주할 수 있는, 바로 베이징의 싱크탱크인 한림원에 들어갔다. 한림원은 이부吏部 소속으로, 관료가 되기에는 능력이 아까울 만큼 시험 성적이 뛰어난 인재들이 들어오는 기관이었다.

거기까지는 좋았다. 그러나 부친의 오랜 투병에 이은 사망(1533)과 함께 나홍선의 경력 역시 중단되었다. 그는 상례喪禮에 따라 삼년상의 의무를 따랐다. 상기喪期가 끝나기도 전에 그의 모친마저 사망하여 추가로 삼년상을 치러야 했다. 그는 1539년이 되어서야 재임용될 수 있었다. 그러나 2년도 채 지나지 않아 나홍선은 황제인 가정제(치세 1521~1566)의 심기를 불편하게 했다는 이유로 면직되었다. 당시 신료들과 조회朝會를 하지 않는 황제에 대해 그는 대담하게도 정월 조회만큼은 황태자라도 황제를 대신해서 참여해야 한다고 상주했던 것이다. 우리에게는 합리적으로 보일지라도, 황제는 나홍선이 자신에게 일을 하지 않으니 퇴위하라고 요구하는 것으로 간주했다.

나홍선은 면직되고 관적官籍에서 제명되었다. 그는 이제 더는 관료가 될 수 없었을 뿐 아니라 본래부터 관료가 아니었던 처지가 되었다. 관직을 맡고자 했던 이에게는 참으로 가혹한 처벌이었다. 관적에서 제명되고 17년이 지난 후 최고 관료였던 내각수보 엄숭嚴嵩(1480~1567)이 나홍선을 병부의 관료로 추천하였으나, 나홍선은 이를 거절하였다.

관리가 되는 길이 막힌 인재가 할 수 있는 일은 무엇일까? 나홍선이 그랬던 것처럼 보통은 귀향하여 향촌의 교사가 되는 것이었다. 그러나 그의 가르침은 당시 유행했던 이학理學 사조와 배치되어 있었다. 그는 "자신의 능력 안에서 사람은 사회와 공적인 일을 모두 자신의 책무로 여겨야 하고, 이를 주저함 없이 수용해야 한다"라고 하였다. 나홍선 자신처럼 공직을 잃게 되었다고 해도 공리에 솔선할 책임이 있다는 것이다. 그러나 오직 관적에 이름이 올라 있는 자에게만 정책적 자문에 참여하는 합법적 권리가 부여되었고, 엄격한 위계적 절차에 따라 지방의 재판 참여도 가능했다. 이러한 절차를 따르지 않는다는 것은 스스로 국가에 대해 위법자로 만드는 것이고, 궁극적으로는 황제의 결정을 따르지 않음을 의미했다.

공익 분야에 나홍선이 처음 개입한 것은 자신의 고향, 즉 해안에 인접한 푸젠성의 내륙 쪽에 위치한 장시성江西省의 한 현縣에 대한 세금을 재검토하는 문제였다. 그는 세금이 가난한 자들에게 불공평하게 부과되어 있다고 판단하고, 특권자로서 채무의식을 가지고 세금 부담을

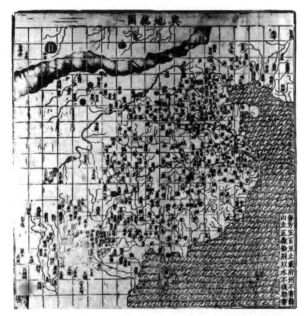

그림 21 이 중국 지도는 1555년 처음 출간된 나홍선의 지도책 『광여도』의 첫 번째 페이지에 등장한다. 처음 예수회 선교사가 중국에 도착했을 때 나홍선의 지도책을 중국 지도의 기준으로 간주했다. 그들은 유럽으로 사본을 보냈고, 유럽의 지도 제작자들은 나홍선의 지도 모양을 받아들여 자신들의 지도와 통합을 시도했다.

공평하게 재조정할 필요가 있다고 믿었다. 그는 해당 현의 토지측량을 다시 시행할 것을 제안했다. 하지만 이는 출세 지향적 지방관이 시간을 허비해가면서 시도할 만한 일이 결코 아니었다. 특히나 부유한 사람들의 무력 반발이 예상되는 안건이었다.

하지만 나홍선은 이 일에 자원했다. 6년이 소요된 이 작업은 그에게도 매우 힘든 일이었다. 토지 측량경험을 바탕으로 나홍선은 전국의 토지조사라는 더 큰 사업에 대한 포부를 갖게 되었을 것이다. 물론 실제로 그는 더 큰 사업을 실천하지는 못했지만, 그가 맡은 토지조사 사업을 기반으로 중국 지도를 다시 그릴 방법을 찾게 되었다고 생각했다. 그 결과 나홍선을 유명하게 만든, 45장으로 구성된 지역지도와 전국지도로 구성된『광여도廣與圖』(그림 21 참조)가 탄생하게 되었다. 1555년 중국 최초의 종합적인 국가 지도집이 출간되고, 그로부터 70여 년 후 스피드가 이 지도를 유럽에서 출간했다.

나홍선 지도의 독특한 점은 그가 격자 지도 제작법을 혼자서 부활했다는 점이다. 격자 기술을 적용하여 지도를 만드는 방식은 중국에서 적어도 3세기경 시작되었으나, 14세기 주사본朱思本이 2제곱미터 격자로 매우 정확한 국가 지도를 만들기까지는 격자 적용 기술이 지도의 정확도를 높일 것이라는 가능성이 제대로 인식되지 못했다. 원대 이후 격자 지도 제작법은 잘 사용되지 않았으므로 나홍선이 주사본의 지도를 확보하는 데 3년 정도가 걸렸다. 비록 주사본의 지도에는 제작 지침이 제시되어 있지는 않았으나, 나홍선이 그 기술을 응용하여『광여도』를 제작하는 데는 큰 어려움이 없었다.『광여도』는 상업적 성공을 거두었고 이후 중국 지도 제작의 기준이 되었다. 사리스가 이 지도를 사용했고 퍼처스 역시『퍼처스의 순례』에서 이 지도를 활용했다.

사리스의 지도에는 나홍선의 격자가 빠져 있는데, 본래 지도에 격자가 생략되었을 것으로 추정된다. 중국의 지도 제작자들은 미학적으로 아름답지 않다고 판단했던 격자를 생략하는 경향이 강했다. 반면 유럽인들에게 위도와 경도를 표시하는 격자는 정확성의 상징이었기에 지도에 표시되는 것을 선호했다. 그래서 퍼처스는 "스스로 개선할 방법이 없는 독자들을 돕기 위해 격자를 추가"하기로 결정했다.

추가된 격자는 곡선이라 보기 좋았지만, 나홍선이 실제로는 쓰지 않았던 곡선 투영법을 마치 나홍선이 원래 쓴 것과 같이 보이게 만들었다. 퍼처스는 사리스 지도에 격자 곡선을 추가함으로써 정확한 중국 지도라는 권위를 부여하려 하였다. 그에게 옳았다고 말할 수 있는 부분이 있다면, 앞서 언급한 것처럼 예수회 선교사 판토하로부터 얻은 지식, 즉 중국이 '거의 방형'이라는 것이다. 그러나 실제로 그러한가?

———————

장황章潢(1527~1608)은 나홍선처럼 장시성 출신이다. 하지만 세대가 좀 달랐다. 장황이 태어난 1527년에 나홍선은 이미 스물세 살이었고, 장황이 여든한 살이 되었을 때에는 나홍선이 세상을 떠난 지 이미 44년이 지난 시점이었다. 한 세대 다음 세대인 장황은 만력제(치세 1573~1620) 전반기의 문화적·지적 격동기를 경험했다. 하지만 나홍선은 유교의 지적·도덕적 보수주의에서 엘리트들이 멀어지는 이 격동의 시기를 경험하지 못하고 타계하였다. 배움의 보상은 관료가 되는 길에 있었지만, 상업 경제의 급성장과 번영으로 과거시험이 수용 가능한 수

준보다 훨씬 더 많은 젊은이가 성공의 사다리(과거시험)의 하층에 집중
되었다. 많은 이들은 빠르게 변화하는 시대 조류를 이해하기 위해 불
교에 관심을 갖거나 일부는 예수회에서 소개해준 기독교에도 눈을 돌
렸다.

장황은 이러한 변화 국면에 창의적으로 대응했는데, 이는 부분적으
로 나홍선과 달리 과거에서 낙방했기 때문이다. 과거에 낙방함으로써
관료가 되는 길이 막혔다. 그러나 이 실패가 그에게는 오히려 파괴적
인 당파주의와 궁정정치의 기회주의에 빠지지 않는 이점이 되었다. 더
중요한 점은 그 결과 그가 당대에 대학자가 될 수 있는 자유를 얻었다
는 사실이다. 고전에 깨알 같은 주석을 다는 일이나 과거 합격에 목매
는 수험생으로 빠지지 않았던 대신 그는 몇 가지 의미 있는 일에 착수
했다. 그의 세계관은 점차 많은 사람에게 주목을 받았고, 이에 1567년
(황제가 월항을 다시 외국에 개방했던 해)에 그는 차세당此洗堂을 세우고 매
달 25일 유교의 원리부터 우주의 작동원리에 이르는 다양한 주제의 강
연을 했다. 1년 동안 수백 명이 대학자의 강연을 들으려고 몰려들었다.

장황이 강좌를 개설하기 적어도 10여 년 전부터 그는 자연과 사회에
대한 모든 지식을 모으려는 거대한 계획에 착수하여, 자신이 살던 시
대를 요약적으로 설명하는 개요를 만들고자 했다. 자료를 모으는 데
만 20년이 걸렸다. "그는 책상 위에 등불을 걸고 여름이나 겨울이나 낮
이나 밤이나 수년간 손에서 붓이 떨어지는 법이 없었다. 모기떼가 그
의 팔다리와 몸에 붙어도 그는 알아차리지 못했다"라고 할 정도로 장

황은 이 일에 몰두했다. 그가 편찬한 『도서편圖書編』이라는 책의 제목은 '그림들과 글들의 개요'라는 뜻이지만, 나는 그것을 에세이, 문서, 삽화 그리고 지도들의 가상 수족관이라는 의미를 지닌 『다큐멘타리움 Documentarium』이라고 부른다.

『도서편』은 명에서 영국의 『퍼처스의 순례』와 같은 위상에 올랐다. 책의 내용은 달랐지만 두 작가 모두 대중에게 광범위하게 읽힐 것을 목표로 삼아 집필하였다. 그리고 둘 다 몇 세대에 걸쳐 광범위하게 읽혔다는 점에서 성공적이었다. 비록 두 작가는 다른 운명을 맞이했지만, 두 책은 모두 작가가 40대일 때 완성된 작품이었다. 퍼처스는 『퍼처스의 순례』가 완성된 뒤 1년가량 더 살았고, 경제적으로 파산을 맞이한 쉰 살 정도에 사망했다. 장황은 『도서편』 초고를 완성한 때가 쉰 살이 되던 해였고, 30년을 더 살아 1590년에는 장시성에서 가장 명망 있는 백록서원白鹿書院 원장이 되었다. 비록 여든한 살이라는 대단한 나이까지 살았지만 그는 1613년에 출간된 『도서편』을 보지 못한 채 출간 5년 전에 눈을 감았다.

장황은 퍼처스처럼 상업적 활동에 관심을 보이지 않았고 나홍선 같은 사회운동가도 아니었다. 하지만 학자로서 장황은 그들보다 한 수 위였다. 나홍선의 경우 문제를 발견하자 가능한 한 깊이 파고들었다. 『광여도』는 이러한 집중의 산물이었다. 나홍선은 공부의 실용적 효과를 강조하는 학자에 속했다. 그의 지도집 역시 지리 지식을 늘려서 결국 안보를 향상하기 위한 것이었다. 과거 그의 고향이 도적의 습격을

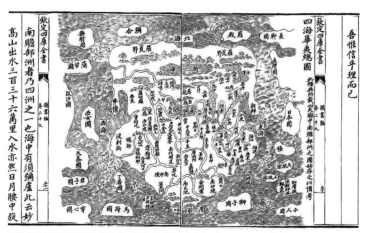

그림 22 1613년 출판된 장황의 『도서편』에 실린 「사해화이총도」다. 이 지도는 불교도의 지도 제작법을 이용하여 우리가 유라시아대륙으로 지칭하는 곳의 이미지를 형상화했다. 중국은 이 대륙에서 남동쪽에 있고, 그 북쪽 경계는 만리장성으로 구획되었다. 중국 외부의 상당 지역은 상상된 것이고, 많은 지명이 신화에 나오는 명칭이다.

받은 적이 있는데, 그는 더 많은 지리 지식을 갖게 되면 이러한 문제에 대처하는 데 도움이 될 것으로 믿었다. 지리 지식의 결여가 행정적 효율을 떨어뜨린다고 생각했기 때문이다.

이에 비하여 장황은 목표 지향적 관심이 적었다. 그에게 학자의 임무는 최상의 지식을 축적하여 이를 현실 세계의 문제에 직면한 이들이 활용할 수 있도록 하는 것이었다. 60대에 출간한 책에서 그는 학자의 책무가 자신의 관점에 매몰되어서는 안 된다고 지적했다. 신뢰성을 확보하는 것이 관건이었다. "나는 현재 지식을 신뢰하도록 만들어 후세에 전해질 수 있도록 분투한다." 새로운 지식이 축적되면 이전 지식은 수정되고 솎아내지기 마련이었다. 새로운 사실이 "더해질 수 있지만 그것은 적절한 증빙 자료가 갖추어진 다음이다. 나는 한 가지 사실을 다른 것과 구별하기 위해 감히 나 자신의 관점에만 의존하지는 않을 것이다." 퍼처스가 종종 '불확실한 진실'을 전해주는 일을 기꺼이 감당한 데 비하여 장황은 대단히 엄격하고 객관적인 기준에 충실하려고 했다.

『도서편』은 실질적이고 역사적인 지리 부분이 거의 3분의 1을 차지하고 그만큼 지도가 많이 실려 있다. 어떤 이는 여기서 중국인이 생각하는 중국의 모습을 찾아내겠지만, 다른 모습도 많았다.『사해화이총도四海華夷總圖』(그림 22 참조)는 특히 충격적이다. '중국인과 야만인에 대한 지도'라는 뜻을 담은 화이도華夷圖는 중국의 독특한 지도 장르 가운데 하나로, 중국을 중심에 그려 문명의 중심지로 나타낸 반면 문명의 혜택을 입지 못한 곳은 눈에 띄지 않게 모서리에 끼어 그렸다. 장황은 화이도라는 제목을 넣음으로써 중국적인 지도 제작의 전통을 보여주려 했지만, 중국을 광대한 유라시아대륙 안에 위치 지을 뿐 아니라 이 사방에 바다를 배치함으로써 기존의 전통을 뛰어넘었다.

이 유라시아는 우리가 아는 모습은 아니었지만, 이전의 어떤 중국의 지도 제작자들보다 조리 있고 효과적인 방법으로, 그리고 유럽의 지도를 참조하지도 않은 채 대륙을 상상해 그려냈다. 그는 다소간 독자들의 눈을 의식하여 지도 우측 상단에 '향후 진전된 연구가 가능하도록 포함되었음'이라는 설명을 덧붙였다. 왜냐하면 장황은 기존 자료로 파악할 수 있는 바를 뛰어넘어 흥미로운 비약을 표현했기 때문이다.

대륙 가운데 판화가가 물을 나타내려고 물결 모양으로 긁어낸 '한해 瀚海(끝없는 바다)'라고 명명된 거대한 호수를 예로 들어보자. 그 표현은 원래 1,000여 년 전 거대한 모래바다인 고비사막을 묘사하는 비유였는데, 명대에 이르러 이러한 비유가 사라졌다. 이를 깨닫지 못하고 장황은 사막을 거대하고 끝없는 호수로 바꾸어버림으로써 '불확실한 진실'에서 '확실한 오류'로 옮겨가게 되었다. 비록 그가 틀렸다 해도『사해화이총도』는 유라시아대륙에서 중국을 작아 보이게 하고 그 어떤 '화이도'도 이전에 하지 못했던 만큼 유라시아 경계를 확장함으로써 당대 지도 제작에서 한 단계 진보했다.

만약 장황이 예수회 선교사 마테오 리치를 만나지 못했다면 그 지도는 책에 포함되지 않았을지 모른다. 두 사람이 만난 시간은 짧았지만 이탈리아 학자 리치는 장황에게 큰 영향을 주었고, 장황은 리치에게서 얻은 자료를 자신의 백과전서에 다수 포함시켰다. 그 가운데는 지롤라모 루셀리[49]의 지도집에 실려 있던 동·서 반구 지도(라틴어 제목은 알 수 없는 단어조합으로 되어 있다), 남·북 반구를 360도에 걸쳐 방위도법으로 그린 투영도 두 편, 오르텔리우스 지도에 기초해 만든 지도(그림 23 참조. 이 지도는 마테오 리치가 이후 베이징에서 큰 벽걸이 지도로 12장 분량으로 펴냈다) 등이 있었다. 이러한 지도들을 포함시킨 것은 중국에 오는 과정이 얼마나 멀고 고생스러운지에 대한 유럽인의 진술을 믿지 못하는 중국인들의 고지식함을 깨기 위한 일종의 도전이었다. 장황은 새로운 앎

---

49) Girolamo Ruscelli(1500~1566), 이탈리아의 인문학자이자 지도 제작자.—옮긴이

이 생긴다면 얼마든지 기존 관점을 수정할 수 있다는 원칙에 따랐다.

『도서편』은 유럽의 최신 지도 제작 지식을 수용했지만, 그 반대 방향
도 수용했다. 사리스처럼 아시아를 여행하며 중국의 지도를 목도했던
유럽인은 이들 지도가 중국을 가장 효과적으로 시각화한다고 생각했
다. 가령 앞서 언급했던 것처럼, 퍼처스가 좋아했던 예수회 선교사의
인용으로 "중국은 거의 방형이고, 중국인 자신들도 그렇다고 묘사한
다"라는 구절이 그러하다. 이 말은 명나라 사람들에게 자신의 나라가
어떤 모양인지 물으면 실제 나올 답변이었다. 중국이 직사각형이라는
것은 하나의 고정관념이었다. 장황은 『도서편』 1장에서 우주 모습을
설명하면서 방형 관념을 담은 그림을 사용하였다. 그림은 간단히 둥
근 원 안에 길게 늘어진 직사각형 모양이 있는 반쪽 분량의 도해圖解로,
'천원지방天圓地方'이라는 인용 설명이 붙어 있었다.

이것은 당시 중국의 지도 제작자들이 완전히 극복하기 어려운 디자
인 원칙이었으며, 장황 역시 그러했다. 퍼처스 책에 실려 있는 사리스
의 지도, 즉 나홍선의 1555년판 중국 지도를 다시 보자(그림 20, 그림 21
참조). 남동쪽 해안은 굽어 있고 발해만渤海灣은 북동쪽 해안을 한 입 베
어 문 것처럼 생겼는데 전체 모양은 대강 방형이니 확실히 이 지도 역
시 천원지방 우주관 안에서 만들어졌다고 할 수 있다. 네모라는 뜻의
'방方'은 나홍선 지도의 격자를 일컫는 기술 용어이기도 하다. 모든 지
도 제작자가 했던 일은 사방으로 방형 격자를 일정하게 추가함으로써
전체 지도를 완성하는 것이었다. 큰 사각형은 작은 사각형 격자들이

합쳐져 완성되었고, 지역과 지도가 서로를 만들어낸 것 같았다.

지도를 다시 보자. 나홍선이 최대한 네모지게 만들고자 했던 그의 중국 지도를 네모가 아니라 타원형이라고 관점을 간단히 바꿔보는 것이다. 중국이 방형이라고 생각하는 것은 중국은 네모여야 한다고 믿는 중국 문화의 관점으로 보는 것이다. 이러한 예습과 선입견이 없다면 중국이 다른 모양으로 생겼다고 볼 수 있고, 16세기에 처음으로 중국 지도를 본 유럽인들이 실제 그렇게 생각했다. 그들은 중국 지형을 굽은 해안선을 통해 파악했다. 유럽인들은 처음부터 중국 지도가 있었던 것이 아니었으므로 중국인들이 제작한 중국 지도를 얻어서 중국 지도를 그렸고, 그 결과 타원형으로 그린 것이다. 퍼처스는 기존 타원형 중국을 하프 모양으로 그리면서, 타원형이라는 생각이 틀렸다고 보았다. 그러나 이는 중국과 유럽인 양자가 상호 영향을 주면서 생겨난 실수라고 할 수 있다.

중국 지도 제작자들은 중국을 최대한 방형에 가깝게 그리고자 한 반면 유럽 지도 제작자들은 그들의 항해 경험을 살려 남방 해안을 둥글게 그리고자 했으므로, 결국 세계지도를 제작할 때 적당히 조작을 가한 중국 지도를 그려 넣었다. 이러한 과정을 거쳐 중국에 대한 이미지는 계속 변형되는데 오르텔리우스, 혼디우스, 스피드의 지도를 거쳐 17세기 가장 위대한 지도집인 퍼처스 작품에도 그러했다. 하지만 퍼처스가 사리스 지도를 조작되지 않은 중국제라고 판단하고 신뢰한 것은 긍정적으로 평가할 만하다. 당시 퍼처스를 비롯해 스피드, 셀던 같은 골동품 전문가들은 시간과 공간적으로 가장 원자료에 가까운 대상을 찾아가는 자세를 견지하려고 했다.

다만 퍼처스는 그 시대라는 한계 속에서 중국과 유럽의 지도에 왜곡되어 담겨 있는 논리의 모든 단계를 알 방법이 없었을 뿐이다. 그 시대에는 사실적이고 객관적인 중국의 이미지는 존재하지 않았으며, 문화와 경험을 바탕으로 만들어진 이미지가 존재할 뿐이었다. 그것도 모든 사람이 다 알아챌 수 있는 것이 아니었다.

———————

근대적 지도 제작법이 발전하는 과정에서 발생한 문제의 핵심은 어떻게 곡선을 평면에 나타낼 것인가 하는 것이었다. 이 문제는 장황에게 해당되지 않았다. 그는 원형과 방형의 관계가 지형을 배치하는 우주적 규칙이라 생각했다. 그러나 16세기 유럽 지도 제작자들에게는 표현해야 할 것이 하늘이 아닌 땅이 곡선이라는 사실이었다. 그리고 여러 항해사가 이 문제의 해결을 요청했으므로, 지도 제작자들은 이 문제를 어떻게든 해결해야 했다.

지구의 구형 문제를 해결하는 가장 간단한 방법은 세계를 지구본에 그리는 것이다. 아담스는 일본 쇼군(도쿠가와 이에야스)에게 지구본에 담긴 지도를 보여주었고, 쇼군은 처음에는 아담스가 거짓말을 한다고 생각했으나 이내 그에게 크게 감복했다. 아담스는 동인도회사에 지구본

두 개를 요청하면서 쇼군이 영국의 요청을 지지하여 동북항로를 개방하게 되면 러시아에 이르는 길이 단축될 것이라고 하였다. 하지만 지구본은 시각적으로는 대단히 인상 깊었지만 실제 항해에는 별 쓸모가 없었다. 항해사들에게는 지구본보다 규모가 훨씬 크고 좀 더 세밀한 내용까지 담긴 자료가 필요했다. 게다가 평면으로 볼 수 있어야 했다.

해결책은 이른바 투영投影이라고 불리는 방식이었다. 투영이란 왜곡에 따른 제한점을 최소화하면서 곡선을 종이에 옮겨 지구의 둥근 표면을 그려내는 방법이다. 물론 일정한 왜곡은 불가피하였다. 곡선을 평면에 옮기는 난제에 대한 쉬운 대답은 사실상 불가능하다는 것이다. 원은 넓이 측정이 대략적으로만 가능하다. 파이π란 원과 사각형의 관계를 설명하기 위해 고안한 용어다. 파이를 계산할 때 소수점 이하는 끝이 없다. 그 문제를 삼차원으로 만들어 계산하면 훨씬 어려워진다. 지구본도 그 문제를 완전히 해결할 수 없는데, 이는 지구본을 만들기 위해 뿔이나 기다란 종이에 먼저 인쇄할 때 역시 평면에 그리는 것이기 때문이다. 모든 투영은 타협의 산물이다.

항해사들은 직선으로 항해하는 가장 간단한 항해에서도 곡선이라는 골치 아픈 문제에 직면했다. 지구본에서 고정된 점으로부터 직선을 그린 다음, 평면 지도를 가지고 똑같은 지점을 기준으로 직선을 그려보면 그 둘의 끝이 다르다는 사실을 확인할 수 있다. 땅에서 경로를 표시하는 문제는 바다에서와는 다른데, 육지 길잡이들은 지속적으로 참고 지점을 보면서 경로를 수정할 수 있기 때문이다. 개방된 수상에서 이러한 불일치는 더욱 심해진다. 따라서 항해사는 '죽은(추정) 계산dead reckonings'이라고 알려진 방식을 쓰게 되는데, 이는 나침반 각도, 풍향, 조류, 여정 기간, 마지막으로 죽은 계산을 했던 곳 등을 근거로 추정하는 방법이다. 하지만 처음 한 죽은 계산이 틀리면 다음 계산도 부정확하게 되어 오류치는 점점 커지게 된다.

지중해의 항해사들은 포르톨라노 해도를 사용함으로써 해상 공간에서 기하학적인 통제권을 확보하고자 했다. 나침반으로 얻어낸 촘촘한 거미줄 같은 선(항정선航程線)을 나침도로부터 방사형으로 배치함으로써 항해사는 종이 위에 항해 경로가 될 수많은 선을 잠재적으로 갖게 되었다. 그러나 곡선은 자침의 방위가 언제나 일관적일 것이라는 추정을 의미없게 만들어버린다. 동서남북은 절대불변이지만 지구는 곡선이므로 각각의 지점마다 나침반이 접선tangent line을 만들어내기 때문이다. 다만 단거리 항해에는 큰 문제가 되지 않으며, 특히 해안 방위들이 주어졌을 때에는 항로를 수정하면서 갈 수 있으니 더욱 그러하다. 포르톨라노 해도를 사용하는 전통은 망망대해를 항해하는 장거리 여행에서 깨졌다. 나침반이 그들에게 어디로 향하는지 알려줄 수 없었기 때문이다.

이 지점에서 바로 제라드 메르카토르Gerard Mercator라는 인물이 유럽의 지도 이야기에 등장한다. 메르카토르는 원래 제라드 크리머Gerard Kremer였는데, 출판업을 시작하면서 성을 라틴어식으로 바꾸었다 (Kremer는 네덜란드어로 '상인'이라는 뜻인데, 상인은 라틴어로 mercator였다).

그는 재단사가 아니라 도구 제작자로 경력을 시작했다.

메르카토르는 스피드가 제작한 지도, 즉 성경에 등장하는 성지인 팔레스타인 지도 여섯 장을 보고 그가 지도 제작자라고 기대했다. 골동품 전문가로서 주요 과제가 성경의 진실을 탐구하는 데 있었으므로, 이는 충분히 예상할 수 있는 기대였다. 메르카토르는 육지가 아니라 바다로부터 구형 지구를 정확히 나타낼 평면지도를 만들 수 있다는 비밀을 재빨리 간파하였다. 바다는 방위를 정확히 유지하기가 대단히 어려운 곳으로, 지도 제작에 혁신적으로 임하는 사람에게도 순수 수학적 접근으로 정복되지 않은 거대한 곳이었다. 메르카토르는 1541년 그 해결책을 찾기 시작했다. 지구본 위에 항정선을 그리면서 곡선 위에서 방위의 일관성을 유지하는 원리를 찾아냈다. 이는 구형의 본질이기도 한데, 일정한 컴퍼스 방위compass bearing에 따라 그려지는 선들은 모두 나선형으로 뻗어 북극이나 남극에 다다랐다.

메르카토르가 직면한 과제는 항해사가 일정한 컴퍼스 방위에 따라 항해할 때, 어떻게 이러한 나선들을 평면 지도 위에 직선으로 보이게 하느냐에 있었다. 그의 해결법은 기발했다. 그는 지형에 순응하여 선을 구부리는 방식이 아니라 지형을 왜곡하는 방식을 택했다. 이 왜곡은 지구의 양극 방향으로 지구를 쭉 펼쳐, 극에 다다를수록 펼쳐지는 정도가 파이값만큼 커졌다. 이처럼 남북으로 늘리는 작업은 지구를 동서 방향으로 늘리는 방식을 수반했는데, 그만큼 적도에서 멀어지는 값도 늘어났다. 대상 자체를 구부림으로써 결과적으로 지구는 원통형이

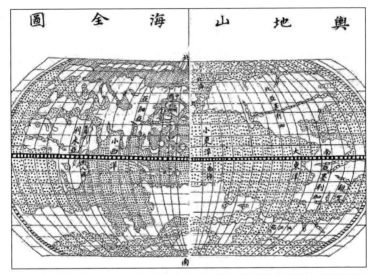

그림 23 「여지산해전도(輿地山海全圖)」. 이 지도는 오르텔리우스가 유사원통도법으로 그린 지도를 기반으로 이탈리아 선교사 마테오 리치가 1584년 인쇄한 중국판 지도다. 이 지도의 특징은 북아메리카를 가로지르는 물길을 묘사한 것이다. 이 길에는 중국으로 가는 길을 단축하고 포르투갈, 스페인 경쟁자들을 피하기 위한 북유럽인의 바람이 담겨 있다.

되었다. 메르카토르는 경험적 실험으로 이 모델을 얻어냈지만, 수학적으로도 충분히 훈련되어 있었기 때문에 기하학적 규칙을 발견할 수 있었다. 항해로를 직선으로 정확히 표현하기 위해 필요했던 지형 왜곡은 정확한 계산으로 얻어낼 수 있었지 무작위 결과는 아니었다. 이 모든 결과물을 우리는 지금 메르카토르도법이라고 한다.

메르카토르도법은 16세기 광활한 공간을 항해하며 신뢰할 수 있는 지도를 간절히 원했던 항해사들에게 대단히 유용했다. 메르카토르는 항해로를 지도에 찍을 때 가령 어떤 A 지점과 B 지점이라고 하더라도

하나의 컴퍼스 방위를 사용해 직선으로 연결할 수 있도록 문제를 단순
화했다. 선박이 지나는 항해로는 실제로는 곡선이었으므로, 두 지점의
경로는 최단 직선거리가 아니라 배 방향을 컴퍼스 방위에 고정하면서
쉽고 신뢰할 만하게 계산이 가능했다. 경로가 다소 길어진다는 단점은
목적지에 정확히 다다를 수 있다는 정확성으로 상쇄되었다. 메르카토
르는 장황의 원형을 방형으로 만든 것이다.

　메르카토르는 그의 도법을 1569년 제작한 거대한 세계지도에 사용
하여 유행시켰다. 곧바로 수용되지는 않았지만, 16세기 말에는 지도
제작의 표준이 되었다. 지금도 메르카토르의 지도는 우리 머릿속에 새
겨진 세계의 이미지 그대로다. 즉 캐나다, 그린란드, 러시아는 실제 크
기보다 크게 그려졌고 남극대륙 역시 세계가 얹혀 있는 아틀라스의 어
깨[50]처럼 거대한 크기로 왜곡·확대되었다. 다른 지도 제작자들은 메
르카토르 모델을 대충 땜질하고 정확도를 훼손하지 않으면서 왜곡을
줄여보고자 했다.

　메르카토르의 동료 아브라함 오르텔리우스는 본초자오선(지도에서
중앙에 위치한 경도선) 양쪽에 위치한 경도를 원래보다 더 구부리는 방법
을 제시했다. 그 결과 메르카토르도법으로 유발된 방형과 원형 사이의
타협적 왜곡이 줄었다. 유사원통도법이라 불리는 이 도법은 마테오 리
치가 중국인들을 위해 그려준 세계지도mappa mundi에 썼고, 장황은 이

---

50) 아틀라스는 그리스신화에 등장하는 거인족으로, 프로메테우스의 형제다. 그는
　　티탄들과 올림피아 신들 간의 전쟁에서 티탄들 편에 섰는데, 티탄들이 패배하자
　　제우스는 아틀라스에게 지구를 떠받치는 형벌을 부과하였다. ─옮긴이

지도를 『도서편』(그림 23 참조)에 전재轉載했다. 일종의 복사본의 복사본의 복사본이 발생한 것인데, 지리 지식은 이렇게 전파되었다.

오르텔리우스는 중국이 포함된 다른 지도에서 다른 투영법을 시도했다. 중국에 대한 정보는 다른 이들의 지도에서 가져왔으므로 정확한 투영을 만들어내기에는 지나치게 부정확했다. 그는 다른 자료를 기반으로 한 추정을 통해 지도 상단과 하단을 지나는 위도선을 삽입했는데, 이것이 그가 할 수 있는 최선이었다. 이 지도는 혼디우스 손을 거쳐 퍼처스의 '나쁜' 중국 지도가 되었다(그림 19 참조). 퍼처스는 '좋은' 지도인 사리스의 지도를 보강하기 위해 포르투갈 자료(그림 20 참조)를 기반으로 위도와 경도 격자를 그려넣었다. 그런데 이 과정에서 그는 자신의 자료에서 유용했던 경도의 가치가 '일반론'과 일치하지 않음을 발견했다.

퍼처스는 이러한 불일치가 스페인과 포르투갈의 경쟁, 즉 세계를 두 국가가 양분했던 1494년 토르데시야스조약과 일정한 관계가 있을 것으로 생각했다. 왜냐하면 세계를 나누는 기준이 경도였기 때문이다. 경도를 어떻게 해석하느냐에 따라 스페인과 포르투갈이 특정 장소에 다다르기도 전에 이미 그들이 통제하고 싶어 하는 지역이 어느 한쪽의 영역에 포함될 수 있었다. 그러나 이것은 이베리아반도에 위치한 두 국가만의 탓은 아니었다. 이미 중국 지도 제작자들은 땅이 방형이라는 믿음 아래 본래 모양을 쭉 늘려 지도에 적용한 바 있고, 그 결과 베이징은 원래 위치보다 훨씬 동쪽에 자리 잡게 되었다.

퍼처스의 운명은 참된 중국 지도를 만들기 위해 양립할 수 없는 두 기하학을 으깨 섞은 것이다. 도전은 칭찬할 만했지만 그 결과는 불행했는데, 다른 지도보다 더 심한 왜곡이 발생했다. 사리스 지도에 대한 퍼처스의 해석은 자신만의 영웅적 창조로 끝나버렸다. 유럽인들과 중국 양쪽의 기준을 충족하지 못했고 정확도에 회의를 품게 하는 혼종이 된 것이다.

퍼처스를 비난할 수는 없다. 그는 자신이 믿는 바에 따라 중국의 형상을 가시화했다. 따라서 그것은 그저 이미지일 뿐이었다. 그 어떤 항해사도 사리스 지도만 가지고 콜리지가 묘사한 어두운 바다로 항해할 꿈을 꾸지는 않았을 것이다. 그 이유는 아주 간단한데, 중국을 묘사하기 위해 항해를 떠나는 이가 아무도 없었기 때문이다.

―――――――

오스카 와일드Oscar Wilde는 "유토피아를 담지 않은 지도는 쳐다볼 가치도 없다"라는 유명한 경구를 남겼다. 만약 제너두Xanadu(상도로 추정)가 콜리지의 유토피아였다면, 와일드는 『퍼처스의 순례』에 실린 중국 지도에서 이를 찾으려고 하지 않았을 것이다. 비록 퍼처스가 사리스의 지도 장식용 직사각형 설명을 다 없애지는 않았지만, 제너두는 그곳에 없었다. 14세기 후반에 명이 고비사막을 버림으로써 그곳은 폐허가 되었기 때문이다.

셀던 지도는 그렇지 않았다. 셀던 지도에는 중국 북동쪽 구석에 원형이 아닌 불가사의한 박 모양 박스 안에 '금金과 원元의 윗 수도'라는 글씨가 쓰여 있다. '윗 수도'는 중국어로 상도上都다. 퍼처스는 이 지명을 '잔두Xamdu'라고 표기했고, 다시 콜리지의 풍부한 상상력을 통과하면서 '제너두Xanadu'로 변화되었다. 콜리지가 운율을 맞추려고 잔–두 Xam-du 두 음절을 조절in-XA na-DU did-KU bla-KHAN[51]하니 제너두Xanadu가 된 것이다. 그 명칭은 역사적 자료를 참조하여 올바르게 붙인 것이다. 12세기 여진족은 금나라를 세우고 고비사막 남쪽 모서리에 수도를 두었다. 쿠빌라이 칸은 1256년 이곳에 자신의 수도를 재건하였으나 베이징[52]을 더 선호했기에 9년 뒤에는 버려졌는데,[53] 이는 원 건국이 공포되기 6년 전이었다.

틀린 부분은 위치였다. 제너두는 베이징에서 북쪽으로 직선 300킬로미터 떨어진 지점에 위치한다. 셀던 지도에서는 그보다 두 배 먼 거

---

51) 원문은 콜리지의 시 구절을 강강격과 약강격으로 설명한다. 강강격과 약강격은 영어 시에서 운율을 맞추는 방법인데, 여기서는 A와 U가 대칭을 이루어 각 음보 끝에서 강하게 발음되며 음보 효과가 난다. —옮긴이

52) 당시 이름은 대도. —옮긴이

53) 여기서 쿠빌라이가 상도를 버렸다는 표현은, 제1의 수도 지위를 대도(베이징)에 내주었다는 것으로 이후로도 상도는 제2의 수도로서 위상을 유지하였다. 당시 대도는 한인들을 통치하는 거점으로 이용한 반면, 상도는 몽골 수장들을 통치하는 거점으로 활용하였다. 쿠빌라이를 비롯한 이후의 대칸은 여름에는 상도에, 겨울에는 대도에 머무는 양도순행의 통치 방식을 유지하며 이러한 양도 체제를 유지했다. 이에 대해서는 조영헌, 「원·명·청 시대 首都 베이징과 陪都의 변천」, 『역사학보』 209집, 2011 참조. —옮긴이

리의 동쪽에 표시되어 있다. 이는 지도상에 나타나는 '오류'이지만 이 것으로 지도 제작자를 탓할 수는 없다. 지도 제작자가 지도를 그리기 3세기 전에 제너두는 사라졌기 때문이다. 이것이 박 모양 딱지를 설명해주는 것 같다. 박은 중국인의 상상 속에서는 알라딘의 램프와 같아서 환상과 같은 이미지를 포함한다. 박을 사용함으로써 지도 제작자는 그곳이 존재하지 않는 상상 속 공간임을 표현하려 했는데, 영어에서 '유토피아'라는 뜻 그대로다.

와일드가 인정했고 우리도 인정해야 하는 바는 어떻게 셀던 지도가 범상치 않은 방법으로 그려졌는지를 마지막 장에서 재구성할 때 제너두가 중요한 추적 단서가 될 것이라는 사실이다.

8장 **셀던 지도의** 비밀

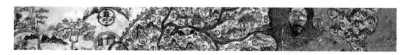

언제나 독창적이며 끝없는 야심을 품고 있지만 항상 돈이 부족했던 벤 존슨은 흥행의 유혹에 넘어가 진지한 글쓰기를 포기함으로써 최고의 대중적 명성을 획득했다. 제임스 1세와 그의 왕실은 존슨의 가면극을 아낌없이 후원했고, 이에 보답이라도 하듯 존슨은 1620년 '태양의 서커스Cirque-du-Soleil'적인 요소를 지닌 화려한 가면극을 세상에 선보였다. 「달에서 발견된 신세계로부터 온 소식News from the New World Discovered in the Moon」(이하 '신세계'로 줄임)은 구성이 밋밋했는데, 다양한 춤과 노래를 동원해서 자기애가 강한 왕을 기쁘게 해주는 데에 지나지 않았다. 하지만 그래도 왕실의 관심을 불러일으킬 만한 요소를 넣기 위해 존슨은 두 전령사를 깜짝 등장시켜 달의 사람이 곧 영국에 도착한다고 공표하게 했다.

달에서 온 이들이 마치 해외에서 온 이방인처럼 보이게 한 것은 존슨이 선택한 것이다. 존슨은 이들을 이국적으로 낯설어 보이게 할 수 있을 뿐 아니라 야만적인 형상으로도 그릴 수 있었다. 아메리카대륙의 사례가 그의 예술세계에 참고가 될 수 있었다. 혹은 아주 조금만 변형을 주어 그들을 관객처럼 문명화된 인물로 만들 수도 있었다. 가령 문명화되어 있던 중국인처럼 말이다. 가면극에 등장하는 무용수들은 달에서 온 존재였기 때문에 존슨은 그들에 대해 어떤 형상도 부여할 수 있었다. 존슨은 문명화된 이미지를 선택했다. 그 전령사들은 달이 "새롭게 발견되었지만 항해할 수 있는 바다와 강, 다양한 국가, 정책, 법이 있어서 거주하기에 적합"하다고 선언했다. 다시 말해 거의 유럽과 같지만, "하지만 우리 것과는 다르다"는 첨언을 붙였다. 차이는 중요했지만 정도 차이라고 할 수 있다. 이제 곧 등장하는 달의 무용수들은 어떠한 이국적인 것 없이 거의 유럽인과 같았다. 따라서 무대에서 흥미라도 약간 만들기 위해 미세한 차이가 필수적이었다. 최소한 그들의 의상은 기이해야 했고, 아마도 그들의 언어는 알아듣기 어려워야 했다. 완전히 달랐던 것은 관객이 위협적으로 느낄 수 있도록 달에서 온 사람들이 연기하는 것으로, 희극이 아닌 전투 상황을 연출했다.

8년 전인 1612년, 셰익스피어는 왕실에서 「템페스트」를 상연하면서 문화 간 접촉의 역동성을 완전히 다른 방식으로 표현했다. 문명화된 달의 사람들이 문명화된 영국에 오는 방식이 아니라 문명화된 유럽인들이 야만의 섬에 도달했다. 극중 한 인물은 자신이 도달한 곳에 대해 '사람이 살 만한 곳이 아니고 거의 접근할 수도 없는' 상태로 묘사했다.

그곳은 존슨이 달에 부여했던 '국가, 정책, 법'이 완전히 결여되어 있었다. 그 섬의 유일한 원주민은 '주근깨투성이에 못생긴 새끼를 낳는, 인간다운 형체를 지니지 못한' 캘리반Caliban[54]이었다.

극중 중심인물인 프로스페로Prospero는 권력을 찬탈한 형제 때문에 밀라노에서 쫓겨나 이 섬에 표류했는데, 캘리반은 그의 노예가 되었다. 셰익스피어는 관객들에게 야만적인 캘리반이 행하는 혐오할 만한 행동을 보여주면서도, 캘리반으로 하여금 자기 처지를 변호하게도 한다. 즉 처음 프로스페로와 만날 때 캘리반은 순수하고 자연적인 태도로 그를 환영했다. 캘리반을 야만스럽게 변화시킨 것은 오히려 프로스페로가 섬을 강탈한 일이었다. 이후 식민지화라는 잔혹함을 만들었다. 캘리반은 폭력적인 주인을 다음과 같이 떠올렸다.

> 당신은 나에게 말을 가르쳐주었고, 난 그로부터 배웠어요.
> 저주하는 방법을. 이제 당신은 그 새빨간 전염병에서 해방되겠지요.
> 내게 당신 언어를 가르쳐주었으니까!

캘리반이 프로스페로에게 전염되길 원했던 전염병조차 유럽인들이 이 '무주지無主地, terra nullius'를 침공하면서 전파된 것이다. 질병이 낙원을 오염시켰다. 2막에서 셰익스피어는 '무주지'라는 개념에서 파생되

---

54) 셰익스피어의 극 「템페스트」에서 프로스페로를 섬기는 반인반수(半人半獸)의 노예. 'caliban'이라는 단어는 추악하고 야만적인 남자를 뜻한다. ─옮긴이

는 시나리오를 두 개 제시했다. 하나는 이상적인 계획으로, 이 빈 섬에 완벽한 '공화국' 건설을 상상한 늙은 고문 곤살로Gonzalo에게 주어졌다. 곤살로는 상거래나 국가, 계약이나 사적 소유, 노동이나 전쟁이 모두 없는 세상을 꿈꾸었다. 하지만 곤살로는 함께 난파한 다른 궁정 신료들에게 어리석은 늙은이라고 매정하게 조롱당했다. 그들은 곤살로의 계획을 완전히 다르게 해석하여, 곤살로가 주장하는 새로운 황금시대란 '음녀와 악당'들의 사회에 지나지 않으며, 결국 그가 스스로 왕을 자처하게 될 것이라고 주장했다.

그들의 의견은 다른 시나리오로 해석된다. 바로 자연 상태에 있는 인간들은 자신의 이기적 관심을 추구한다는 견해로, (관객들도 이미 알아 차렸듯이) 궁정 신료들이 프로스페로를 실각시킨 이후 자기 이익을 추구하려고 줄곧 행하던 바였다. 우리는 곤살로의 진정성을 가상하게 여기지만, 아무리 전제군주가 자비로울지라도 '무주지'가 영원히 원활하게 작동할 것이라는 환상을 믿지는 않는다. 그 연극은 결국 야만에 대한 문명의 승리를 보여주면서 모호하게 끝난다. 프로스페로의 잃어버린 딸 미란다는 마지막에 스스로를 자신의 문명화된 동류同類 가운데서 찾게 되면서 다음과 같이 외쳤다.

기묘하도다!
이곳저곳에 훌륭한 생명체들이 얼마나 많은가!
또 인류는 얼마나 아름다운가! 오 용감한 신세계여,

그 안에 이러한 사람들이 살고 있다네!

「템페스트」는 셰익스피어의 대표작 가운데 하나인 반면 「신세계」는 존슨 작품 중에서 결코 높이 평가될 수 없는 것이었다. 물론 존슨은 진지한 내용의 극본을 시도하는 작가는 아니었다. 나는 이 책 마지막 장에서 이 두 연극을 제시한다. 왜냐하면 이 두 연극의 내용은 유럽인들이 더 큰 세상을 만나는 과정에서 취했던 극단적인 두 방식을 보여주기 때문이다. 사리스가 갑판에서 새로운 세계에 도달했을 때나(그는 「템페스트」가 상연되던 해에 베트남으로 항해 중이었다), 셸던이 집필했던 여러 원고에서도(당시 그는 사법시험을 준비 중이었다) 이러한 만남과 반응이 일어났다. 「템페스트」는 멋진 신세계를 심오한 차이가 있는 공간이자 복종이나 추방을 요구하는 야만적인 땅으로 그려냈다. 「신세계」는 낯선 공간에서 친숙함을 찾고, 다른 공간의 법과 관습이 아무리 자기 것과 달라도 반드시 위협적인 것이 아님을 수용했다.

사리스와 셸던의 접근 방식은 존슨과 유사했다. 새로운 세계의 국가와 국민은 달랐지만, 본질적 차이는 아니었다. 사리스는 정복을 동반하지 않아도 충분히 무역을 하기 위해 그곳에 도달할 수 있었고, 셸던은 계몽된 인류의 공통적 원천들을 추구하기 위해 이국의 문헌들을 탐색할 수 있었다. 이러한 평등 관념이 우월감에 자리를 내주고 동인도회사가 타국에서 자산을 뺏고 타인에게서 존엄성을 적극적으로 탈취하게 된 것은 이로부터 1세기 뒤의 일이다.

존슨과 셰익스피어는 각각 영국 관객들에게 관심사를 제공했는데, 바로 영국에서 아주 멀리 떨어져 있는 새로운 세상에 대한 갈망이었다. 그들의 작품은 여행기 장르가 유행하던 가운데 쉽게 상영될 수 있었다. 이 여행기 장르는 1590년대에 해클루트가 처음 개척하고, 퍼처스가 스피드에게 지도와 삽화를 제공받아 1610년대와 1620년대에 퍼뜨린 것이었다. 이는 당시 훌륭한 오락으로 기능하여 18세기 말 의자에서 꾸벅꾸벅 졸고 있던 콜리지에게까지 영향을 미쳤다. 물론 새로 발견된 땅에서 전해지는 소식은 다른 장르에도 잠재적인 영향을 미쳤다. 셀던과 같은 학자들은 닥치는 대로 새로운 지역과 전통에 대한 소식을 습득하려고 했고, 이를 위해 해당 언어를 배우고 자료를 수집했다. 아직 밝혀지지 않은 인류의 역사에 대한 갈망이 좀 더 깊고 다양한 현실을 발굴하도록 추동한 것이다.

처음 새로운 것에 도달했을 때는 아무것도 바뀌지 않았다. 단지 세계가 풍부하게 채워질 뿐이었다. 하지만 점차 다른 존재방식과 사고방식의 증거가 지속적으로 전달되면서 일부는 기존 방식이 유일한 길이 아니었음을 깨달았다. 기존 방식에 대한 수정과 새로운 것으로 대체가 필요함을 감지한 것이다. 셀던의 시대는 이러한 패러다임 변화가 일어나던 시기였다. 이 과정에서 일부 지식인, 특히 셀던 같은 이들은 그러한 흐름을 수용하면서 새로운 통찰력을 가지고 유럽의 지적 토대를 좀 더 탄탄한 비교의 틀 위에 올려놓았다. 하지만 다른 이들은 이러한 변화에 무덤덤했는데, 세상이 보여주는 것에 어떻게 반응해야 할지 몰랐기 때문이다. 또 다른 이들은 낡은 사고에 사로잡혀 완전히 뒤처졌는데, 그들은 검증되지 않은 생각이 더는 옹호될 수 없어 무너진 이후 받아들여도 문제가 없다고 생각했다.

심지어 가장 똑똑한 지식인도 옛 관념을 재확인하는 것과 새 관념을 소화하는 것 사이에서 혼란스러워했다. 셀던의 히브리어와 아랍어 스승이자 나중에는 그의 학문적 동료가 된 어셔는 천지창조의 연대를 기원전 4004년 10월 23일 한밤중으로 비정比定하려고 고대 히브리어 문헌에 눈길을 돌렸다. 그는 새로운 자료에 주목하고 세상의 광범위한 지식이 야기한 비교 분석 방법을 동원했지만, 이를 성경에 대한 도전이 아니라 성경의 진술을 확증하는 데 사용했다. 오래 지나지 않아 다음 세대의 학자들이 동양의 문헌, 특히 중국 자료에서 인류 역사의 연대기를 기원전 4004년 이전으로 충분히 소급할 수 있는 풍부한 증거를 찾게 되었다.

만약 어셔가 새로운 자료에 더욱 주목하고 신념에 덜 주목했다면 종교적으로 독실한 관념에서 벗어날 수 있었을 것이다. 물론 그랬다면 지금 누구도 그를 기억하지 못하겠지만 말이다. 천지창조에 대한 성서적 관념은 세계적으로 확산된 지식으로부터 큰 타격을 받았다. 확산된 지식이 일부 지식인들에게 유럽 사상의 신학적 밑바탕을 파헤치는 데 영감을 주었기 때문이다. 이것이 바로 지식인들이 히브리어와 아랍어 그리고 결국 중국어까지 배우는 이유였다. 고대 언어에는 중요한 정보들이 숨어 있었고, 그 암호들은 해독되어야 했다. 동양학자들은 그들

시대에서는 해커hacker나 다름없었다.

아마도 셸던은 그가 획득한 '중국 지도'를 저 먼 세계의 진보한 지식을 보여주는 일종의 증거라고 높게 평가했을 것이다. 하지만 과연 그가 이 지도를 해독解讀이 필요한 자료라고 생각했을까? 지도상에서 그가 확실히 이해해야만 한다고 느낀 요소들이 있었을까? 그의 저술 중이 지도에 대한 언급이 전혀 없기에 알 방법이 없다. 그럼에도 나는 여전히 아시아 끝에서 온 이미지로만 배울 수 있는 그 무언가가 있음을 셸던이 느꼈을 것으로 추측한다.

이러한 주장을 뒷받침해주는 가장 강력한 증거는 『명예의 칭호Titles of Honor』라는 셸던의 책 가운데 한 구절이다. 이 책은 셸던이 중시했던 귀족들의 서열과 특권에 대한 역사서로, 『십일조의 역사』가 구설수에 오르기 전에 집필한 첫 번째 주요 학술서였다. 그 구절은 1614년 초판본에는 없으며, 1631년 재판이 나올 때 추가된 헌정사 가운데에 있다. 그는 "모든 섬과 대륙(이는 사실상 더 커다란 섬일 뿐이지만)은 어떠한 해안으로부터도 발견될 수 있도록 그렇게 배치되어so seated 있다"라고 관찰했다. 섬들 사이의 소통이 가능하다는 점인데, 사실 대단히 간단한 견해처럼 보인다.

하지만 이것이 과연 당시 유럽의 경험 속에서 자연스럽게 떠올릴 수있는 생각일까? 유럽 대륙에 대한 지도를 잘 살펴보면 이런 통찰을 고무할 만한 요소는 거의 없다. 유럽 가장자리에 (영국) 섬이 몇 개 위치하지만 이들은 반대편 해안에서 일으킨 침략에 저항한 역사가 있기에 실마리를 주기에 적합하지 않다. 하지만 셸던 지도의 경우, 섬과 반도 그리고 작은 대륙이 모자이크를 이루며 서로 고립될 수 없도록 '그렇게 배치되어' 있음을 여러분은 확인할 수 있을 것이다.

셸던은 섬이 이렇게 배치되어 있다는 점에서 제시될 수 있는 두 가지 논리를 검토했다. 첫째, "누군가는 이것을 한 섬에서 다른 섬으로 이주를 유발하는 자연의 초대장으로 받아들인다는 것이다." 이러한 논리는 명백히 '무주지terra nullius' 논쟁, 즉 비어 있는 것으로 발견된 외국 영토를 점유할 법적 권리를 재확인해준다. 둘째, 필연적으로 "다른 이들은 마치 상호 무역에 관한 공적 권리the Publique Right of Mutual Commerce가 이러한 상황에 따라 설계된 것으로 여긴다."

여기서 우리는 상업 교역은 자연스럽고 합법적이며, 그 교역을 방해하는 자는 누구라도 법적 제재를 받을 것이라는 흐로트의 자연법 관점에 직면하게 된다. 우리는 셸던이 이 두 주장에 대해 모두 회의적이었음을 알고 있다. 그의 관점에 따르면, 영토에 대한 점유와 교역에서 보증 권리는 오직 다른 조건들이 충족되었을 경우에만 행사될 수 있다. 그 조건들 중 하나는 평등이다. 셸던은 한쪽이 다른 쪽에 대해 좀 더 근원적인 권리들을 짓밟는 무역의 조건이나 불평등조약을 강요할 수 없다고 생각했다.

셸던이 이러한 견해를 『명예의 칭호』에 삽입한 것은 흐로트의 논점을 반박하기 위함이 아니었다. 그는 완전히 다른 이야기를 꺼내려고 섬과 섬 사이의 유동성mobility을 비유로 활용했다. 바로 다양한 '양질의 예술과 학문' 분야가 서로 단절되어 손상된 것에 대한 유감을 표현하고 자 했던 것이다. 그는 "모든 분야는 상호 밀접하게 관련되어 있어서 인 접 학문의 도움을 받을 수 있을 뿐 아니라 이해하기 힘든 분야에서도 활용이 가능"하다고 보았다.

다시 말해 모든 학문 분야는 다른 분야들과 관계를 가지고 활용되 며, 분리해서는 안 된다는 것이다. 모든 것은 비유이지만, 지도를 판독 하던 나로서는 그가 고른 이미지와 그가 당시 이미 소유했을 것으로 추 정되는 지도 사이의 유사성에 놀라지 않을 수 없었다.

셸던이 유럽 지도를 보면서 이러한 간학문적interdisciplinary 지식의 필 요성을 연상했으리라 상상하기는 어렵다. 하지만 가지고 있던 동아시 아 지도를 보면서 이러한 발상을 하기는 쉬웠을 것이다.

물론 이는 추측에 불과하다. 셸던이 유언에 명시할 만큼 의미가 있 는 지도에 무관심하지 않았으리라는 점을 알기 때문이다. 그렇다면 어 떤 의미가 있었을까? 아쉽게도 그 의미를 셸던은 전혀 밝히지 않았다. 그렇다고 우리까지 침묵할 필요는 없다. 그가 지도를 어떻게 해독했는 지 밝히지 않았기에 우리는 우리 방식으로 그것을 찾아갈 것이다.

내가 맨 처음 이 지도를 접했을 때 이것은 나를 미궁 속으로 빠뜨렸 고, 지금도 여전히 그렇다. 많은 조각을 빈자리에 채워넣을수록 점점 더 혼란스러워졌다. 하지만 낙심하지는 않았다. 모든 지도는 본래 퍼 즐이고, 지도 안에는 제작 당시의 관습과 제작자의 변덕이 암호화되어 담겨 있기 때문이다. 역사 지도를 읽는다는 것은 이러한 암호를 푸는 과정이고, 그 과정에서 지도 제작자의 의도를 우리 식으로 오판하지 않도록 주의해야 한다. 우리가 취할 수 있는 최악의 자세는 오만함이다. 정도 차이는 있지만, 지도는 늘 목표한 바를 충족시키기 위해 제작된다. 지도 제작자는 의도한 바를 특수한 방식으로 그려냈다. 만약 그가 다른 바를 의도했다면, 그는 다른 방식으로 그렸을 것이다.

문제는 우리에게 있지 지도 제작자에게 있는 것이 아니다. 역사 지도가 우리에게 '틀린' 것으로 보인다는 것은, 우리가 단지 그 암호를 풀어내지 못했기 때문이다. 사실 '틀린' 부분이야말로 어떻게 암호를 해독할지에 관한 단서를 찾는 가장 좋은 시작점이 될 수 있다. 숨겨진 암호에서 이에 대한 해독이 실패한 지점을 좀 더 세심하게 보아야 한다.

하지만 미리 밝혀야 할 것이 있다. 우리는 모든 암호를 풀어내지는 못할 것이다. 셸던 지도는 각종 비밀로 가득 차 있다. 그 가운데 오직 일부 암호만 풀어낼 텐데, 모두 여섯 가지다.

———————

첫 번째 비밀은 중국이다. 셸던 지도에서 중국은 몇 가지 측면에서 눈에 띈다. 중국은 다른 어느 지역보다 지리적으로 상세하게 담겨 있다. 또 중국은 다른 지역보다 더 많은 지명을 갖고 있다. 디자인 측면에서도 중국은 나름대로 완결된 형태를 지니고 있으며, 다른 지역과 일관성이 필요하지 않은 것 같다. 중요한 것은 중국이 지도의 상당 부분을 차지하고 있다는 점이다.

중국 부분에서 가장 눈에 띄는 특징은 풍경을 가로질러 명을 하나의 통일체로 묶어주는 구불구불한 경로라고 할 수 있다. 첫인상에는 그것들은 틀림없이 하천이다. 하지만 사실은 아니다. 이러한 오해가 생긴 것은 현대 암호를 과거 지도에 무리하게 적용하려고 했기 때문이다. 물길처럼 보이는 선은 결코 하천이 아니다. 단 하나의 예외만 제외하면, 그것은 모두 성省의 경계선이다. 이를 감지하기 어려운 것은 경계선이 바다와 같은 색으로 채색되었기 때문이다. 게다가 이 경계선들은 해안에 도달한 지점에서, 마치 강이 바다를 향해 열린 것처럼 보인다.

유일한 예외는 황허의 상류 구간으로, 만리장성을 넘어 지도 왼쪽 위를 장식하고 있다. '황하수원黃河水源'이라 쓰인 황허의 발원지(하이드는 이 지점에 라틴어로 'huang fluvii aqua incipium'이라고 기입했다)는 땅콩 모양 호수로 지도 가장자리에서 인도양 쪽으로 연결되어 있다. 일단 황허가 만리장성에 도달하면 사라지고, 성의 경계로 연결되어 뻗어나간다. 동일한 방식으로 완전히 다른 두 가지, 즉 강과 경계를 묘사했다. 혼동은 여기서 발생했다. 물론 이것은 중국 지도의 일반적 표현 방식이 아니다.

노란 테두리로 표기되어 있는 수십 개 도시나 빨간 톱니 모양으로 테두리가 표기된 성도省都는 시각적으로 두드러진다. 그리고 테두리가 빨간 한 글자짜리 한자도 수십 개 있다. 언뜻 보기에 크기가 약간 작기에 작은 규모의 지명 같았다. 하지만 또 추측이 틀렸다. 동그라미들 속

한자는 도시 이름이 아니었다. 그것들은 구체적인 명사들로, '기箕(키)', '필畢(그물)', '방房', '위危(지붕)', '벽壁', '정井(우물)', '각角(뿔)', '익翼(날개)', '미尾(꼬리)', '귀鬼', '성星'과 같은 글자다. 천공天空에 익숙한 중국인이라면 이것이 밤하늘을 분할하는 성수星宿, 즉 28수宿 가운데 일부임을 알아차렸을 것이다. 28수의 28개 글자는 지구를 도는 달의 움직임에 따라 나누어 지정된 것이다.

그렇다면 그들의 정확한 위치는 땅이 아닌 하늘 위인데, 왜 지도에 나타나 있을까? 이는 보편적 에너지, 즉 '기氣'가 하늘과 땅을 연결한다는 중국의 우주론적 이해에 근거한 결과다. 이에 따르면 하늘의 모든 공간은 최소한 중국 내부 땅의 모든 위치와 대응한다. 이는 '분야分野'로 알려진 별자리의 대응 체계로 조직되었다. 이 체계는 이 지도가 그려지기 전보다 약 2,000년 전으로 거슬러 올라가는데, 다만 명대에는 어떻게 전체가 운행되었는지 확실히 이해하지 못했다. 사람들은 하늘과 땅을 대응할 수 있었을 뿐 그 관계는 설명하지 못했다.

나 역시 셸던 지도가 지닌 이러한 특징을 어떻게 해석해야 할지 몰랐으므로, 이전에 하던 대로 명나라에 대한 표준적 참고 자료인 장황의 『도서편』을 살펴보기 시작했다. 혹시 모를 도움을 얻기 위해 이 백과사전을 넘겨보다가 지리地理 부분 바로 앞에 우주론에 대한 설명이 있고, 그 속에 '분야'에 대한 설명으로 가득한 장이 있다는 것을 발견했다.

장황도 이 복잡한 체계를 이해하는 데 어려움을 겪었기에 이 주제에 대해 보고서를 작성했다. 「천하의 주·군·국·읍을 분할하여 대응시키

는 별자리 질서에 관한 연구星宿次度分屬天下州國邑考」는 독자들에게
일반적 법칙과 이전 자료를 혼합하여 어떻게 '기'가 하늘과 땅의 일치
를 유지했는지 보여준다. 셀던은 그러한 장섭의 분석을 환영했을 것이
다. 이는 셀던이 즐겼던 자료에 대한 역사적 탐구와 해석이었기 때문
이다. 하지만 결국 장황의 설명은 성공하지 못했다. 비록 그는 28수가
어떻게 보편적인 시계와 같이 작동하는지, 가령 동짓날 태양의 각도가
일반석인 시세 침의 징오와 같다는 것 등을 알려주었지만, '분야'에 대
해서는 명쾌한 설명을 해주지 못했다.

　하지만 결국 장황은 나를 실망시키지 않았다. 그의 글을 읽고 나서
나는 진짜 필요한 단서를 발견할 수 있었다. 바로 28수에 대한 지역별
대응 지점을 보여주는 중국 지도였다. 이로써 나는 바로 다른 대중적
백과사전을 찾아보게 되었다. 이는 푸젠에서 가장 끈기 있는 상업 출
판업자인 여상두余象斗가 1599년에 제작한 『만용정종萬用正宗』이라는
일용유서日用類書[55]다.

　나는 그 속에서 장황이 그린 지도의 원형이라 할 수 있는 「28수분야
황명각성지여총도二十八宿分野皇明各省地興總圖」를 발견했다(그림 24 참
조). 이 지도는 셀던 지도의 중국 부분과 완벽하게 일치하지는 않지만
대부분 별자리와 이에 대응하는 지명, 주석까지 셀던 지도와 거의 비
슷하다. 이 지도에서 성의 경계가 강 모양인 것도 셀던 지도와 같고, 남
방의 하이난섬은 남해안으로 합쳐 표현되었다.

---

55) 대중이 실제로 사용하는 혹은 유용한 지식들을 종류별로 분류, 편집한 책.-옮긴이

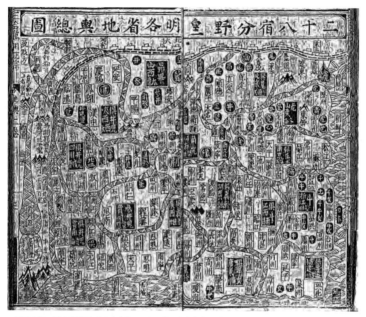

그림 24 「28수분야황각성지여총도」, 중국을 별자리와 관련하여 묘사한 지도로, 28수 별자리는 중국 각 지역의 성질을 지배한다고 알려져 있다. 이 지도는 여상두가 1599년 출간한 일용유서인 『만용정종』에 수록되어 이후 광범위하게 대중적인 출판물에 전재되었다. 그 내용이 셀던 지도에 실린 중국 부분과 거의 동일하기에 그 출처라고 볼 수 있다.

이제 상도上都, Xanadu에 대해 자세히 이야기하고자 한다. 셀던 지도에 '금과 원의 윗 수도'로 표기된 상도는 여상두와 장황의 지도에서도 같은 자리에 위치한다. 여상두와 장황의 지도는 물방울 모양 테두리로 둘러싸인 반면, 셀던 지도는 조롱박 모양 테두리인데, 이처럼 독특한 모양은 오직 여기에만 사용되었다. 이는 아주 작고 지엽적인 내용처럼 보이지만, 사실 이 지도들이 동일한 지도 제작의 흐름 아래 만들어진 결과물이라는 사실을 알려준다. 이것이 앞선 7장에서 콜리지를 소개한 이유다.

셸던은 나를 그의 친구인 퍼처스에게로 이끌었고, 퍼처스는 나를 후대 판독자인 콜리지에게로 이끌었고, 콜리지는 나를 상도로 이끌었으며, 다시 상도는 나를 장황과 여상두로 이끌었다. 이것은 기묘한 귀결이지만, 이상향을 노래하는 콜리지의 시가 없었다면 나는 무슨 일이 일어나고 있는지 전혀 알아차리지 못했을 것이다.

여상두 지도와 셸던 지도의 차이점은 세부적 묘사가 아니라 그 틀에 있다. 여상두는 표준적인 정사각형 형식을 사용했다. 몇 개 지명이 바다 위에 떠 있지만 그 밖에 중국은 사각 틀을 가득 채우고 있다. 중국이 아닌 지역은 거의 나타나지 않는다. 셸던 지도에서 중국은 광범위한 영역 가운데 일부분을 차지한다. 그리고 다른 지역에 비해 중국 부분은 선명해서 눈에 잘 들어온다. 그래서 마치 셸던 지도 제작자가 여상두의 지도를 차용하되, 지도의 사각 틀을 벗겨내고 더 큰 지도 가운데 중국이 들어갈 공간을 조립하듯 채워넣은 것 같다.

환언하면, 이 지도에서 중국 부분은 보통의 중국인 지도 제작자가 그리는 방식처럼 핵심 자리를 차지하지 않았다. 그 대신 셸던 지도 제작자는 어디선가 베껴온 지도로 중국이라는 공간을 채우면서도 다른 부분과 통합하려는 노력을 진지하게 하지 않았다. 다른 지도를 큰 지도에 삽입했다는 것은 지도 제작자에게 중국이 그리 흥미로운 대상이 아니었음을 암시한다. 이는 내륙이 아니라 해안이 중요했기 때문이다.

나는 셀던 지도에서 평범한 중국 모습이 단순히 공간을 채우기 위한 장식이라고까지 말하려는 것은 아니다. 아마도 셀던 지도 제작자는 별이 야간 항해에 중요하다는 인식에서 별을 선택했던 것 같다. 광활한 해양을 항해하는 자에게 대낮 하늘에서 태양의 위치는 밤하늘에 움직이는 무수한 별자리에 비하면 그리 효과적인 도구가 아니었다. 아쉽게도 중국의 항해 관련 자료에서 이러한 점을 설명할 수 있는 정보는 거의 발견할 수 없다. 『순풍상송』에도 별자리 설명은 매우 짧은데, 별자리 네 개가 뜨고 지는 여덟 개 나침반 방위점만 소개할 뿐이다. 분명히 항해사는 그보다는 풍부한 별자리 판독법이 필요했을 것이다.

아마도 이러한 정보는 구전되었을 뿐 어떤 항해사도 공식적인 기록으로 남기려 하지 않았던 일종의 금지된 지식이었던 것 같다. 또 우리는 중국의 나침반 관련 지식이 훌륭하기에 별자리에 대한 세밀한 지식이 굳이 필요하지 않았으리라 예상해볼 수 있지만, 이에 대해 나는 회의적이다. 모든 항해사는 안전한 경로를 확보하기 위해 가능한 한 많은 지식을 축적한다. 밤하늘 별자리가 얼마나 중요한지 확언할 수 없지만, 분명 별자리의 중요성이 지도 제작자로 하여금 이런 방식으로 지도를 그리게 자극했을 것이다.[56]

---

56) 송응성(宋應星)이 1637년 편찬한 기술지식에 대한 훌륭한 편람인 『천공개물(天工開物)』에는 항해에서 밤하늘의 중요성에 대한 간접적 확증이 있다. 그 책은 하늘 위의 몇 가지 간단한 별자리를 묘사하는 조운선(漕運船)에 대한 삽화를 담고 있다. 그 의도는 이러한 조운선들이 밤낮으로 운행되었다는 것을 보여주기 위함이었을 것이나, 동시에 항해하기 위해 밤하늘을 이용했음을 암시하기도 한다.

셀던 지도에는 별자리 외에 표현된 천체가 있다. 태양과 달 역시 두 차례 묘사되었다. 한 쌍은 베이징 북쪽에 위치하는데, 붉은 태양과 흰 달은 각각 한자로 표기되어 있다. 다른 한 쌍은 지도 양쪽 상단에 더 두드러지게 묘사되어 있다. 붉은 태양은 오른쪽에 있으며 흰 달은 왼쪽에 있는데, 둘 모두 여러 색깔로 채색된 상서로운 구름 다발로 꾸며져 있다. 그 위에 라틴어로 해와 달이 'sol'과 'luna'가 쓰여 있는 것으로 보아 심복종이 이를 하이드에게 소개했을 것이라고 추측할 수 있다. 태양과 달을 짝짓는 문장紋章은 명나라에서 널리 사용되던 방식으로, 명의 멸망과 함께 급속히 사라졌다. 예를 들면 이러한 문장은 15세기 명 황제의 용포 견장肩章에 나타났고, 묘비 장식용 문장紋章에도 사용되었다. 해와 달은 천체 가운데 가장 권위 있는 것으로 알려졌기에 이들을 지도에 그림으로써 항로에 대한 우주적 보호를 기원할 수 있었다.

여기에는 일종의 언어적 유희도 포함되었다. 오른쪽의 해 일日과 왼쪽의 달 월月을 한 글자로 조합하면 밝다는 뜻을 지닌 명明, 즉 왕조 이름이 된다. 셀던 지도 제작자는 중국이라고 불리는 지역 이름이 아닌 명이라는 시대 이름을 인지했을까? 그랬다면 지도는 아시아에서는 남았을 테지만, 1644년 만주족 정복 이후에는 살아남지 못했을 것이다. 그 시기에 명에 대한 모든 상징은 말살되었다. 견장은 용포의 어깨에서 떼어내졌고, 문장은 묘비에서 파내어졌다. 해와 달에 관한 다른 상징 역시 본래 그곳에 없었던 것처럼 모두 사라졌다.

따라서 첫 번째 비밀은 중국이 본래 모습대로 표현되지 않았고, 지도에서 중국은 별로 중요하지 않다는 점이다. 그렇게 큰 비밀은 아니지만 이것은 시작일 뿐이다.

―――――

셀던 지도의 두 번째 비밀은 지도가 놀랍도록 정확하게 설명해준다는 것이다. 이 지도를 1626년 만들어진 스피드의 「아시아와 인접한 섬들Asia with the Islands Adjoining Described」과 같은 동시대 지도와 견주어보아도 아주 두드러진다(그림 25 참조). 그뿐만 아니라 근대의 원뿔 투영법으로 제작된 지도(전문적인 것으로, 램버트의 등각 원뿔 북아시아 투영도the Asia North Lambert Conformal Conic Projection) 옆에 두어도, 셀던 지도의 정확성은 손색이 없다.

20여 년 전 지도사 연구자 코델 이Cordell Yee는 "비록 축척 원리를 중국인들이 이해했다 할지라도, 이는 중국의 지도 제작자들에게 최대 관심사가 아니었다"라고 지적했다. 그는 중국의 지도 제작자들이 기술적 능력을 소유했는데도 기술적 정확성에 무관심해 보인 이유를 조사하려고 이러한 지적을 했다. 이제 우리에게는 셀던 지도가 있기에 그러한 해명은 필요가 없어졌다. 여기 동시기 유럽에서 그려진 가장 우수한 것과 같은 축척에 따른 중국 지도가 있다. 스피드와 셀던 지도를 비교하면, 일부분에서 하나가 다른 하나보다 우수한 점이 있을 수 있지만 전체적으로는 대등하다. 이를 어떻게 설명할까?

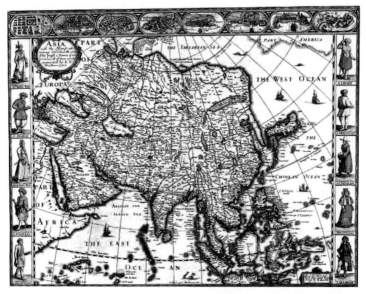

그림 25 스피드는 독학으로 지도 제작과 지도 출판업자로 성장하였다. 그는 『세계에서 가장 유명한 지역에 대한 조망』이라는 제목의 위대한 세계지도집을 제작하는 과정에서 1626년 이 아시아 지도를 디자인하고 새겼다. 지도집은 그다음 해에 출간되었다. 지도집이 출판되었을 때 그의 나이는 여든다섯 살이었고, 그로부터 2년 뒤 사망하였다.

답은 간단하지만, 답에 도달하기까지는 조금 복잡하다. 넓은 지역의 지도를 그릴 때 발생하는 기술적 문제부터 살펴보자. 이는 선행 작업 없이는 할 수 없다. 막대한 거리를 작은 공간으로 압축하려면 이미 넓은 지역이 압축될 때 어떤 모양이 될 것이라는 이미지를 가지고 있어야 한다. 바다의 외곽선을 그리는 것보다 만灣의 외곽선을 그리기가 더 쉬운 이유는 우리가 대부분 만을 볼 수 있기 때문이다. 바다 전체를 그리려면 그것이 어떻게 생겼는지 알 필요가 있는데, 이는 스스로 경험한 것이 아니라 이전에 보았던 지도에서 얻는다.

만약 셸던 지도가 지닌 시각적 정확성이 무언가에서 비롯해야 한다면, 그 선행 작업은 무엇일까? 우리는 이미 나침도와 자를 통해 지도 제작자가 유럽 지도를 보았을 것이라는 추론을 해보았다. 셸던 지도 제작자가 이처럼 일관성을 가지고 정확한 지도를 제작하려 한 한 가지 방법이 유럽 지도를 모방하는 것이라는 사실을 깨닫는 데에 많은 탐색이 필요하지 않다. 물론 스피드의 지도는 시기적으로 셸던 지도보다 늦기에 셸던 지도의 원형이 될 수는 없다. 하지만 셸던 지도 제작자가 이보다 조금 더 먼저 유럽에서 그려진 동아시아 지도를 보고 모방하는 것은 가능하지 않았을까?

오랜 기간 나는 셸던 지도 제작자가 지도를 그리기 전에 유럽제 지도를 본 적이 있다는 결론을 내리는 것에 주저했다. 놀라울 만큼 독창적이고 훌륭한 방식으로 중국을 둘러싼 해양 세계를 담으려고 시도한 만큼 이 지도는 내게 강력한 인상을 던져주었고, 이는 지금도 변함이 없다. 나는 이 지도가 단순히 유럽제 지도의 모방에 그치지 않기를 간절히 바랐고, 그가 모방했을 지도 역시 결코 찾을 수 없었기에 모방에 대한 결론을 보류할 수 있었다. 하지만 영원히 보류할 수만은 없다. 중국인과 유럽인이 동아시아를 그리는 방식은 달랐지만, 이 지도는 중국인이 유럽 방식으로 동아시아를 그린 것이다. 나는 셸던 지도의 공간적 구성이 더는 유럽제 지도를 목격함으로써 말미암은 것이라는 가능성을 부정할 수 없었다.

하지만 셸던 지도 제작자가 지구 표면을 측정하고 그렸던 유럽인들의 기술적 방법을 학습했다는 증거를 보여주지 못한다면, 이러한 목적이 실제 얼마나 중요하다고 볼 수 있을까? 유럽제 지도의 특별한 강점은 위도와 경도를 사용하여 균질적인 축척을 구현한 것이다. 하지만 우리의 지도 제작자는 이러한 틀에 대한 이해를 보여주지 못했다. 셸던 지도에서 보이는 축척의 변화무쌍함variability이 이를 잘 보여준다. 대체로 셸던 지도는 약 1:4,750,000 축척으로 그려졌다. 보르네오, 수마트라 그리고 중국의 상당 부분이 이 축척으로 그려졌다. 하지만 그 축척은 지도 전체에 균일하게 구현되지 않았다.

셸던 지도를 근대의 원뿔 투영법과 비교하면, 몇몇 부분이 지나치게 크거나 작다는 것을 확인할 수 있다. 축척 차이가 이를 증명한다. 필리핀과 만리장성을 낀 중국 북부 지역은 다른 지역보다 두 배 축척으로 그려졌는데, 즉 약 1:2,400,000의 축척이다. 즉 이 두 지역이 보르네오나 중국의 나머지 부분보다 두 배 크기로 그려졌다는 것이다. 다른 지역은 축소되었다. 특히 동남아시아 대륙부 지역은 심각하게 축약되었다. 윈난雲南 지역 축척은 1:6,000,000으로 줄어들고, 베트남 지역은 1:7,000,000보다도 더 낮아졌다.

이것은 우리에게 무엇을 말해주는가? 이러한 사례는 지도 제작자가 유럽 지도를 틀로 삼고 동아시아 부분을 끼워 맞춘 것이라는 주장과 상충되는 것이 아닐까? 그럴 수 있다. 하지만 나는 이것이 축척의 변화무쌍함으로 얻어낼 수 있는 가장 흥미로운 결론이라고 생각하지 않는다. 오히려 지도 제작자가 또 다른 데이터 집합data set을 기반으로 작업을 진행하지 않았을까 생각해본다. 이러한 데이터의 비밀은 보들리안 도서관의 로버트 민트Robert Minte와 마리니타 스티글리츠Marinita Stiglitz 그리고 영국박물관의 게이스케 스기야마圭佑杉山로 구성된 지도복원팀이 이전 세기 지도 관리인들이 지도를 보호하기 위해 붙인 니스 칠한 면 소재 안감을 제거했을 때 비로소 시야에 들어왔다. 2010년까지 그 지도의 상태는 대단히 열악한 상황에 있었지만, 지도복원팀은 원본을 전혀 훼손하지 않으면서도 그 종잇장을 벗겨낼 수 있었다. 일단 원본이 세척되고 건조되자 그 뒷면에서 새로운 사실을 보여주는 기록들을 발견했다. 지도 상단에 위치한 자와 장방형 상자 모양 밑그림에 더하여 아무도 해석할 수 없었던 기호들이었다.

훨씬 더 흥미로운 발견은 서로 연결된 직선들의 밑그림이었다. 지도 복원팀이 지도를 돌려 이면裏面의 선들을 표면表面의 선들과 비교해보니, 이면과 표면의 선이 정확하게 일치한다는 것을 발견했다. 이면의 선들은 표면에 그려진 중국 동해안에서 뻗어나간 주요 항로와 동일했다. 어떻게 이런 일이 일어났을까? 확실한 것은 지도 제작자가 종이의 한 면에 지도를 그리기 시작했고, 다시 종이를 뒤집어 반대편에 그것을 그렸다는 점이다. 연습하려고 그랬을 수도 있고, 실수를 저질렀기 때문일 수도 있다. 이유가 무엇이든, 그는 다시 시작하고 싶어 했다.

여기서 그가 연습했다거나 실수를 저질렀다는 것은 중요한 사실이 아니다. 이면의 선들이 알려주는 중요한 점은 지도 제작 방법에 대한 이해의 실마리다. 바로 그가 항로를 가장 먼저 그렸다는 것이다. 보통 우리는 해안선을 먼저 그린 후 각 항구를 연결하는 항로를 채워넣는다. 하지만 셸던 지도 제작자는 자신의 항해 지침서 데이터를 근거로 항로를 먼저 그린 뒤 주변 해안선을 그렸다. 그래서 이 지도는 결코 진정한 지도가 아니다. 이것은 항로를 보여주는 해도海圖다. 육지 형태는 부차적인 것에 가깝다.

이제 셸던 지도가 놀랍도록 정확한 이유가 분명해졌다. 지리적으로 정확했던 것은 비록 지도 제작자가 유럽제 지도들을 자세히 볼 수 있었다 하더라도, 그 윤곽을 따라 베꼈기 때문은 아니다. 오히려 그것이 바다에서부터 그려졌기 때문에 그만큼 모양이 훌륭한 것이다. 결과물의 수준은 그가 사용한 항해 안내서 수준에 달려 있었다. 비록 시간을 공간으로 균질하게 전환하는 능력이 부족했지만, 대략적인 정확도는 갖출 수 있었다. 셸던과 스피드의 지도가 서로 닮았다는 사실이 매우 놀라운데, 둘 모두 바다에서 작업을 시작하여 육지를 끼워맞추었기 때문이다. 다른 방식으로는 불가능한 결과다. 양자는 모두 유사한 노력의 결과물이다. 중국의 바다를 통과하는 화물선 운행을 활성화하기 위해 셸던이 언급했던 '상호 무역에 관한 공적인 권리'라는 것을 보여주는 해도를 제작하는 일이다.

여기서 내게는 더 놀랍게 여겨지는 발견을 소개하고자 한다. 우리는 앞서 나침도 아래의 자가 지도 제작 방식과 일정한 관련이 있을 것이라고 추론한 바 있다. 우리는 현재 지도의 축척이 475만분의 1이라는 사실을 아는데, 자는 이 축척에 맞게 그려졌을까? 수학적인 계산을 해보자. 만약 중국 자의 1촌寸(3.75센티미터)이 6.25노트 속도로 하루를 항해한 거리와 같다면, 그것은 150해리(240킬로미터)가 된다. 그렇다면 자 1센티미터의 실제 거리는 64킬로미터가 된다. 이것은 지도의 자가 640만분의 1 척도로 그려졌다는 의미다. 비록 베트남 부분은 이 축척으로 그려졌지만, 셀던 지도 전체에 적용하기에는 너무 작다. 하지만 자 1촌의 값을 바꾸면 어떻게 될까? 즉 475만분의 1로 척도를 높이는 한 방법으로 배의 속도를 늦출 수 있다. 느려진 속도는 더 짧은 거리를 만들 테고, 이것은 결국 현재 셀던 지도에 적용 가능한 축척에 접근할 것이다. 얼마의 속도라면 적당할까? 바로 4노트다.

이 속도는 놀랄 만한 수치다. 후대에 향달向達이 『순풍상송』에 담긴 항해 시간에 관한 보고를 참고하여 실제 항해거리를 끈질기게 계산해 냈는데, 바로 4노트였다. 향달은 1959년 『순풍상송』을 출간하면서 이에 자세한 주석을 단 학자다. 따라서 누구보다 이 자료에 정통했다. 만약 그가 힘겹게 찾아낸 4노트라는 속도가 셀던 지도 제작에 가장 합리적인 속도와 동일하다면, 이것은 결코 우연일 수 없다. 이러한 일치는 오직 『순풍상송』과 셀던 지도 제작자가 모두 유사한 항해 데이터를 가지고 있었을 때에만 가능한 결과다.

이것은 이 책을 집필하는 과정에서 내가 마지막으로 발견한 비밀이자 나를 대단히 기쁘게 한 사실이다. 나는 향달이라는 학자를 존경한다. 그는 역사 분야에서 내 은사이자 캠브리지의 위대한 중국 과학사 연구자인 니덤과 같은 해인 1900년에 태어났다. 1935년에 향달은 심복종이 그랬던 것처럼, 보들리안도서관의 중국 수집품 목록 작업을 하려고 중국을 떠나 옥스퍼드로 향했다. 그는 『순풍상송』의 가치를 한눈에 인식했기에 옥스퍼드에 머무는 동안 이 자료를 필사했다.

그는 조국에 헌신하려는 마음으로 중국으로 돌아왔지만, 결국 문화대혁명文化大革命이 일어난 첫해에 외국을 다녀온 적이 있거나 외국인을 알고 있다는 죄목으로 고문받다가 예순여섯의 나이에 아쉽게도 생을 마감했다. 『순풍상송』에 대한 향달의 진지한 연구가 이제 다시 그가 전혀 볼 기회가 없었던 한 지도를 증명하는 근거로 활용되었다는 점이 특히 반가웠다. 지도 속 자는 셸던 지도 제작자가 항로를 그릴 때 실제 사용한 축척을 반영하고 있다. 그의 명성은 그를 고문했던 자들이 죽은 뒤에도 살아남았다. 이는 작은 명예회복이지만, 중국사를 전공하는 우리에게는 중요한 승리다. 향달은 이 분야에서 걸출한 학자 가운데 한 명이고, 이러한 명예회복은 우리가 할 일이다.

———————

이제 방금 밝혀진 내용을 근거로 이 지도의 세 번째 비밀을 탐구한다. 바로 지도에 자기장磁氣場의 특징이 반영되어 있다는 비밀이다.

지도 속 항로를 유심히 살펴보라. 항로 대부분이 나침도 방위로 표시된 것을 확인할 수 있는데, 이 48개 방위는 나침도 원주를 따라 7.5도

간격으로 배치되어 있다. 지도 제작자는 단순히 항로를 표시하는 데에 그치지 않았다. 그는 한 발짝 더 나아가 항로가 실제 선박이 나아가는 정확한 방향을 표시하도록 묘사했다. 이는 나침도와 비교해보면 확인된다. 만약 항로에 '자子(0도)' 방위가 표시되어 있다면, 이 선은 나침도의 자 방위와 일치된 방향으로 그려졌다. 이제 나침도를 상세히 살펴보라. 나침도의 북쪽 방향인 '자' 방위가 지도의 정북을 향하지 않음을 발견할 것이다. 나침도의 '자' 방위가 왼쪽으로 6도 정도 살짝 기울었다. 만약 나침도가 지도 세로축을 따라 그려졌다면, '자' 방위는 정북을 향해야 한다. 하지만 그렇지 않은데, 이는 실제 방향이 그렇지 않았기 때문이다.

지구의 자기장이 남북 방향에 완전히 일치하지 않는다는 것은 이미 잘 알려진 사실이다. 자극磁極이 고정되어 있지 않기 때문이다. 북자극北磁極은 북극권 안에 있는 캐나다 북쪽 섬들 사이에서 불규칙적으로 떠돈다. 그래서 내가 이 글을 집필하는 중에도 북자극은 캐나다 관할 아래 북극해 구역을 막 벗어나 러시아 관할의 북극해에 진입 중이다(덧붙여 말하면, 바다 위에 경계를 짓는 것이 합리적이라는 셸던의 주장이 없었다면 캐나다와 러시아는 모두 북극해에 대한 관할권을 주장할 수 없을 것이다).

이는 곧 지리적인 '진북眞北(지도상의 최상단)'과 자기장의 '자북磁北(나침반 원에서 '자' 방위)' 사이의 차각差角인 자편각磁偏角이 계속 변화하고 있음을 의미한다. 만약 셸던 지도의 나침도가 왼쪽으로 6도 방향을 가리킨다면, 분명 당시 중국에서 자극이 북극에서 왼쪽으로 6도 기울어 있었을 것이다. 이는 미국 지질조사소US Geological Survey가 복원하여 발표한 역대 자편각에서도 17세기 초반 아시아 동편의 자편각이 서쪽으로 6도가량 기울어졌다는 사실이 확인된다.

나침도만 기울어진 것이 아니라 항로도 기울어 있었다. 나의 연구 조교 마샤 리Martha Lee가 지도를 연구하다가 항로 방향이 지도의 남북 방향과 완벽하게 정렬되지 않음을 발견했다. 자편각이 존재하지 않는 세계라면 항로는 셀던 지도의 남북 축과 일치하여 그려질 수밖에 없다. 하지만 실제는 그렇지 않았다. 이에 마샤는 항로의 방향과 나침도의 기울기를 비교해보았다.

우선 마샤는 나침도의 47개 눈금이 7.5도 간격을 유지하고 있음을 인식하면서, 지도 제작자가 항로를 그릴 때 2.5도 정도 오차 범위는 인정하기로 했다. 가장 확인하기 쉬운 경로는 180도인 '오午'와 0도/360도인 '자子' 방위를 달고 있는 항로였다. 마사가 설정한 오차 범위를 인정해도 이 항로는 수직에서 왼쪽으로 대략 6도 기울어진 것을 확인할 수 있었다. 다른 방위의 항로도 같은 패턴이 적용되었다. 진북 방향에서 왼쪽으로 기울어진 정도가 모두 정확히 6도는 아니지만, 셀던 지도에 항로가 그려질 때 자기장 북쪽인 북자극을 반영했다는 결론에 도달하기는 충분하다. 다시 말해 이 지도는 자기장의 특징을 반영했다.

이제 이러한 비밀을 알았기에 지도에서 더 해석이 가능한 부분이 생겼다. 이러한 발견을 가능케 해준 마샤에게 다시 한번 감사한다. 항로의 각도를 측정하던 그녀는 자편각에 따라 가장 정확하게 그려진 경로가 연안을 따라 그려진 6개 자유 항로라는 사실을 포착했다. 한 가지 예외는 서쪽으로 5.5도 뒤틀려 있는 히라도를 향하는 마지막 코스다. 다른 5개 항로는 거의 동일한 정확도로 그려졌다. 두 항로는 월항과 마카오에서 마닐라를 연결하는 경로이고, 다른 하나는 마닐라에서 남하하여 보르네오 북서 해안에 도달하는 경로다. 또 다른 하나는 통킹만과 자바를 잇는 경로이고, 마지막 하나는 조호르 주변에서 말라카를 향하다가 말레이반도 서쪽 편에 도달하는 경로다.

이러한 사실은 셸던 지도 제작자가 이러한 노선들을 중국 선박들이 남중국해 네트워크에서 사용했던 간선항로로 간주했음을 보여준다. 나머지 항로는 자기장 방위와 정확히 일치하지 않는다. 가령 조호르에서 동쪽으로 출발하여 보르네오 남부를 가로질러 테르나테로 향하는 경로는 적절하게 시작하지만 곧 자편각에서 10.5도 정도 빗나갔다. 그보다 남쪽에 수마트라 동쪽에서 시작하여 바타비아로 향하는 경로 역시 유사하게 어긋나 있는데, 오직 바타비아를 경유하는 구간은 정상적 경로를 회복한다. 가장 자편각에서 벗어난 항로는 월항을 출발해 류큐를 경유하여 오사카로 올라가는 선이다. 이 항로는 갈수록 더 벗어나는데, 최대 자편각에서 16.5도나 벗어나 있다. 사실상 일본 자체가 이상하게 그려져 있으므로, 셸던 지도 제작자는 일본에 가본 적이 없었던 것이다.

이러한 변형이 지도 제작자가 작업을 엉망으로 마무리했다는 것을 의미하지는 않는다. 오히려 그가 아무리 노력해도 모든 항로를 제대로 표현할 수 없었음을 보여준다. 왜 이렇게 그려졌는지에 대한 생각을 멈추어도, 우리는 그 이유를 이미 알고 있다. 바로 원형을 그림으로 표현할 때 드러나는 만곡彎曲, curvature 때문이다. 이렇게 먼 거리를 직선으로 항해하게 되면 반드시 만곡처럼 휘게 되어 있다. 만약 만곡을 상쇄하기 위해 도안된 메르카토르 투영법이 없다면, 결국 당신은 의도했던 코스에서 이탈하게 될 것이다.

당시의 지도 제작지는 이 사실을 몰랐고, 그가 지도를 그릴 당시 3차원의 지구를 표현할 수 있는 투영법 역시 고안되지 않았다. 그가 취했던 대응은 한 가지인데, 바로 적절한 속임수였다. 중요한 간선 항로들을 진짜 자기장의 방향에 가능한 한 근접하게 정렬하기 위해, 다른 항로들은 그럴듯하게 지칭하는 방향에 맞추어 섞어놓았다. 아마 그는 지도를 그리는 과정에서 정확한 자편각을 가지고 모든 선을 그릴 수 없다는 사실을 발견하고 난처했을 것이다. 항로에 대한 단편적 데이터는 정확했지만 이를 시각적으로 조합하기는 불가능했다. 또 이러한 곤란함을 설명할 이론 역시 없었다. 그가 할 수 있었던 최선은 덜 중요한 항로에 대해 이곳저곳에서 속임수를 써가면서 변형을 적절히 관리하는 것뿐이었다. 결과물에서 보건대 이러한 노력이 성공을 거둔 것 같다.

———————

이러한 세 번째 발견에서 좀 더 흥미로운 네 번째 비밀을 밝힐 수 있게 되었다. 지도의 속임수에는 일정한 패턴이 숨어 있다는 것이다. 이 역시 마샤가 셸던 지도를 GIS Geographic Information System, 즉 지리 정보시스템에 적용했을 때 확실히 밝혀졌다. 마샤는 '지리-참조geo-referencing'라고 불리는 기술을 사용해 셸던 지도에서 확인 가능한 지점을 GIS의 해당 지점과 연결했다. 만약 셸던 지도를 고무 위에 그려진 것으로 간주한다면, 그녀는 고무지도를 오늘날 우리가 알고 있는 세계지도에 맞춰 늘린 것이다. 이를 '고무판 기법rubber sheeting'이라 한다. 거리와 방향에 유의하여 그려진 역사 지도는 고무판 기법으로 세계지도 위에 펼쳐도 늘리는 작업을 할 필요가 거의 없을 것이다. 가장 많이 늘어난 부분이 지도상에서 왜곡이 제일 큰 부분을 나타낸다.

셸던 지도는 이미 정확성이 상당히 높았기에 마샤는 지도를 GIS 좌표 위에 배치하기 위해 지도를 많이 늘릴 필요가 없었다. 결국 그녀가 한 작업은 원본 지도를 큰 덩어리 세 개와 몇몇 작은 조각으로 쪼개는 것이었다(그림 26 참조). 작업을 마치자 지도 중앙에 틈이 생겼다. 셸던 지도 제작자가 수행했던 방식으로 설명하면, 지도를 완성하기 위해 지도 제작자가 취했던 유일한 방법은 남중국해 주변에 위치한 육지들을 실제보다 더 가깝게 그리는 것이다. 남중국해에 속임수를 사용할 수 있었던 이유는 그 지역이 항해자들이 선호하는 지역이 아니었기 때문이다. 정크선 선주들은 그곳을 통과하기보다는 우회하였다. 그들은 그 지역에 진입하면 작은 암초들과 수면 위로 솟아나거나 아래로 잠복한 돌출부에 걸릴 위험성이 높다는 것을 알고 있었다. 명조 시기부터 늦

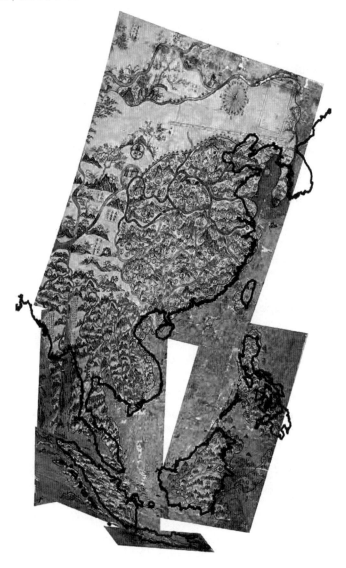

그림 26 '지리−참조(geo-referencing)'라고 불리는 방식으로 재조정된 셀던 지도. 셀던 지도와 GIS 좌표를 정렬하는 과정에서 우리는 지도를 여러 조각으로 나누고 지형을 남중국해에서 분리해보았는데, 셀던 지도 제작자가 그린 그림과 동아시아의 실제 모습이 놀랍게 잘 맞아떨어지는 것을 발견하게 되었다. 이러한 조정으로 셀던 지도가 당시로는 놀랄 정도로 정확한 지도였음을 알 수 있다.

게는 19세기에 이르기까지 이러한 위험성을 알면서 이 지역으로 항해
하는 이들은 없었다.

셸던 지도에는 남중국해의 몇몇 섬이 표시되어 있지만, 오직 해안을
따라가는 경로와 만나는 곳에만 있다. 홍콩에서 떨어진 곳에 있는 동
사도東沙島는 '남오기南澳氣'('마카오 남쪽의 얕은 여울' 정도로 번역이 가능하
다)로 표기되어 있다. 두 구역으로 그려진 파라셀군도西沙群島 역시 마
찬가지다. 북파라셀군도(중국어로는 '宣德群島')는 돛 모양으로 그려졌고
'배 돛 모양의 만 리에 달하는 모래톱萬里長沙似船帆樣'이라는 주석이 달
려 있다. 그 남쪽의 빨간색으로 그려진 파라셀군도는 '빨갛게 채색된
작은 섬嶼紅色'이라고 표기되어 있다. 더 참조할 자료가 없는 이상 지도
의 파라셀군도가 정확히 어떤 섬인지 확인하는 작업은 무리한 해석일
수밖에 없다. 붉은 섬 오른쪽 아래에는 남쪽 방향으로 혜성의 꼬리 음
영을 지닌 섬이 나타나는데, 파라셀군도 남쪽 구역인 영락군도永樂群
島, the Crescent Group로 보인다. 거기에는 '만 리에 달하는 암초萬里石塘'
라고 표기되어 있는데, 항해에서 피해야 하는 위험지대라는 뜻이다.

남중국해 동편에는 난사군도南沙群島, the Spratly Islands라고 알려진
수백 개 암초와 산호로 구성된 도서부가 있는데, 셸던 지도에는 표시
되어 있지 않다. 그곳을 통과하는 항로가 없었기 때문이다. 따라서 일
부 극단적 민족주의자들이 셸던 지도를 근거로 남중국해의 어떤 암초
에 관한 영유권을 주장할지 모르겠지만, 이는 편향적인 것일 뿐이다.
바다에서 영유권을 선언하는 것은 17세기 항해사와 지도 제작자들이

이 아시아 지역에서 행하던 바가 아니었다. 이 섬들은 누구도 원하지 않았다.

이러한 깨달음으로 우리는 다시 셀던 지도 제작자가 지도를 그리기 시작한 목적에 도달하게 된다. 이 지도는 철저히 상업적인 항해도로, 제국의 의도나 영유권 주장이 반영되지 않았다. 우리의 지도 제작자는 명조를 포함한 정치적 국가에 관심이 없었다. 정반대로 명조 역시 바다에 관심이 없었다. 명 조정은 영국이나 네덜란드와 달리 상업적 세력과 결탁해 이익을 획득할 수 있다는 유인에 넘어가지 않았다. 그 대신 조정에 순복하는 자들로 구성된 단일한 세계 질서의 지배자로 자처하는 것을 선호했다. 광둥 지방의 시인 구대임區大任은 이러한 조정 중심 관점을 「비 개는 늦은 시간 매관을 지나며晚霽過梅關」라는 시에서 표현했다. 매관梅關은 중원 지방의 평야와 남부 지역을 가로막는 산지를 가로질러 광둥성으로 진입하는 북쪽 관문이다. 구대임은 남쪽 방향으로 관문을 통과하면서 공물을 휴대하고 반대 방향인 북쪽의 수도로 올라가는 사절을 떠올렸다.

천 개 봉우리 속으로 장마가 수렴되고, 아득한 매관을 지나오네
해는 지고 원숭이 소리 조용해지니, 사람들은 험한 산길 따라 돌아가네
중원으로 엄준한 요새가 열리고, 남쪽 바다로 유럽 오랑캐를 끌어들이네
만국에서 온 왕들이 모이니, 가을바람에 전마가 쉬네

千峰收積雨, 迢遞出梅關

日向猿聲落, 人從鳥道還

中原開障塞, 南海控甌蠻

萬國來王會, 秋風戰馬閑

　시에서 표현되는 세계 질서는 경합하는 다양한 주장이 협상하는 공간이 아니라 규정된 지위로 구성된 위계질서에 가깝다. 이러한 전제 아래 왕조의 권위는 말썽 많은 외국인을 회유하는 것으로 충분하다. 약한 자들은 좀 더 강한 권위에 복속해야 했다. 복속의 혜택으로 군대는 기마병의 경계태세를 늦출 수 있었다. 이는 육지에서 바다를 보는 관점이다.

　바다에서 보는 관점은 완전히 달랐다. 사리스가 일기에서 언급한 상황처럼 '중국인들이 영국인들과 무역을 거절'한다면, 구대임의 묘사대로 세계 각지의 왕들은 공손한 사절단을 이전처럼 파견할지 모르지만, 상인들의 생각은 달랐다. 사리스가 탑승했던 클로브호 갑판에서 볼 때 전마는 의미가 없었다. 그들은 물 위에서 말을 몰 수 없었고, 육지 공격에는 관심이 없었다. 그 대신 사리스는 명조가 무관심으로 바다에 고립무원처럼 내버려둔 중국 선박을 상대로 공격하였다. 그는 마음대로 중국 선박에 올라타고, 대가 없이 선원들의 안내를 요구했으며, 저항이 있을 경우 그들의 화물을 강탈하기도 했다. 그는 심지어 일본의 쇼군에게서 강탈한 화물을 해안으로 운반하고 판매할 수 있는 허가를 청원했지만, 쇼군은 이를 탐탁하게 여기지 않았다. 사리스가 가장 원한 것은 교역이지 사절을 중국에 파견하는 것이 아니었다. 물론 허락된다면 무역할 기회를 얻기 위해 사절을 파견했겠지만 말이다.

교역할 길이 막히자 사리스는 이러한 거절이 무력을 사용할 정당성을 부여해준다고 생각했다. 마치 흐로트 추종자인 네덜란드 정부가 그러했던 것처럼 말이다. 셸던은 명에 해외무역을 조정할 권리가 있다고 주장하면서 사리스에 반대했을 것이다. 하지만 사리스가 아시아의 바다에 온 이유는 돈을 벌기 위함이었지 법을 따지기 위함이 아니었다.

명의 정책은 연해 경비의 범위에 저촉되지 않는 바다 위에서는 모두에게 자유를 주는 것이나 다름없었다. 명은 영국이 '왕의 공간'을 대하는 방식과 크게 다르지 않은 방식으로 해안 방어를 중시했지만, 해안의 관할권은 일관성이 없었다. 만력제가 1614년 왜구 방어용 전선戰船에 대한 재정을 삭감하라는 칙령에 서명했을 때는 더욱 그러했다. '사해만민四海萬民'의 황제였지만 천하에 근접한 바다의 지배를 확보하는 데는 결코 투자하려 하지 않았다. 이는 존슨이 '사해의 군주lord of the four seas'라고 불렀던 제임스 1세와 크게 대조된다. 제임스 1세는 바다 지배를 꿈꾸면서 그 법적 근거를 마련하기 위해 셸던을 불렀다.

남중국해 축소라는 네 번째 비밀이 우리에게 말해주는 바는, 비록 셸던 지도가 바다로부터 그려졌을지라도, 이 지도는 바다 위에 그려진 것에 대한 관할권을 주장하려고 제작되지 않았다는 사실이다. 이 지도는 상인들이 어디로 가야 할지 보여주는 순수한 해도였다.

누구나 이 지도를 보면 품게 되는 첫 번째 의문은 '누가 그렸는가?' 일 것이다. 이것은 우리가 풀 수 없는 비밀이다. 우리의 지도 제작자는 자취를 감춘 지 오래되었다. 이와 관련하여 가장 근접할 수 있는 다른 비밀이 두 가지 있는데, '언제' '어디서' 제작되었는가 하는 문제다. 먼저 '어디서'부터 시작해보자. 셸던은 유언장에서 명료하게 '그곳there에서 만들어졌다'고 언급했다. '그곳'이 중국이라는 것은 합리적 추론인데, 그렇다면 셸던은 이것을 어떻게 알았을까? 표기된 언어와 기존의 중국 지도를 이용한 점을 볼 때 제작자는 중국인이었다고 생각할 수 있다. 그렇다면 지도 제작자가 중국인이었다 해도 그가 꼭 중국에 있어야만 했을까? 그가 다른 곳에서도 제작이 가능하지 않았을까?

제작자가 현지 지식을 가지고 있었을 지역이 어디였을지 생각해보자. 먼저 엉터리로 그려진 부분을 제외하는 것으로 시작할 수 있다. 가령 유럽의 은어로 '롱자사기'라고 표기된 나가사키가 담긴 일본이다. 남쪽으로 시야를 움직여 필리핀으로 내려간다면, 마닐라가 대단히 잘 그려진 것을 볼 수 있다. 또 루손 서쪽에 줄지어 나타나는 지명들도 선명하므로, 루손에 대해서는 잘 알고 있었을 것이다. 그러나 그 남쪽으로 전개된 모습은 대단히 혼돈스럽다. 그가 알던 항로가 아니었음을 알 수 있다.

내 생각에는 지도 남쪽 절반 부분에 대한 지리 정보가 가장 정확하

다고 느껴진다. 이미 명 시대에 그려진 지도는 동남아시아를 과도하게
축약한 나머지 때로 완전히 사라져버린다는 사실을 언급한 바 있다.
하지만 셀던 지도는 동남아시아에 대한 묘사가 그 이전의 중국 지도뿐
아니라 그 이후 2세기 동안의 어떤 지도와도 다르다. 따라서 내게 셀던
지도 제작자 위치를 지목하라고 한다면 시종일관 자바의 전면, 즉 반
탐이나 자카르타에 둘 것이다. 반탐은 16세기 이 해역에 도달하는 유
럽인들에게 주된 무역 장소였다. 중국인들은 이를 술탄의 영역이라는
이름인 순다Sunda로 알고 있었고, 셀던 지도에도 그 중국 발음인 '순탑
順塔(발음은 'shunda')'으로 표기되어 있다.

　반탐의 운명은 1609년 바뀌었다. 당시 과격한 내분으로 한 파벌이
동쪽으로 쫓겨나 자카르타 인접 마을에 정착했다. 10년 후 네덜란드인
은 자카르타를 습격하고 '저지대(유럽 북해 연안의 벨기에, 네덜란드, 룩셈부
르크로 구성된 저지低地)'에 대한 고대 라틴어 이름을 활용하여 '신바타비
아New Batavia'라는 이름을 붙였다. 바타비아라는 이름은 1942년 일본
병력이 이 도시를 지배하면서 자카르타라는 옛 이름을 회복할 때까지
쓰였다. 하이드는 지도의 장소명 옆에 '노바 바타비아Nova Batavia'라고
기입해놓았지만, 셀던 지도 제작자는 중국인들이 1619년 전후로 알고
있던 자카르타라는 용어를 붙여주었다.

　이러한 정보로 무엇을 도출할 수 있을까? 여기서 셀던의 유언장을
상기한다면, 우리는 지도의 기원에 대한 또 다른 단서 하나를 뽑아낼
수 있다. 셀던은 본래 그의 지도를 "좋은 조건의 보상금에 지도를 반환

하라는 압력을 받고도 내어주지 않았을 영국인 사령관"에게서 획득했다고 언급했다. 이러한 이야기가 친숙하게 들린다면, 앞서 이에 대해 언급한 바가 있기 때문이다. 그때는 지나쳤지만 지금은 다시 주목해야 할 시간이다. 그것은 퍼처스가 어떻게 사리스가 획득했던 지도를 입수해 『퍼처스의 순례』로 출간했는지에 대한 이야기다. 퍼처스 기록에 따르면, 사리스는 반탐에서 동인도회사에 대한 비용 지불에 실패한 중국 상인에게서 이 지도를 몰수했다. 영국으로 돌아간 그는 '사리스의 지도(내가 붙인 명칭이다)'를 여행기 작가 해클루트에게 전달했다. 1616년 해클루트가 사망하자 이 지도는 나머지 연구 자료들과 함께 퍼처스에게 전해졌다.

이 지도를 퍼처스가 획득한 이야기는 셀던의 경우와 거의 같다. 그들은 같은 지도를 이야기한 것일까? 그것은 불가능하다. 퍼처스가 저서에 전재轉載한 지도는 사각형의 일반적 중국 지도로, 한반도를 제외한 나머지 동아시아는 묘사되어 있지 않다. 두 지도는 완전히 다르다. 셀던이 혼돈을 일으켜 퍼처스 글에서 읽었던 이야기를 자기 지도에 첨부하는 일이 가능할까? 그렇게 생각할 이유는 없다. 만약 이야기들이 서로 조응한다면 아마 같은 이야기의 두 부분이기 때문일 것이다.

셀던의 유언장은 또 다른 단서를 제공해준다. 유언장은 이 지도가 '영국인 사령관English commander'에게서 왔다고 말한다. '사령관'이라는 용어는 일종의 전문용어로, 동인도회사가 아시아에 파견한 개별 원정은 '항해voyage'로, 나중에는 '공동출자 항해joint stock voyage'로 불렸고, 각 항해를 '사령관commander'이 이끌었다. 유언장에서 말미암는 의문은 여러 사령관 가운데 누가 런던에 돌아와 이 지도를 해클루트나 퍼처스에게 주었는가라는 점이다.

후보군은 그리 많지 않다. 일곱 번째 항해의 사령관 앤서니 히폰Anthony Hippon은 1612년 파타니에서 사망했다. 여섯 번째 항해를 주도한 유명한 사령관 헨리 미들턴Henry Middleton은 이듬해인 1613년 반탐에서 사망했고, 네 번째 항해의 사령관 알렉산더 샤플리Alexander Sharpleigh도 그랬을 것이다. 헨리 미들턴의 동생 데이비드David는 다섯 번째 항해와 세 번째 공동출자 항해를 지휘했는데, 1615년 마다가스카르 해안 앞에서 폭풍을 만나 선박이 침몰할 때 익사했다. 니콜라스 다운튼Nicholas Downton은 1615년 반탐에서 죽었다. 영국으로 귀환하던 사령관 가운데 제임스 랭카스터James Lancaster는 1618년 런던에서, 윌리엄 킬링William Keeling은 1620년에 와이트섬the Isle of Wight에서, 마틴 프링Martin Pring은 1626년 브리스톨Bristol에서 각각 사망했다. 토머스 베스트Thomas Best는 돌아온 사령관 가운데 종적이 가장 묘연하다. 열 번째 공동출자 항해 도중 인도 해안에서 네덜란드 함대를 무찌른 것으로 명성이 높았던 베스트는 1617년 동인도회사를 그만두었고, 1639년 스테프니Stepney(런던의 옛 수도 자치구)에서 사망했다.

이들 사령관 가운데 누구도 아시아에서 지도 관련 자료를 얻었다는 기록을 남기지 않았다. 이러한 배제 작업으로 남은 사람은 여덟 번째 항해의 사령관으로, 동인도회사 문서에 정확히 기록된 사리스다. 셸던의 유언장에 등장한 이름과 동일하다. 기록은 아무것도 말해주지 않지만, 동인도회사 기록을 열람하는 동안 이 이름이 내 시선을 붙잡았다. 일단 우연의 일치를 확인하고 나자, 그동안 수집해왔던 작은 증거의 조각이 돌연 사리스를 가리켰다. 꼭 셀던과 사리스가 만났을 필요는 없다. 셀던은 아마도 해클루트를 통해 퍼처스에게서 지도를 얻었을 것이다. 이 경로를 거쳐 그의 서재에 있던 다른 물건들도 전달되었을 것이다.

그중 가장 유명한 것이 「멘도사 필사본the Codex Mendoza」으로 불리는 삽화 앨범으로, 아즈텍인의 삶과 역사를 담고 있다. 1540년대에 스페인 국왕에게 헌상하기 위해 주문된 이 필사본은 프랑스 사략선私掠船에 강탈되었다. 이후 프랑스 국왕의 우주지리학자 앙드레 테베Andre Thevet에게 전달되었고, 다시 해클루트에게 판매되었다. 1616년 해클루트가 죽은 이후 필사본은 퍼처스에게 전해졌다. 10년 뒤 필사본은 퍼처스 유산으로 셀던에게 전달되었다. 셀던은 이 필사본에 자신의 좌우명인 '자유가 최우선peri pantos ten eleutherian'을 기입했다. 이 역시 보들리안도서관에 소장되어 있다. 나는 이제 필사본뿐 아니라 지도 역시 같은 수집가들에 의하여 사리스로부터 셀던에게로 전달되었다고 믿는다.

내 추론이 맞다면, 사리스가 반탐에서 지도를 중국 상인에게서 얻었을 가능성이 높다. 그러나 거기서 흔적은 희미해진다. 이 지도가 반탐에서 그려졌다고 누구도 장담할 수 없다. 하지만 나는 그랬을 것 같다.

실제 반탐 항구에 와서 활동하던 어느 중국 상인이 자신이 구축한 상업 제국을 벽에 펼쳐놓고 감상하기 위해 적지 않은 돈을 들여 지도를 주문한 것이 아닐까? 가설로 도달할 수 있는 바는 소유자까지다. 셸던 지도의 독특한 기법과 스타일로 제작된 또 다른 지도가 나타나지 않는 한, 우리의 지도 제작자는 영원히 익명으로 남을 수밖에 없다.

우리가 지도 제작자 이름을 모른다는 것이 그에 대해 아무것도 알지 못한다는 것은 아니다. 그는 중국인이었다. 그는 정화의 15세기 항해에 관한 항해지침서를 포함하여 다양한 중국 측 항로에 관한 자료에 접근했다. 그는 북쪽보다는 남쪽에 대한 정보를 더 많이 가지고 특히 서양西洋항로를 정확히 기록했다. 하지만 그는 북양항로와 동양항로에 대해서도 상당한 지식을 가지고 있었다. 지도에 묘사된 장소 사이의 공간적 관계가 워낙 훌륭하기에 지도 제작자가 직접 남중국해를 항해하지 않았다고 생각하기는 어렵다. 그렇지 않다면 그가 어떻게 이런 자신감을 가지고 유럽인들이 진입해온 중국의 무역 세계에 대한 완벽한 심상을 그려낼 수 있을 것인가?

그렇기에 비록 그의 이름을 몰라도 우리는 그에 대해 알고 있는 셈이다. 물론 그의 이름은 결코 맞출 수 없는 퍼즐의 한 조각으로 남을 것이다. 또 우리가 그의 '이름'도 모르고 그가 '어디서' 지도를 그렸는지 정확히 언급하지 못해도 '언제' 제작했는지는 알 수 있다. 이제 그 해답에 거의 근접했다.

사리스가 지도를 획득할 기회는 세 차례 있었다. 세 번째이자 마지막 기회는 1614년 초로, 사리스가 일본에서 영국으로 돌아가던 길에 반탐에 들렀을 때다. 그런데 그때는 적합하지 않은 것 같다. 그는 그곳에서 5주 남짓 체류하며 중국 상인들과 거래했지만, 그의 일기에는 빚 독촉에 대한 언급은 전혀 없다. 게다가 당시 그의 지위는 행정관이 아니라 사령관이었다. 채무를 회수하는 일은 사령관이 직접 할 만한 일이 아니었다. 두 번째 기회는 그가 일본으로 가기 전 향료제도로 가는 도중 도착했을 때다. 그는 1612년에서 1613년으로 넘어가는 겨울에 두 달 반 동안 항구에 체류했는데, 그 기간에 런던으로 돌아가는 배 두 척에 화물을 싣는 일에 치중했다. 따라서 이 시기에 그가 빚을 독촉했다고 생각하기는 어렵다.

이제 남은 기회는 첫 번째 방문이다. 1604년부터 반탐에 머물던 사리스는 1608년 상관장Chief Factor으로 승진하고 1609년 10월 4일 떠날 때까지 5년간 체류했다. 고국에 돌아가 사령관 승진을 준비하기 위해서였다. 나는 이때가 지도를 입수할 가능성이 가장 높은 시기라고 생각한다. 상관장이라는 직책이라면 거래하던 중국 상인들에게 악성 채무를 회수하는 일도 했을 것이다. 셸던의 유언장이 정확하다면, 사리스에게 지도를 빼앗긴 상인은 '좋은 조건의 보상금에 지도를 반환하라는 압력'을 받았을 것이다. 그 이유는 여러 가지로 생각할 수 있다. 지도를 제작하는 데에 이미 지출되었을 비용, 지도에 담긴 무역로의 가치(특히 이 지역 무역항로에 익숙하지 않은 외국인 신참자에게는 더 귀중한 자료였을 것이다) 그리고 중국에 대한 전략적 정보가 외국인 수중에 떨어질 경우

생길 정치적 책임 등이다. 내가 몇 세기 뒤 배운 것처럼, 외국인이 중국 지도를 소유하는 것은 허용되지 않았다.

1609년이 사리스가 지도를 몰수할 수 있는 마지막 시기라면, 언제부터 이러한 몰수가 가능했는지도 생각할 수 있다. 그 지도 안에는 시간을 암시하는 대단히 정확한 자료가 있다. 테르나테섬을 의미하는 '만로고' 옆에 표기된 글씨이자 하이드가 관심을 가졌던 '홍모주'가 바로 그것이다. 이는 우리가 알고 있듯, 1607년 5월 테르나테섬에 건립된 네덜란드 요새를 지칭한다. 이 요새를 건립해 테르나테섬이 네덜란드인과 『동서양고』의 저자 장섭이 주목했던 '화인', 즉 스페인인에게 분할된 것은 유명한 일이다. 그러므로 그러한 표기가 가능한 가장 이른 시점은 1607년이다.

이제 우리는 지도가 제작된 시기의 하한선을 1609년으로, 상한선을 1607년으로 설정할 수 있게 되었다. 나는 편차를 고려하여 대략 1608년을 제안한다. 아마도 그 무렵 지도가 제작되었을 것이다.

———————

셀던 지도에 대한 연구는 내가 처음 시작할 때 예상했던 것보다 훨씬 더 복잡했다. 이는 곧은 길이 아니라 돌고 도는 미로였다. 그 속에 담긴 이야기는 다양했다. 셀던에서 시작하여 하이드와 심복종에 이르는 이야기, 셀던에서 거슬러 올라가 퍼처스와 해클루트를 거쳐 사리스에 이르는 이야기, 지도에서 시작하여 장섭과 그의 항로 연구서인 『동서양고』와 로드가 해독할 수 없었던 『순풍상송』까지 이르는 이야기, 지도에서 거슬러 올라가 장황의 백과사전인 『도서편』과 나홍선의 『여지도』까지 이르는 이야기가 대표적이다. 부가해서 초반부에는 셀던에서 시작해 제임스 1세와 왕권신수설, 해양법 이야기도 담겨 있고, 우리에게 비교 준거가 되었던 스피드와 그의 세계지도 이야기도 추가되었다.

이로써 우리는 거의 지도의 기원에 도달했다. 서명이나 날짜도 없는 이러한 자료를 가지고 여기까지 도달한 것은 나쁘지 않은 성과다. 많은 역사적 탐험은 그 목적지에 도달하기도 전에 바다에서 길을 잃는다. 아마도 우리 탐험이 출발지로 귀환하지는 못했을지 모르지만, 최소한 무언가는 성취해냈다. 몇 세기 전 잃어버렸던 지도의 내력 가운데 일부를 다시 지도에 돌려준 것이다. 그뿐만 아니라 지도에 역사를 돌려주는 가운데 우리 이야기를 기록할 수 있었다.

에필로그 》 안식처

셸던 지도는 17세기 전반기에 중국의 남쪽 해안을 가장 정확하게 그린 지도였다. 그 이전에 이만한 지도가 없었음은 물론이고 그 후 40년 동안까지도 그러했다. 하지만 좀 더 광범위한 관점에서 보면 셸던 지도는 지도 제작 역사에 큰 영향을 주지 못했다. 셸던 지도 제작자는 육지가 아닌 바다라는 관점으로 세계를 그려내는 독창적인 방법을 고안했다. 제작자는 이 방식으로 만곡彎曲을 표현하는 어려움의 절반 정도를 해결하는 획기적인 지도를 제작해냈다.

그러나 이 방식을 채용한 다른 지도를 발견할 수 없다면, 우리는 얘기를 더 진전할 자료가 없는 셈이다. 과연 이 지도는 단 하나 최고 작품으로 다른 유사품은 없었을까? 그렇게까지 생각하기 곤란한데도 유사한 지도는 발견되지 않았다. 지도 제작자는 이 지도를 어떻게 그렸는지 설명을 남기지 않았고, 제자를 양성하거나 특별한 제작 방식을 다듬고 일반화하여 원리로 남겨놓지도 않았다. 아무에게도 가르치지 않고 전수도 안 되었기에, 존재하는 지도만이 전부가 되었다. 이 지도가 마지막이다.

이 지도가 유럽에 전달되었기에 이야기를 시작할 수 있었다. 만약 지도가 지도 관련자에게 도달했다면, 유럽의 지도 제작 역사에 어떠한 영향을 미쳤을지 모른다. 하지만 그런 일은 일어나지 않았다. 해클루트와 퍼처스 손에 이 지도가 전해졌다고 하지만, 이들이 원본을 가지고 어떤 수정을 했는지는 기록이 없다. 일단 이 지도가 옥스퍼드대학교에 전시된 이후에는 지도 제작에 영향을 주기에는 너무 늦었다. 다른 발전이 개입되었기 때문이다.

셀던 지도가 담고 있는 가치가 떨어진 때는 정확히 1640년이라고 볼수 있다. 당시 암스테르담 출신의 유능한 지도 제작자 요한 블라우Joan Blaeu(제임스 2세가 보들리안도서관에서 보았던 지구의地球儀 제작자)가 네덜란드 동인도회사에 중국해가 그려진 포르툴라노 해도를 정확도 높게 제작해주었다. 포르툴라노 해도 이후 유럽인은 유럽제 지도에 그려진 중국해를 신뢰할 수 있게 되었다. 그 결과 중국해를 보기 위해 셀던 지도를 참조할 이유가 사라졌다. 1640년을 기점으로 셀던 지도는 지도 제작의 최전선에서 밀려난 셈이다. 1705년 저명한 과학자 에드몬드 할리Edmond Hally가 셀던 지도를 살펴본 후 정확도가 떨어진다고 일축했을 정도다.

이러한 평가로 보면 셀던의 역할에 대해서는 견해가 엇갈린다. 우선, 이 지도를 보존해준 셀던에게 감사해야 한다는 견해가 있다. 아시아 문서를 수집해온 그의 열정과 노력이 없었다면 우리는 이런 지도의 존재조차 몰랐을 것이다. 하지만 그는 지도를 집 안에 철저히 격리하고 외부 유출을 허락하지 않았다. 셀던은 이 지도가 아시아를 가장 잘 표현하는 지도였던 25년간 지인들에게 지도를 보여준 것이 전부였다. 혹시 그 지도에서 무언가를 더 발견했을지도 모를 지리학자들에게는 지도를 노출하지 않았다. 이 지도가 당시 세계를 좀 더 정확히 시각화하려는 유럽인의 노력에 큰 도움이 될 수 있었겠지만, 실제 그런 일은 일어나지 않았다.

이 지도가 보들리안도서관에 안착될 무렵이 되면, 이미 지도 제작자에게 더는 새로운 지식이나 기술적으로 앞선 무언가를 보여줄 것이 없었다. 이 지도의 직관적 정확성은 순수하게 역사적 관심을 불러일으킬 뿐이었다. 아시아를 지도에 그리는 다른 월등한 방식이 생겨났기 때문이다.

옥스퍼드대학 학생들에게 이 지도는 이국적인 호기심 그 이상도 이하도 아니었다. 잊힐 운명만이 남아 있었다. 그 운명처럼 지도는 전시품으로서 가치를 잃고 잘 말려져 항아리에 꽂힌 채 동면을 취하게 되었다.

4세기가 지나 믿을 수 없을 정도로 세계화가 이루어진 지금이 되어서야 복도 끝에 오랫동안 잠들어 있던 이 지도는 빛을 보게 되었다. 그 오랜 세월 지도는 누군가에게 발견되길 기다렸고, 마침내 발견된 것이다.

───────

오랜 시간 보관되면서 이 지도는 기묘한 운명을 경험했다.

보들리안도서관 신관은 옥스퍼드대학 신학교 2층에 자리 잡았다. 도서관을 개장하고 10여 년이 지나면서 건물이 확장되어 학부 사각형 안뜰을 둘러싸게 되었고, 그 속에 새로운 학부(오늘날의 faculty)가 10여 개 들어섰다. 해부학解剖學 학부는 남서쪽 귀퉁이에 자리 잡았다. 그 결과 보들리안도서관과 해부학 학부가 같은 입구를 사용하게 되었는데, 책은 위층에 있고 시체는 아래층에 진열된 셈이다.

이후 보들리안도서관은 오랜 기간 영국 여행가들이 해외에서 수집해온 신비로운 물품 가운데 공공기관에 보존할 만한 것을 끊임없이 받아들였다. 이 과정에서 1658년에는 올리버 크롬웰의 매부가 자메이카에 부탁해 구해온 악어가, 1679년에는 누군가 구매한 '바다코끼리sea elephant'가, 1681년에는 어느 상인이 터키에서 구매한 미라가, 1684년에는 미라화된 아프리카 소년의 시체와 그 밖에 여러 신기한 물건이 보관되었다. 보들리안도서관이 재건될 당시에 이러한 자연의 신비를 수집할 목적이 분명히 있었던 것은 아니었지만, 어쩌다보니 한 세기 동안 많은 물품이 열정적으로 수집되었다.

관장 하이드는 이런 물건들이 입고될 때마다 도서관 어딘가 배치할 곳을 찾아야 했다. 1683년 이후부터 하이드는 자연 표본natural specimen을 엘리아스 애슈몰Elias Ashmole이 새로 건축한 애슈몰린박물관에 전

그림 27 필리핀 남동쪽 미안기스섬 원주민인 지올로 왕자는 이후 단기간이지만 영국에도 알려졌다. 무슬림 노예 무역상에게 잡힌 그는 1692년 영국으로 끌려왔다. 몸 전체에 새겨진 정교한 문신으로 그는 플리트 거리 숙소의 유명한 구경거리가 되었다. 그가 그해 옥스퍼드에서 천연두로 사망하자 그의 피부는 채취되어 보존되었다. 그의 피부는 보들리안도서관으로 통하는 계단에 전시된 셸던 지도 옆에 몇 년 동안 걸려 있었다.

시했다. 인체 표본human specimen은 아래층에 위치한 해부학 학부로 보냈다. 물품마다 그 가치에 부합하는 최적의 장소를 찾기 위해서였다. 18세기에 셸던 지도 역시 안식처를 찾았다. 해부학 학부의 계단 벽이었다.

셸던 지도는 벽에 홀로 걸리지 않았다. 이에 대해 하이드를 비난해야 할지 아니면 감사해야 할지는 상황에 따라 다르겠지만, 그 이야기를 시작하려 들면 할 말이 꽤 많다.

심복종이 옥스퍼드를 떠나고 5년 뒤 새로운 아시아인이 왔다. 지올로Giolo라는 이름의 태평양제도 원주민이었다. 런던의 한 광고지는 '전신에 문신을 한 유명한 왕자는 이 시대의 경이로움'이라면서 대중의 관심을 이끌어냈다. "그의 전신에는(얼굴, 손, 발을 제외하고) 신비롭고 다채로운 도안이 그려져 있다. 경이로운 예술과 기술이다." 이와 같은 문신은 어디에서도 볼 수 없었던 '고결한 신비'를 표현했다(그림 27 참조). 광고지는 그의 몸에 그려진 문신이 그저 아름다움을 위한 장식이 아니라 왕족의 인장이자 독을 예방하는 증표라고 소개했다. 왕자는 문신을 전신에 새긴 뒤 왕과 신료들이 보는 앞에서 나체로 독사와 독충이 가득한 방으로 인도되었다. 문신이 제대로 새겨졌다면 독사와 독충은 왕자를 공격하지 않고 숭배할 것이다.

지도 관점에서 보면 더 놀라운 정보가 담겨 있다. '좀 더 경이로운 등'에는 '양 어깨 사이로 세계의 4분의 1이 생생하게 묘사'되어 있었다. 어깨뼈 사이에는 '북극권北極圈과 열대권熱帶圈'이 있고 '뒷목에 북극'도 있었다. 그렇다면 지올로 왕자는 메르카도르 도법으로 그려진 움직이는 북반구라 할 수 있었다. 아니 적어도 광고지를 만든 이들은 왕자를 그렇게 생각한 듯했다.

"왕자의 몸에 새겨진 알 수 없는 형체와 신비스러운 인물을 해석하고 그곳에 감춰진 고대인들의 지혜와 가르침"이 무엇인지 발견하고자 열망하는 사람들이 플리트 거리에 위치한 블루 보어 숙소Blue Boar Inn에 모여들었다. 또 광고지는 사업적 수완을 발휘하며 지올로 왕자가 '향신료 등 다양하고 귀중한 상품이 가득한 풍요로운 섬'에서 왔다고 소개했다. 그는 '깔끔하고 정갈한' 모습이었지만, 영어를 한마디도 하지 못했고 누구도 그의 언어를 알아듣지 못했다.

지올로 왕자의 즉각적인 인기는 왕의 관심까지 이끌어냈고 그를 소재로 한 책이 발간되기에 이르렀다. 『유명한 지올로 왕자 보고서An Account of the Famous Prince Giolo』라는 제목의 책은 사람들이 그에 대해 알고 싶어 하는 모든 이야기를 담았다. 그의 생애, 가계도, 그의 신비롭고 위대한 모험, 특히 그가 어떻게 영국에 오게 되었는지, 그가 태어난 셀레베스Celebes(현재 술라웨시Sulawesi로 알려진 곳)섬 이야기와 그곳의 종교와 풍속까지 모두 담겨 있었다. 책 내용은 길지 않았다.

책의 처음 여덟 쪽은 셀레베스 토착 종교에 대한 학문적 설명으로 시작되었다. 이후 이야기는 곧 왕자가 사랑한 테르헤네트Terhenahete 공주를 잔악한 억류자로부터 구해낸 영웅담으로 이어졌다. 이 이야기에 등장하는 악당은 공주와 그녀의 아버지가 도망치려고 올라탄 배의 도선

그림 28 사략선 선장으로 활동한 해적 댐피어. 그가 지휘했던 원정은 이를 기반으로 쓴 베스트셀러 항해기 『세계를 향한 새로운 여행』보다 성공적이지 않았다. 머레이는 댐피어 항해기의 첫 판본이 출간된 1697년 무렵 그의 초상화를 그렸다. 필리핀에 체류하는 기간에 댐피어는 지올로의 소유권 일부를 획득했고, 1629년 지올로를 데리고 영국으로 돌아왔다.

사였다. 누구든 처음 보는 사람을 신뢰할 수 없었으므로 도선사라는 설정은 그럴듯했다. 지올로 왕자가 범했던 가장 큰 실수는, 선박 위에서 바다를 바라보며 항로를 모색했어야 할 밤에 갑판 아래서 사랑하는 여인과 '사랑의 기쁨에 빠졌다'는 사실이다. 도선사는 약속을 어기고 그들이 떠나온 곳으로 배를 돌렸다. 주인공 왕자가 다시 사로잡힐 위기에 봉착하자 공주 아버지는 배반한 도선사를 칼로 찌르고 시신을 바다로 던져버렸다.

이는 재미를 위해 지어낸 이야기일 뿐 어느 것도 사실이 아니었다. 이후에 이 모든 것이 거짓이었음을 밝힌 사람은 지올로를 영국으로 데리고 온 영국 해적 윌리엄 댐피어William Dampier였다(그림 28 참조). 사실 지올로는 댐피어가 필리핀 남쪽 민다나오섬에서 재산 증여의 일부로 얻은 노예였다. 댐피어는 항해 회고록에서 그를 '졸리Jeoly'라고 불렀다. 지올로는 납치된 노예에 불과했고, 그것도 적대하는 왕족에 납치된 것이 아니라 민다나오섬을 거점으로 활동하는 모로Moro족(필리핀 남부의 이슬람교도) 노예상인에게 불법적으로 잡혀왔다. 애초에 왕족의 혈통도, 테르헤네트 공주도, 살해된 도선사도, 향신료의 섬도 없었다. 그는 민다나오 동쪽 끝에 위치한 태평양의 아주 작은 섬인 미안기스Miangis[57] 에서 온 사람일 뿐이었다.

영국에 다다랐을 무렵 댐피어는 지올로에 대한 소유권 일부를 가지

---

[57] 미안기스는 1920년대에 널리 알려지기 시작했는데, 미국과 네덜란드가 헤이그(Hague)의 상설 중재재판소에 각각 이 섬이 자신들 소유라고 주장했다. 당시 미국은 필리핀을 지배했으므로 민다나오섬에서 60킬로미터 정도 떨어진 미안기스가 자신들 소유라고 주장했다. 네덜란드는 이 섬이 네덜란드령 동인도제도의 일부에 해당하기에 자신의 영토라고 주장했다. 스위스의 중재인은 네덜란드 손을 들어주었다. 그 근거로 17세기 이래 네덜란드가 이 도서지역을 점유하면서 '도서지역에 대한 평화적이고 지속적인 통치권'을 행사했으며, 어떤 경우에도 이 섬에는 '오직 선주민들만 거주'했다는 점이 거론되었다. 제2차 세계대전 이후에 미안기스는 인도네시아 소유가 되어 지금까지 이어지고 있는데, 네덜란드 제국주의의 유산이라 할 수 있다.

고 있던 항해장에게 노예 소유권을 모두 잃어버렸다고 말했다. 댐피어는 당시 상황을 이렇게 기록했다. "나는 템스강에 도착하자마자 저 노예(지올로)를 배에서 내리게 한 뒤 강가에서 어느 저명한 분에게 보여주었다. 돈이 필요했던 나는 그에 대한 소유권 일부를 팔라는 제안에 넘어가 결국 점차 모든 소유권을 넘겨버렸다. 이후 사람들이 그를 데리고 가서 구경거리로 삼았다고 들었다." 독사 이야기에 관해 댐피어는 비웃듯 말했다. "그 녀석이 꼭 나처럼 뱀이나 전갈을 보면 벌벌 떠는 모습을 보았다." 댐피어는 지올로 등에 있는 문신에 대해서는 아무 언급을 하지 않았다.

『유명한 지올로 왕자 보고서』는 다름 아닌 하이드가 저술했을 것이다. 증거가 몇 가지 있다. 당시 셀레베스섬의 종교에 대한 사이비 인류학적 기록을 할 수 있을 정도로 지식을 지닌 사람은 하이드 외에는 찾기 어려웠다. 또 다른 증거는 지올로가 런던에서 구경거리가 된 후 옥스퍼드로 거처를 옮겼다는 점이다. 게다가 하이드는 말레이어를 모국어로 하는 원주민을 찾고 있었기에, 지올로에게 관심을 가진 것은 자연스러운 일이었다. 하지만 지올로는 말레이어를 전혀 모르는 것으로 판명되었다. 하이드는 지올로를 만나고 나서야 이 사실을 알게 되었다. 무엇보다 고대 아시아 종교에 대해 영국의 선구적 권위자가 이런 센세이션을 일으킬 정도의 저술에 참여했을지는 여전히 의문이다. 아마도 쉽게 돈을 벌려는 계획이 있었을지 모른다. 누군가는 저자가 하이드라는 설에 의문을 제기한다. 하이드마저 이에 대해 명확한 의견을 내지 않으니 더는 알아낼 방법이 없다.

지올로가 옥스퍼드에 머문 기간의 기록은 그가 천연두로 사망했다는 사실 외에는 아무것도 남아 있지 않다. 옥스퍼드대학교는 그의 시신을 도시 서쪽 지역에 위치한 세인트 에비스St. Ebbe's 교회 마당에 묻도록 지시했다고 한다. 하지만 당시 역사적 기록은 이를 증명해주지 않는다. 지올로는 교구 기록부에 등록되어 있지 않았고, 내가 세인트 에비스 교회에 비석 같은 증거가 남아 있는지 확인하러 갔을 때는 이미 본래 교회당은 무너지고 1813년 재건한 뒤였다. 게다가 무덤이 있던 땅은 대부분 웨스트게이트 쇼핑센터 아래로 사라진 후였다. 지금은 비틀거리는 묘비 열 개가 정원을 장식하고 있지만 지올로 묘비는 없었다. 교회 마당은 기독교인을 위한 장소이니 애초에 지올로에게 묘비 따위는 없었을지도 모른다.

하지만 지올로가 완전히 사라진 것은 아니었다. 그가 죽자 그의 문신이 그냥 잊히기에는 너무 진귀하다고 여겨졌다. 당시 과학자들 사이에서 지올로 피부는 학문적 진보에 기여할 수 있다고 인정되었다. 이러한 '자산'을 보존하기 위해 옥스퍼드대학교는 테오필루스 포인터Theophilus Poynter에게 시신의 피부를 벗겨내는 임무를 맡겼다. 포인터는 옥스퍼드의 해부학부 교수였고 가장 성공한 외과의였다. 앤서니 우드Anthony Wood가 그를 도왔고 아마도 하이드 역시 그곳에 있었을 것이다. 포인터는 아래층에서 학생을 가르쳤고 그의 개인 수술실은 보들리안도서관에서 조금 떨어진 캣Cat(오늘날의 캐트Catte) 거리에 있었다.

1790년 작성된 해부학부 수장품 목록에 따르면 포인터가 사망한 해에 그는 지올로 외에 다른 사람들의 피부를 벗기는 수술을 했다고 한다. 그 목록에는 포인터가 '자연적인 움직임에 따라서' 정리한 골격표본과 '채취한 피부와 함께 머리카락과 손톱'[58]이 포함되어 있다.

이러한 인체표본은 런던에서 처형된 뒤 옥스퍼드로 운송된 죄수의 시신으로, 당시 의학적 해부라는 여전히 민감한 분야이기에 은밀하게 진행되었다. 1683년 이후 해부학자들은 현재 과학사박물관이 된 애슈몰린박물관 지하실에서 작업을 진행했다고 하니, 분명 그곳에서 포인터가 지올로 피부를 채취했을 것이다.

우리는 지올로 피부가 왜 중국 지도와 나란히 전시되었는지 알 수 없다. 하지만 몇 년 동안 지올로 피부와 셀던 지도는 이상하게도 나란히 벽에 걸린 채 아시아의 진귀한 물건이라는 명목 아래 과학을 탐구하는 방문객을 계몽하는 역할을 했다. 지올로 등짝 어딘가에 태평양이 그려져 있었을지 모르지만 우리가 확인할 방법은 없다. 셀던 지도는 살아남았지만 지올로 피부는 이미 오래전에 사라졌기 때문이다.

---

58) 수장품 목록에는 다른 유체(遺體)의 해부도 있었다. 목록 항목 가운데는 남편 18명 중 4명을 살해하여 교수형을 당한 여성의 골격표본도 있었다. 이듬해에 옥스퍼드를 방문한 독일 기자는 해부학부에 이 여인의 피부박제(剝製)가 보관되어 있다고 보도했다.

존 셀던은 바다에 나가본 적이 없다. 생전에 '동양학 연구에서 우리 나라의 영예'라는 명성을 얻었지만, 그는 옥스퍼드를 벗어나 멀리 여행을 한 적이 없었다. 셀던은 1654년 엘리자베스 탤벗이 화이트프라이어에 남겨준 자택에서 사망했고, 그의 시신은 서쪽으로 두 블록 떨어진 곳에 위치한 템플교회에 안치되었다. 이 건물은 13세기에 건축된 것으로, 셀던이 소속된 이너 템플이라는 법학원이 그 부지 안에 있었다. 법학원은 지적인 성숙을 이루고 본인도 예측하기 어려울 정도로 위대한 헌법 법률가로서 명성을 확립했던 장소였으니, 그 영혼의 안식처로 적합한 곳이었다. 그의 유체가 묻힌 땅 위에 비석이 세워졌고, 벽에는 그의 삶을 기념하는 검은 대리석 비문이 걸렸다.

셀던의 유언 집행인이 그의 위대한 생애에 걸맞도록 사후 관리를 했는지에 대해서는 많은 이들이 의문을 품고 있다. 1667년 11월 22일 새뮤얼 패피스Samuel Pepys가 템플교회를 방문했을 때(바로 그 직전 해에 발생한 런던 대화재의 화마를 겨우 피한 시기), 그는 "셀던 무덤의 누추함에 비해 그 옆 셀던 유언 집행인의 무덤이 훨씬 나았다"라는 점에 경악을 금치 못했다.

패피스를 놀라게 했던 무덤의 주인은 롤랜드 저커스Rowland Jewkes로, 패피스가 방문하기 2년 전 그의 무덤이 조성되었다. 셀던과 저커스는 1621년 저커스가 법학원에 입회하면서 처음 만났고, 이후 두 사람은 빠르게 친해졌다. 패피스는 다소 악의적인 표현을 사용해 저커스가 자기 무덤보다 셀던 무덤을 더 낮게 조성했어야 했음을 지적했다. 셀던의 유언에 따라 유산의 수취인이 된 저커스는 셀던 재산이 없었다면 이처럼 자기 묘를 아름답게 조성할 수 없었을 테니 말이다.

1708년 인쇄된 런던의 한 안내책자는 템플교회를 소개하는 부분에서 패피스의 비판을 간접적으로 인정했다. 교회 기념물 기록부에 32번으로 명시된 저커스 무덤에 대해 "아름답고 흰 대리석 묘로, 이오니아양식을 따른 화려한 앤터블러처entablature(기둥 위에 펼쳐놓은 수평 부분)에 케루빔cherubim(성서에 등장하는 천사), 장식용 줄과 항아리 모양 장식이 더해졌다"라고 묘사했다. 라틴어로 된 비문에는 그를 "위대한 셀던의 유언 집행인 네 명 가운데 한 명"이라고 소개하며, 이 정도가 그의 명성에 적합한 전부라는 표현을 한 것이다. 그의 바로 왼쪽에 위치한 31번 묘비엔 오직 '존 셀던을 추도하는 묘, 1654년 설치'라는 짧은 문구만 있었다. 케루빔이나 장식용 줄 문양은 셀던 묘비에 없었다. 안내책자의 작가 역시 이에 대해 아무런 감흥을 받지 못했다.

하지만 영원성이라는 경쟁에서 저커스는 패배했다. 그의 기념비는 이제 그곳에 존재하지 않는다. 1940년까지 존재했을지 모르는 그의 무덤은 런던 대공습으로 가루가 되었다. 대공습의 폭발에도 아무 탈 없이 살아남은 것은 셀던이 묻힌 곳 위에 세워진 묘비였다. 그의 무덤은 여전히 남쪽 통로에 자리 잡고 있다. 몇 세기에 걸쳐 보수한 탓에 셀던이 처음 잠든 당시보다 지반이 약간 상승하기는 했지만 말이다. 현재 그의 비석은 퍼스펙스Perspex(유리 대신 쓰는 강력한 아크릴 수지)에 두껍게 싸인 채 어두운 동굴에 잠들어 있다.

만약 역사상 지명도를 가지고 보존해야 할 무덤과 사라질 무덤을 정하라고 한다면, 런던 대공습으로 사라진 다른 무덤처럼 셀던 무덤도 사라졌을지 모른다. 셀던의 동료 역사학자는 서면으로 '당신을 모른다는 것은 야만인 이상으로 무지한 까닭'이라고 주장했다. 하지만 우리는 대부분 셀던이라는 이름을 들어보지 못했다. 보들리안도서관의 헬리웰이 내게 이 지도를 보여주기 전까지 나 역시 그 야만인에 속했고, 이 글을 읽고 있는 독자도 대부분 같을 것이라 생각한다. 그러나 그는 분명 우리가 기억해야 할 만한 충분한 가치를 지니고 있다.

어떤 사람은 자신이 살아가는 과정에서 시대적 변화를 이루어내지만, 어떤 이는 후대에 변화를 만들어간다. 셀던은 이 모두에 해당한다. 아마도 셀던의 중국 지도는 그가 우리에게 남긴 많은 업적 가운데 가장 미미한 것일지 모른다. 하지만 그에 대한 기억이 템플교회의 터전 아래에 더 깊숙하게 잠기지 않도록 하는 데 그의 지도가 전환점이 되었을 것이다.

바닥 깊숙한 곳에 보관된 그의 묘비에는 이를 비추는 전등이 하나 설치되어 있다. 관리인의 근무태만으로 전등이 꺼져 있다면, 그 스위치는 이 글을 읽은 당신 등 뒤에 있을 것이다.

감사의 말 》

여러 사람의 도움이 있었기에 이 책을 완성할 수 있었다. 먼저 나의 오래된 친구이자 이 지도의 존재를 처음 알려주고 나아가 연구를 진행하는 매 순간 아낌없이 도움을 준 데이비드 헬리웰David Helliwell에 감사 인사를 전한다. 다음으로는 최근에 새롭게 사귄 친구 윌 폴Will Poole에게도 감사하는 마음을 전하고 싶다. 그는 한없는 관대함으로 자신이 알고 있는 17세기 옥스퍼드에 대한 방대하고 조예 깊은 지식들을 내게 나눠주었다. 그의 가르침이 없었다면 영국에 대한 내용을 중국에 대한 내용에 버금가는 수준으로 서술하기는 불가능했을 것이다. 이 지도를 발견하고 이것으로부터 얻은 영감을 공유해준 로버트 베첼러Robert Batchelor와 이를 복원하는 과정에서 발견한 점들을 진지하게 자세히 설명해준 로버트 민트Robert Minte, 마리니타 스티글리츠Marinita Stiglitz에게도 감사를 표한다. 또한, 셸던 지도를 '지리−참조geo-referenceing' 기술을 사용하여 어떻게 이 지도가 '사용'되었는지를 설명해준 마샤 리Martha

Lee에게도 고마운 마음을 전한다.

나는 제럴드 투머Gerald Toomer를 직접 만나거나 대화를 나눈 적은 없기 때문에 그가 존 셀던에 대한 내 견해를 지지하지 않을 수도 있다. 그러나 그가 저술한 영국의 동양학 역사와 매우 흥미로운 셀던 전기가 내게 상당한 영향을 미쳤음을 인정한다. 그의 연구가 없었다면 나는 결코 내가 익숙한 지식의 영역에서 벗어나 이토록 멀리 떨어진 영역에 대한 연구를 진행하지는 못했을 것이다.

책의 복사본을 구할 수 있도록 도와준 많은 이에게도 큰 빚을 진 셈이다. 포기를 모르는 나의 에이전트 비벌리 슬로픈Beverley Slopen과 세 출판인 프로파일의 앤드류 프랭클린Andrew Franklin과 블룸스버리Bloomsbury의 피터 지나Peter Ginna 그리고 아난시Anansi의 사라 맥라클랜Sarah MacLachlan, 마지막으로 편집자 페니 다니엘Penny Daniel과 제니 윤Janie Yoon에게도 감사를 전한다. 여섯 사람 모두 이 책의 완성에 얼마나 많이 기여했는지 잘 알고 있다. 안타깝게도 본래 편집자였던 피터 칼슨Peter Carson이 이 책이 완성되기 전 세상을 떠났다는 것이 나의 유일한 슬픔이다. 이 책의 초안을 보고 기뻐했던 그의 모습을 떠올리며 몇 달간 이어진 긴 수정 작업 기간을 버텨낼 수 있었다. 책을 완성하는 과정에서 수정하고 보완한 내용이 그가 원했던 이 책의 방향을 거스르지 않았기를 바랄 뿐이다.

짐 윌러슨Jim Wilerson, 브랜틀리 보마크Brantly Womack, 리처드 웅거Richard Unger, 폴 에프리엘리Paul Eprile, 아론 린드Aaron Rynd가 원고를 읽

으며 수많은 사실 오류와 스타일의 결함을 알려주어 시간을 많이 절
감할 수 있었다. 항해에 대해 알지 못했던 나를 도와준 키스 벤슨Keith
Benson에게도 고마움을 전한다. 마지막으로, 언제나 그랬듯이 내게 적
절한 질문을 던지며 이 책을 완성할 수 있도록 끊임없이 도와준 페이
심스Fay Sims에게 감사하는 마음을 전한다.

이 저서와 관련된 연구와 집필은 캐나다 인문학협회와 사회과학협
회의 지원을 받았다.

자료 소개 》

머리말

- 왈드시뮬러 지도(The Waldseemuller map)는 John W. Hessler and Chet Van Duzzer, *Seeing the World Anew*(Washington DC: Library of Congress, 2012)에 있다. 이 지도의 기원과 의미를 확인하고 싶다면 Jerry Brotton의 *A History of the World in Twelve Maps*(London: Allen Lane, 2012)의 pp. 146~185를 확인하기 바란다.

- 셀던 지도의 기술적 설명은 Robert Minte와 Marinta Stiglitz의 "Conservation of the Selden Map of China"에 있으며 이 글은 2011년 9월 15일 보들리안도서관에서 열린 the Selden Map of China 콜로퀴움에서 발표된 것으로 아직 공간되지는 않았다.

1장 이 지도에서 무엇이 문제인가

- 빌 턴불(Bill Turnbull)의 "Looking at a Miracle", *Naval Aviation News,* pp. 20~23(2003년 9~10월)을 보면 2001년 하이난에서 발생한 공중 충돌 사고에 대한 설명이 있다. 항해법에 관해 주로 Donald Rothwell and Tim Stephens, *The International Law of the Sea*(Oxford: Hart Publishing, 2010)를 참고하였다. 군용기 영공 비행에 관한 내용은 pp. 292~294에 있다. 항해법과 관련해 도움을 많이 준 이웃 Michael Byers에게 감사를 표한다.

- '정신세계': Cordell Yee, "Chinese Cartography among the Arts: Objectivity, Subjectivity, Representation", *The History of Cartopraphy*, ed. J. B. Harley, David Woodward(Chicago:

University of Chicago Pres, 1994), vol. Ⅱ, bk 2, pp. 128~169.

- 남중국해의 섬들에 대해 David Hancox and Victor Prescott, "A Geographical Description of the Spratly Islands and an Account of the Hydrographic Survey amongst Those Islands", *Maritime Briefing* 1:6(1995); Jeannette Greenfield, "China and the Law of the Sea", in *The Law of the Sea in the Asian Pacific Region: Development and Prospects*, ed. James Crawford and Donald Rothwell(Dordrecht: Marinus Nijhoff, 1995), pp. 21~40; Brantly Womack, "The Spratlys: From Dangerous Ground to Apple of Discord", *Contemporary South East Asia* 33:3(2011), pp. 370~387; Clive Schofield et al., "From Disputed Waters to Seas of Opportunity: Overcoming Barriers to Maritime Cooperation in East and Southeast Asia", *National Bureau of Asian Research Special Report* 30(2011) 참조. 특히, 브랜틀리 워막(Brantly Womak)이 위의 참고문헌과 그의 생각을 공유해준 것에 감사인사를 전한다.

- 유럽인의 무역 선박 1만 척: Basil Guy, *The French Image of China before and after Voltaire*(Geneva: Institut et Musee Voltaire, 1963), p. 31.

- 중국인은 '포르투갈 사람들만큼 안전하게' 넓은 바다를 항해: Louis Lecomte, *Memoris and Observations Topographical, Physical, Mathematical, Mechanical, Natural, Civil ad Ecclesiastical, Made in a Late Journey through the Empire of China*(London, 1686), p. 230, Joseph Needham, *Science and Civilisation in China*, vol. Ⅳ, p. 3(Cambridge: Cambridge University Press, 1971), p. 379.

2장 바다를 닫다

- 셀던의 생애와 관련하여 전기를 두 종류 참고했다. G. R. Toomer, *John Selden: A Life in Scholarship*(Oxford: Oxford University Press, 2009)과 그의 초기 업적인 *Eastern Wisdom and Learning: The Study of Arabic in Seventeenth-Century England*(Oxford: Clarendon Press, 1996)는 셀던이 연구했던 동양학에 대한 다양한 맥락을 포함하고 있다. 그 외에 셀던에 대해 참고한 저서는 다음과 같다. John Bar-bour, *John Selden: Measure of the Holy Commonwealth in Seventeenth-Century England*(Toronto: University of Toronto Press, 2003); Paul Christianson, *Discourse on History, Law, and Government in the Public career of John Selden, 1610-1635*(Toronto: University of Toronto Press,1996); and Jason Rosenblatt, *Renaissance*

England's Chief Rabbi: John Selden(Oxford: Oxford University Press, 2008). 존 셀던의 유언
은 큐(Kew)에 위치한 공문서 보관소에 보존되어 있다.
- 보들리안도서관에서 앤서니 우드(Anthoy Wood)의 경험은 *The Life and Times of Anthony
Wood, Antiquary, of Oxford, 1632-1695,* ed. Andrew Clark(Oxford: Clarendon Press,
1891~1900)를 참고하였고, 그의 놀라운 이야기는 vol. I, p. 282를 참고하였다. 셀던의 도
서관 양도에 대한 토론은 Macray의 *Annals of the Bodleian Library*, pp. 77~86, 비용은 p.
86에 나와 있고 D. M. Barrett, "The Library of John Selden and its Later History", *Bodleian
Library Record* 3:31(March 1951), pp. 128~142를 참고하였다. 셀던 지도 원본은 그가 사망
한 이후 세상 밖으로 나왔다.
- '이 학원에는 우수한 혈통과 품행을 갖춘 사람만이 입학할 수 있다': Edward Hutton, *A New
View of London: or, An Ample Account of that Gityin Eight Sections*(London: John Nicholson
and Robert Knaplock, 1708), II, p. 693. 폴 클리버(Paul Cleaver)가 나를 푸에르토 에스콘디
도(Puerto Escondido)에 초대하여 이 책들을 공유해준 것에 깊은 감사를 표한다.
- 벤 존슨(Ben Jonson)에 대해서는 David Riggs, *Ben Jonson: A Life*(Cambridge, MA: Harvard
University Press, 1989)와 Robert Evans, *Ben Jonson and the Poetics of Patronage*(Lewisburg,
PA: Buck-nell University Press, 1989)를 읽었다. 가면극에서 인용된 문구는 *Masques and
Entertainments*, ed. Henry Morley(London: George Routledge, 1890), p. 220, p. 259,
pp. 261~262, p. 290, p. 428에서 발췌했다. 그의 시를 인용한 *The Poetical Works of Ben
Jonson,* ed. Robert Bell(London: John Parker, 1856), p. 217도 참고하였다. '스스로를 가
장 사랑하고 찬양하는…사람': 윌리엄 드루몬드(William Drummond)는 *Notes of Ben
Jonson's Conversations with William Drummond,* ed. David Laing(London: The Shakespeare
Society, 1842), p. 40에 등장하며, '한 인간의 삶 가운데 결혼은 다른 사람에게 가장 덜 영향
을 주는 것': *The Table Talk of John Selden,* ed. Richard Millwood(Chiswick: Whittingham,
1818), p. 90을, '스스로를 만족시키기 위해 쓰는 것으로'는 같은 책 p. 118을 참고했다. Ian
Donaldson, *Ben Jonson: A Life*(Oxford: Oxford University, 2011), p. 363에서는 셀던이 국
왕을 만났을 때 존슨이 동행했을 가능성에 의구심을 드러냈다.
- 아시아에 대한 네덜란드인의 관심과 데 흐로트(de Groot)에 대해 알고 싶다면 Martina Julia
van Ittersum, *Profit and Principle: Hugo Grotius, Natural Rights Theories and the Rise of Dutch
Power in the East Indies, 1595-1615*(Leiden: Brill, 2006), pp. 1~59와 Peter Borschberg,

Hugo Grotius, the Portuguese and Free Trade in the East Indies(Singapore: National University of Singapore Press, 2011), pp. 41~94를 참고하길 당부한다. 데 흐로트의 인용구는 Hugo Grotius, *The Freedom of the Seas*, ed. Ralph Magoffin(New York: Oxford University Press, 1916) p. 20, p. 49에서 발췌하였다.

- 셀던의 메어 클라우섬(Mare Clausum)은 영어 번역본인 *Of the Dominion, or, Ownership of the Sea*, trans. Marchamont Nedham(London, 1652)을 사용했다. 그가 흐로트를 '박학한 사람' 이라고 칭찬한 부분은 책 1권의 26장에 있다. 셀던이 해양법에 미친 영향은 Thomas Fulton, *The Sovereignty of the Sea*(Edinburgh: William Blackwood, 1911), pp. 338~371을, 찰스가 '약간의 대중적인 글'을 요구한 일은 see p. 364에 잘 설명되어 있다.

- 파리에서 한 동료에게 온 편지(Nicolas−Claude Fabri de Peiresc): "Selden Correspondence", Bodleian Library, Selden supra 108, p. 50에 있다. 제럴드 투머(Gerald Toomer)의 편지 사본 을 만들어 내게 보내준 윌 풀(Will Poole)에게 감사를 전한다. '곤경에 빠진 국가에서…': *The Table Talk of John Selden*, p. 125; '위험한데 그 이유는 이것이 어디에 멈출지 모르게 때문이 다,' p. 149; '모든 법은 왕과 사람들 사이의 계약', p. 74.

- 발트모어 축제에 대한 설명은 발트모어의 익명의 팸플릿 *Bartholomew Faire, or Variety of Fancies*(London, 1641; reprinted London: John Tuckett, 1868), p. 1에서 발췌하였다. 존 슨에게 보내는 크로스 드레싱에 대한 셀던의 편지는 *Jason Rosenblatt, Renaissance England's Chief Rabbi: John Selden*, pp. 279~290에서 번역되었다.

- '셀던이 모르는 것이라면 누구도 알지 못한다(Quod Seldenus nescit, nemo scit)': 제임스 오 웰(James Howell)이 셀던에게 보낸 서신, Selden Correspondence, Bodleian Library, Selden supra 108, p. 218.

3장 옥스퍼드에서 중국어 읽기

- 제임스 2세가 보들리안도서관을 방문했다는 기록은 *The Life and Times of Anthony Wood*, vol. III, p. 235에서 찾을 수 있다. 그때 있었던 일은 여러 번 회자되었고 최근 Nicholas Dew, *Orientalism in Louis XIV's France*(Oxford: Oxford University Press, 2009), pp. 205~206에 서도 언급되었다. 찰리 2세의 포악함은 Jenny Uglow, *A Gambling Man: Charles II's Restoration Game*(New York: Farrar, Straus and Giroux, 2009), pp. 54~55에, 1663년 옥스

- 퍼드에서 있었던 사건은 *The Life and Times of Anthony Wood*, vol. I, p. 497에 나와 있다.
- 보들리안도서관에 있는 세계지도 두 개는 암스테르담의 블라우가에서 만들었으며 초판은 1616년 출판되어 1657년에 시중에서 판매되었다. 윌 풀(Will Poole)이 이를 검증해주었기에 그에게 깊이 감사한다.
- 마이클 심에 관해서 Theodore Foss, "The European Sojourn of Philippe Couplet and Michael Shen Fuzong, 1683‒1692", in *Philippe Couplet, S. J.(1623-1694): The Man Who Brought China to Europe*, ed. Jerome Heyndrickx(Nettetal: Steyler Verlag, 1990), pp. 121~142를 참고하였다. 그가 유럽의 언어들을 연마한 부분과 관련해서는 Pierre Rainssant's letter to Pierre Bayle, 19 March 1686, on‒line@ http://bayle‒correspondance.univ‒st‒etienne.fr/?Lettre‒540‒Pierre‒Rainssant‒a.를 참고할 수 있다.
- 쿠플레는 핸드릭스(Heyndrickx)가 저술한 *Philippe Couplet*의 주제다. 핸드릭스가 잔 블라우와 그가 나홍선 지도책을 소유했던 것에 대해 접근한 방식은 C. Koeman, *Joan Blaeu and his Grand Atlas*(Amsterdam: Theatrum Orbis Terrarum, 1970), p. 85, p. 88에 언급되어 있다.
- '중국인들은 그들의 기원의 시작에서 공자 시대까지…': *The Morals of Confucius*(London: Randal Taylor, 1691), p. xvii, p. xix. 이 작은 책은 당시 가장 대중적인 판본이었으며, 1687년 프랑스어로 발간되었고 4년이 지난 후 쿠플레가 영어로 번역하였다.
- 보들리안도서관에서 *Confucius Sinarum Pilosophus*라는 책을 구입했다는 언급은 Macray, *Annals of the Bodleian*, p. 76에 나온다. 제임스 1세가 숫처녀 마리아가 잉태했다는 주장을 묵살했다는 이야기는 p. 26에 나온다. 천문학교수 에드워드 베르나드(Edward Bernard) 로부터 그의 친구인 토머스 스미스에게서 책의 사본을 얻어주길 부탁했다는 내용은 *Dew, Orientalism in Louis XIV's France*, p. 206, n. 3에 언급되어 있다. 예수회가 공자에게 불안감을 품고 있었다는 내용은 Lionel Jensen, *Manufacturing Confucianism*(Durham: Duke University Press, 1997), pp. 118~125에 있다.
- 브라이언 왈튼(Brian Walton)에 대한 맹렬한 비난은 Toomer, *Eastern Wisdom and Learning*, p. 203에, 왈튼의 성경에 대한 셀던과 어셔의 지지는 Toomer, *John Selden*, pp. 800~801에서 찾아볼 수 있다.
- 토머스 하이드(Thomas Hyde)에 대한 정보는 *the Oxford Dictionary of National Biography*에 실린 P. J. Marshall의 전기에서 참고했다. 옥스퍼드에서 그의 경력에 대한 정보는 Henry John Todd, *Memoirs of the Life and Writings of the Right Rev. Brian Walton*(London: F. C. and

J. Rivington, 1821), pp. 263~268에, '나이에 비하여 동양 언어에 출중한 진보를 이루어낸 가장 전도유망한 젊은이'라는 언급은 p. 267에 있다. 하이드에 대한 우드의 견해는 *The Life and Times of Anthony Wood*, vol. II, p. 72, and vol. III, p. 213을 참고할 수 있다. 동양어에 대한 하이드의 열정은 Toomer, *Eastern Wisedome and Learning*, pp. 248~249에서 확인할 수 있다.

- '(중국어는) 세계 다른 곳에서 사용되는 언어들과 유사점이 전혀 없다': "Preface des memoires de la Chine", *Lettres edifiantes et curieuses, ecrites des missions etrangeres*(Toulouse: Noel-Etienne Sens &Auguste Gaude, 1810), vol. XVI, pp. 22~24를 참고했다. 홍콩의 주지사 조지 보햄(George Bonham)이 중국어 공부를 하찮게 여겼다는 내용은 Jack Gerson, *Horatio Nelson Lay and Sino-British Relations, 1854-1864*(Cambridge, MA: East Asian Research Center, Harvard University, 1972), p. 31에 있다.

- 하이드의 중국어 공부 노트는 영국 도서관 Sloane 853a에 보존되어 있으며 마이클 심의 추가 원고는 Sloane 4090에 있다. 이들의 사본 자료를 제공해준 프랜시스 우드(Frances Wood)에게 감사를 전한다. '마이클 심복종': Toomer, *Eastern Wisedome and Learningsp*, p. 298. '나의 중국인 친구 Michael Shun Fo-Çung': Thomas Hyde, *Historia Religionis Veterum Persarum*(Oxford: At the Sheldonian Theatre, 1700), p. 522. 셀던이 동양 언어를 갈릴레오의 망원경에 비유한 부분: Toomer, *Eastern Wisdom and Learning*, p. 69를 참고했다.

- '바로크 오리엔탈리즘': Nicholas Dew, *Orientalism in Louis XIV's France*, p. 6.

- '유사 오리엔탈리즘': Claire Gallien, *Orient anglais: connaissances etfictions au XVIIIe siecle*(Oxford: Voltaire Foundation, 2011), p. 176.

- 하이드가 판매한 동양학 관련 원고들: Macray, *Annals of the Bodleian Library*, p. 113. 그가 캔터베리 대주교에게 보낸 퇴직서는 Toomer, *Eastern Wisdom and Learning*, p. 298에서 발췌하였다.

4장 존 사리스와 중국 선장

- 4장의 주요 참고 자료는 두 참가자가 기록한 저널을 기반으로 하였다. *The voyage of Captain John Saris*, ed. Ernest Satow(London: Hakluyt Society, 1990), *The Diary of Richard Cocks*, ed. Edward Maunde Thompson, 2 vols(London: Hakluyt Society, 1883; repr. Cambridge:

Cambridge University Press, 2010). ETC 저널을 포함한 기타 편지 및 기사는 *The English Factory in Japan, 1613-1623,* ed. Antony Farrigton, 2 vols(London: British Library, 1991)에서 참고하였다. 토머스 스미스가 사리스의 음란물을 처리한 부분은 Timon Screech의 "'Pictures(The most Part Bawdy)': The Anglo Japanese Painting Trade in the Early 1600s", *The Art Bulletin* 87:1(March 2005), pp. 50~72를 참고했다.

- 이단에 대해서는 Seiichi Iwao, "Li Tan, Chief of the Chinese Residents at Hirado, Japan, in the Last Days of the Ming Dynasty", *Memoirs of the Research Department of the Toyo Bunko* 17(1958), pp. 27~85를 보길 권한다. 나는 왜 로버트 베첼러가 이단이 셀던 지도와 관련이 있다고 생각하는지 이해가 가지 않으며 이 중요한 쟁점에 대한 로버트의 주장에 반대 의견을 갖고 있다. 그의 논문 "The Selden Map Rediscoverd: A Chinese Map of East Asian Shipping Routes, c. 1619", *Imago mundi* 65:1(2013), pp. 37~63을 보면 지도사가들에게 이 지도를 잘 소개하지만 그의 가설이 시계열적으로 정합하지는 않다.

- 네덜란드 제국주의 대변인인 흐로트에게 마티나 반 이터슨(Martina van Ittersum)은 본인의 저서 *Profit and Principle,* p. 451, p. 486, p. 489에서 직설적 평가를 내렸다. 셀던이 버지니아 회사에 속해 있었다는 내용은 Tommer, *John Selden,* p. 320; 그가 퍼처스의 글을 구입한 내용은 pp. 19~20에 있다.

- 마티나에 대한 이야기는 *Cock's Diary,* vol. Ⅱ, p. 30, p. 31, p. 93, p. 95, p. 102, p. 109, p. 131, p. 144, p. 145, p. 190, p. 252, p. 318을 참고하였다. 앨리슨 게임즈 역시 그녀의 저서에서 마티나와 콕스의 관계를 언급했다. *The Web of Empire: English Cosmopolitans in an Age of Expansion, 1560-1660*(Oxford: Oxford University Press, 2008), p. 106.

- 바타비아 중국 선장의 파산: Leonard Blusse, "Tesstament to a Towkay: Jan Con, Batavia and the Dutch China Trade", in *All of One Company: The VOC in Biographical Perspective,* ed. Robert Ross and George Winius(Utrecht: HES, 1986), pp. 22~28.

5장 나침도

- 프란시스코 고메스(Francisco Gomes)에 대해서는 *The Voyage of Captain John Saris,* pp. 50~57을 참고하였다. 중국 나침반의 역사에 대해서는 Joseph Needham with Wang Ling, *Science and Civilisation in China,* vol. Ⅳ, pt 1(Cambridge: Cambridge University Press,

1962), pp. 279~334를 참고하였다. 니담의 접근이 제한적이고 분석이 철저하지 않았기 때문에 이 자료에 대한 신뢰도는 그리 높지 않다. 하지만 항해 나침반과 라우터 설명은 가치가 있으며 관련 내용은 vol. IV, pt 3, pp. 562~565, pp. 581~582를 참고할 수 있다.

- '아침저녁으로 사용되는 것이 모두 바다에서 공급되고…': Xiao Ji's preface(1617), Zhang Xie, *Dong xi yang kao*(『동서양고(東西洋考)』)("Study of the Eastern and Western Seas")(Beijing: Zhonghua shuju, 1981), front matter, p. 15.

- 화장(火長)에 관해서 Needham, *Science and Civilisation in China,* vol. IV, pt 1, p. 292를 참고하였다.

- 윌리엄 댐피어(William Dampier)의 중국인의 화물선에 대한 묘사: *A New Voyage Round the World*(London: James Knapton, 1699), pp. 412~413.

- '큰 선박은 폭이 10미터에 전장이 30미터가 넘는다': Zhang Xie, *Dong xi yang kao*(『동서양고(東西洋考)』), p. 171.

- 나침반을 배의 앞쪽과 뒤쪽에서 함께 사용하는 방법은 1637년에 출간된 대표적인 명대 기술서에 설명되어 있다. Ying-hsing Sung, *Chinese Technology in the Seventeenth Century,* trans. E-tu Zen Sun and Shiou-chuan Sun(University Park: Pennsylvania State University, 1966), p. 177에 설명되어 있다.

- '선수에서 나뭇조각을 떨어뜨려 배의 선미에 도달하는 시간을 계산': *Liangzhong haidao zhenjing*(『양종해도침경(兩種海道針經)』)("Two Sea Rutters"), ed. Xiang Da(Beijing: Zhonghua shuju, 1961), p. 6. 다른 항해 속도에 대해서는 Cordell Yee, "Reinterpreting Traditional Chinese Geographical Maps", in *The History of Cartography*, vol. II, bk 2, p. 53, n. 33을 참고했다.

- 윌리엄 로드(William Laud)에 대해서는 Charles Carlton, *Archbishop William Laud*(London: Routledge and Kegan Paul, 1987). 1641년 로드를 고발하기 위해 세워진 의회 위원회에서 셀던이 위원직을 맡은 일에 대해서는 John Aikins, *The Lives of John Selden and Archbishop Usher*(London: Mathews Leigh, 1812), pp. 113~114를 참고하였다.

- '내가 가까이 돌보던 존 셀던은…': William Laud, *The Works of William Laud,* ed. James Bliss, vol. III(Oxford: John Henry Parker, 1853), p. 225.

- '청교도들은 하나님의 말씀에 따라 심판을 받는다고 한다': *The Table Talk of John Selden,* p. 150; see also Barbour, *John Selden,* pp. 255~256.

- '필히 알아야 하는 학문에 대해 상당히 많은 부분을 포함하고 있으며…': Toomer, *Eastern Wisdom and Learnings*, p. 108. 로드는 1634년 레반트회사에 위와 같은 내용을 담은 편지를 보내 동양 언어로 된 문서를 구입하도록 했다.

- '만약 아주 작은 호리(毫釐) 차이만 나도 목적지로부터 천 리(千里)나 떨어지게 되어서 후회해도 소용이 없다': Xiang Da, *Liangzhong haidao zhenjig*(『양종해도침경(兩種海道針經)』), p. 21, translated in Needham, *Science and Civilisation in China*, vol. IV, pt 1, p. 287.

- 나침판의 방위를 이등분으로 나누는 것에 대해 같은 저서 pp. 286~287에 나와 있다. 일본 나침반은 Fig. 334에 나와 있으며 놀랍게도 이등분한 부분을 삼등분으로 나누어 총 192점으로 구성되어 있다.

- 윌 아담이 풍향을 분류한 중국어 이름의 목록: Farrington, *The English Factory in Japan*, p. 1126.

- 포틀란 차트에 대해서는 Richard Unger, *Ships on Maps*: Pictures of Power in Renaissance Europe(London: Palgrave Macmillan, 2010), ch. 3을 참고하였다. 웅거(Unger)는 로즈 나침반이 14세기 후반에 이르러서야 유럽 차트에 나타나기 시작했다(p. 43)고 했다.

- '해사(海事)에 매우 익숙한': Selden, *Of the Dominion*, pp. 366~369. 내가 보기에 영국판이 이 지도를 기반으로 한다. 이는 라틴어 원본에 있는 지도와 동일한 것이다. 유럽판에 담긴 지도는 가끔 다르기도 하다.

- '언제나 집 안에 있지만, 모든 국가를 돌아보았다': BenJonson, "An Epistle to Master John Selden", in *The Poetical Works of Ben Jonson*, p. 166.

- 스테판 데이비스(Stephen Davies): "The Construction of the Selden Map: Some Conjectures", *Imago mundi* 65:1(2013), pp. 97~105. 이 논문의 결과가 전반적으로 추측성인 만큼 해당 제목은 적절하게 지어졌으며, 내용에서는 적지 않은 실수가 발견된다.

6장 중국에서부터 항해하다

- '항구를 출발하니 파도의 물보라가 하늘을 채우고…': Zhang Xie, *Dong xi yang kao*(『동서양고(東西洋考)』), p. 171. 독자들 가운데 해당 시기 동아시아 해양사에 관심이 있다면 내가 저술한 *The Troubled Empire: China in the Yuan and Ming Dynasties*(Cambridge, MA: Harvard University Press, 2010)(티모시 브룩, 조영헌 옮김, 『하버드 중국사 원·명: 곤경에 빠진 제

국』, 너머북스, 2014)의 9장을 먼저 읽어보길 권한다.

- 항해를 떠나는 선원들에 대한 장섭의 묘사는 그가 저술한 『동서양고(東西洋考)』, p. 170에 나와 있다. 해당 부분에 대한 번역은 니담 책에 나와 있는 부분을 일부 참고하였다. Needham, *Science and Civilisation in China*, vol. IV, pt 1, pp. 291~292.
- '오호문(五虎門)에서 승선한다': Xiang Da, *Liangzhong haidao zhenjing*(『양종해도침경(兩種海道針經)』), p. 49.
- 원대 지도 가운데 청준의 지도인 『혼일강리도(混一彊理圖)』(*Broad-Wheel Map of the Frontier Regions*)는 인도양으로 향하는 항해 선로가 취안저우에서 시작되는 것을 보여준다. 이와 관련해서는 나의 저서 *The Troubled Empire*, p. 220(『하버드 중국사 원·명: 곤경에 빠진 제국』, p. 427)에서 좀 더 상세하게 언급했으며, Jerry Brotton, *A History of the World in Twelve Maps*, p. 136에도 재인용되었다.
- 로드 루터에 나와 있는 일본 지명을 확인하려면 Xiang Da, *Liangzhong haidao zhenjing*(『양종해도침경(兩種海道針經)』), p. 97, p. 99를 참고할 수 있다.
- '남서쪽으로 키를 잡고 점차 중국에 접근했다': *The Voyage of Captain John Saris*, p. 184.
- 위크만에 대한 콕스의 견해: Farrington, *The English Factory in Japan*, vol. I, pp. 230~234. EIC의 항해에 대한 추가 정보는 vol. II, pp. 1048~1103, pp. 1586~1588; *Diary of Richard Cocks*, vol. I, p. 7, p. 70, p. 79, p. 269, p. 300, pp. 340~348; vol. II, pp. 1~4, p. 12, p. 18, p. 36, p. 58, p. 270을 참고하였다.
- 만로고(萬老高)에 대한 장섭의 설명: *Dong xi yang kao*(『동서양고(東西洋考)』), pp. 101~102; 랑뢰씨폐리계(『雷氏敝裏系, Old Langleishi Bilixi)에 대해서는 같은 책, pp. 89~90을 참고했다.

7장 천원지방

- 존 리빙스턴 로우스(John Livingston Lowes)는 자신의 대표작에서 콜리지(Coleridge)의 '쿠빌라이 칸(Kubla Khan)'에 대한 글을 언급했다. *The Road to Xanadu: A Study in the Ways of the Imagination*(London: Constable, 1930), ch. 19. 콜리지는 그의 시를 1797년 작이라 표기했으나 로우스는 1798년 작이라고 정정했다. 영문학에서 가장 왕성하게 탐구되고 있는 자료들을 제공해준 도로시 커팅(Dorothy Cutting)에게 감사의 말을 전한다.

- 새뮤얼 퍼처스(Samuel Purchas)(baptised 1577, d. 1626)에 대해서는 *the Oxford Dictionary of National Biography*에 실려 있는 데이비드 아르미타지(David Armitage)의 전기를 참고했다. 아르미타지는 『퍼처스의 순례(Purchas his Pilgrimage)』를 '당시의 가장 덩치 큰 가톨릭 반대 저서'라고 불렀다. 그는 퍼처스가 1622년부터 1624년까지 버지니아 회사 멤버였다고 언급했다. 셀던의 멤버십은 Toomer, *John Selden*, p. 320에 언급되어 있다.
- 판토자(Pantoja): Samuel Purchas, *Purchas his Pilgrimage*, vol. III, pp. 360~361; 사리스의 지도: pp. 401~404.
- '통일'된 왕국으로서 명나라에 관하여는 Brook, *The Troubled Empire*, pp. 26~29(『하버드 중국사 원 · 명: 곤경에 빠진 제국』, 66~69쪽)를 참고하였다.
- 히라도에 있는 존 스피드의 영국 중부 지역 지도(라고 판단되는)에 대해서는 *The English Factory in Japan*, ed. Farrington, vol. II, p. 1363에 있다. 스피드에 대한 연구는 거의 이루어지지 않았지만 Speed remains little Ashley Bay ton—Williams, "John Speed: The First Part of an Extensive Biography" online@ http://www.map—forum.com/02/speed.htm, accessed 6 May 2012와 Martha Driver, "Mapping Chaucer: John Speed and the Later Portraits", *The Chaucer Review* 36:3(2002), pp. 228~249: '수동적이고 일상적인 일로부터 나의 손을 해방해주었고, 내 정신이 이끌리는 것을 마음껏 표현할 수 있는 자유를 허락해주었다'는 인용구는 p. 230에서 찾을 수 있다.
- 나홍선의 『광여도(廣輿圖)』(영토 지도책으로 확장된)는 1555년에 출판되었다. 나홍선이 명나라의 지도 제작에 미친 영향에 대해서는 Timothy Brook, *The Chinese State in Ming Society*(London: Routledge Curzon, 2005), pp. 47~57을 참고하였다. 그의 격자무늬 방식 지도 제작법은 Joseph Needham with Wang Ling, *Science and Civilisation in China*, vol. III(Cambridge: Cambridge University Press, 1959), pp. 539~556에 설명되어 있다.
- '그는 책상 위에 등불을 걸고': Wan Shenglie, 1613 preface to *Tushu bian*(『도서편(圖書編)』)("Documentarium"), 1b.
- '나는 현재 지식을 신뢰하도록 만들어 후세에 전해질 수 있도록 분투한다': Zhang Huang, preface to *Nanckangfuzhi*('Gazetteer of Nanchang Prefecture')(1588), la.
- 장황의 지도는 *Tushu bian*(『도서편(圖書編)』)("Documentarium")(1613), 29.33b - 34a, 36b-37a에 실려 있다.
- 전근대 유럽인의 지도와 이베리아반도를 분할하여 지구본에 표기하는 문제에 대해서는 Jerry

Brotton, *Trading Territories: Mapping the Earl Modern World*(London: Reaktion, 1997), ch. 4에 있다. 특별히 메르카토르 투영도법과 관련해서는 Mark Monmonier, *Rhumb Lines and Map Wars: A Social History of the Mercator Projection*(Chicago: University of Chicago Press, 2004)이 도움이 많이 되었다.

- '유토피아를 담지 않은 지도는 쳐다볼 가치도 없다': Oscar Wilde, "The Soul of Man under Socialism"(1891).

8장 셸던 지도의 비밀

- '새롭게 발견되었지만…거주하기에 적합': Ben Jonson, *Masques and Entertainments, ed.* Henry Morley(London: Routledge, 1890), p. 245.

- 28수가 어떻게 보편적인 시계와 같이 작동하는지는 Zhang Huang, *Tushu bian*(『도서편(圖書編)』), 17.69a에 담겨 있다. 장황은 해와 달을 그의 지도에 포함시키지 않았으나, 29.3a~3b, 해와 달을 차트 상단 모퉁이에 삽입하여 우주와 인간이 어떻게 상호작용해 정치 질서를 세우는지를 설명하고자 했다, 18.2b~3a. 여상두(余象斗)에 대해서는 Timothy Brook, *The Confusions of Pleasure: Commerce and Culture in Ming China*(Berkeley: University of California Press, 1998), pp. 163~167, pp. 213~214를 참고했다.

- 「천공개물(天工開物)」: Ying-hsing Sung, *Chinese Technology in the Seventeenth Century*, p. 178.

- 콜델 이(Cordell Yee)의 축척지도 제작: "Reinterpreting Traditional Chinese Geographical Maps"에서 '직관적으로 강조하는 형태'에 대해서는 "Chinese Cartography among the Arts", *The History of Cartography*, vol. II, bk 2, pp. 63~64, p. 148을 참고했다.

- 「비 개는 늦은 시간 매관을 지나며(晚霽過梅關)」: 구대임(區大任)의 시를 내게 보여준 리암 브로키(Liam Brockey)에게 감사를 표한다.

- '중국인들이 영국인들과 무역을 거절한다': *The Voyage of Captain John Saris*, p. 131; 중국 밀수꾼들이 네덜란드와 영국을 비난한 것에 대한 콕스의 의견: *The Diary of Richard Cocks*, vol. II, p. 321.

- '만력제가 1614년 왜구 방어용 전선(戰船)에 대한 재정을 삭감하라는 칙령': *Qiongzhou fuzhi*("Gazetteer of Qiongzhou Prefecture")(1619), 8.1b. 충저우현(瓊州縣, Qiongzhou

Prefecture)은 오늘날 하이난섬으로 알려져 있다.

에필로그

- 1640년 요한 블라우(Joan Blaeu)의 중국해가 그려진 포르툴라노 차트는 Gnther Schilder and Hans Kok, *Sailing for the East: History and Catalogue of Manuscript Charts on Vellum of the Dutch East India Company*(Houten : HES 8cDe Graaf, 2010), p. 675에 사본이 실려 있다.
- 에드먼드 할리(Edmond Hally)의 견해: R. T. Gunther, *Early Science in Oxford*(Oxford: Hazell, Watson and Viney, 1925), vol. Ill, p. 264.
- 보들리안도서관에 기부된 진귀품: Macray, *Annals of the Bodleian Library*, p. 90, pp. 104~105, p. 107. 인체표본에 관한 내용은 John Pointer, *Oxoniensis Academia*(London: S. Birt, 1749), p. 157을 참고하였다. 보들리안도서관만이 이런 진귀한 물품을 수집한 것은 아니었다. 런던의 왕립협회 역시 이런 물품을 수집했는데 '그을린 피부와 모발까지 그대로인 무어인의 전신'과 같은 물건을 수집했다고 한다(The Society's catalogue in Hutton, *A New View of London*, vol. II, p. 666).
- 지올로(Giolo)에 대한 광고지: 'Prince Giolo Son of the King of Moangis or Gilolo: Lying under the Equator in the Long. of 152 Deg. 30 Min. a fruitful Island abounding with rich Spices and other valuable Commodities'(날짜는 언급되어 있지 않음, 1692); 지올로에 관한 책이 저술된 것은 하이드 덕분이다: *An Account of the Famous Prince Giolo, Son of the King of Giolo, Now in England: With a Account of his Life, Parentage, and his Strange and Wonderful Adventures*(London: R. Taylor, 1692). 댐피어가 밝힌 지올로의 진짜 이야기는 그의 책 *A New Voyage*, p. 549에 등장한다. 영국에서 지올로의 삶에 대해서는 Geraldine Barnes, "Curiosity, Wonder, and William Dampier's Painted prince", *Journal for Early Modern Cultural Studies* 6:1(2006), pp. 31~50을 참고하였다.
- 네덜란드와 미국의 팔마스섬 소유권 중재소송: 'Island of Palams Case'(4 April 1928), *Reports of International Arbitral Awards*, vol. II, pp. 829~871(repr., New York, 2006).
- '동양학 연구에서 우리나라의 영예': "Selden Correspondence", Bodleian Library, Selden supra 108, p. 141, n. 539.
- 셀던의 유언 집행인은 에드워드 헤이워드(Edward Heyward), 롤랜드 저커스(Rowland

Jewkes), 존 바우한(John Vaughan), 매튜 하일(Matthew Hale)이었다. 하일을 제외한 나머지 세 명은 셀던이 속해 있던 법학원 소속이었다. William Cooke, *Students Admitted to the Inner Temple, 1571-1625*(London: F. Cartwright, 1868), p. 95, p. 98, p. 151, p. 153.

- '아름답고 흰 대리석 묘': Hutton, *A New View of London*, vol. II, p. 570.
- '야만인 이상으로 무지한 까닭': 제임스 오웰이 존 셀던에게 보낸 서신, Selden Correspondence, Bodleian Library, Selden supra 108, p. 218.

옮긴이의 말 》

2008년 1월, 영국사를 전공하는 로버트 베첼러Robert Batchelor 교수가 옥스퍼드대학 보들리안도서관의 지하 저장고에서 다소 의외의 지도를 발견하였다.[1] 가로 96.5센티미터, 세로 160센티미터의 위아래로 긴 벽걸이 지도였다. 1659년 영국의 법률가 존 셀던John Selden이 대량의 책과 필사본을 기증할 때 함께 입고된 것으로, 거의 1세기 동안 아무도 손대지 않았던 지도였다.

보들리안도서관에서 중국학 소장품을 관리하던 사서 데이비드 헬리웰David Helliwell은 직감적으로 중국어 지명을 사용하지만 동남아시아 해역이 강조된 이 지도가 지닌 특이성을 간파했다. 그리고 마침 옥

---

1) 로버트 베첼러는 동일한 셀던 지도를 소재로 브룩 교수보다 1년 늦게 세계에 대한 관심의 확대와 아시아와 교역 증대를 추구해가는 영국의 런던에 대한 책을 썼다. Robert K. Batchelor, *London: The Selden Map and the Making of a Global City, 1549-1689*, University of Chicago Press, 2014. 동일한 지도를 가지고 동양과 서양이 하나로 통합되어가는 과정을 브룩이 중국 관점에서 보았다면, 베첼러는 영국 관점에서 해석했기에 흥미로운 대조가 된다.

스퍼드에 와 있던 UBC대학의 명사明史 전문가 티모시 브룩 교수를 불러 17세기에 소장된 지도가 담고 있는 역사적 의미와 가치를 물어보았다.

반가움과 흥분 속에서 지도를 접한 브룩 교수는 지도를 자세히 보면 볼수록 점차 미궁에 빠지게 되었다. 중국 지도임에는 틀림없지만 그동안 보아왔던 지도와 여러 가지 면에서 차이가 많았기 때문이다. 이 책은 이러한 미궁 속 의문을 풀어가는 과정에서 탄생하게 되었다. 2013년 초판본 부제를 "사라진 지도 제작자의 비밀을 해독하다Decoding the Secrets of a Vanished Cartographer"라고 잡은 것도 이 때문이었다.

하지만 저자는 정작 지도 분석에 그리 많은 페이지를 할애하지 않았다. 게다가 책을 마지막까지 읽어보아도 처음부터 누구나 한껏 기대하기 마련인 지도의 제작자나 제작 의도를 제대로 파악하기가 곤란하다. 그 대신 책 전반부는 보들리안도서관에 지도를 기증했던 셀던이라는 인물에 대해서, 후반부는 지도 해석에 실마리를 제공하는 다양한 인물과 그들을 연결하는 이야기로 가득하다. 지도와 관련이 없다고는 할 수 없겠지만, 일견 지도에 대한 논리적이고 명쾌한 분석을 하기 위한 소재나 인물처럼 보이지 않는 듯 느낀 사람은 비단 이 책을 처음 접했던 역자만이 아닐 것이다.

그런데도 이 책의 번역을 결정한 배경에는 저자 티모시 브룩 교수의 여러 저서가 그동안 보여주었던 역사 해석의 참신한 관점과 넓은 시야에 대한 근본적인 신뢰가 깔려 있었다. 결정적으로 2015년 1월『하버드 중국사 원·명: 곤경에 빠진 제국』(너머북스, 2014)의 번역 출간을 기념하여 한국을 방문했던 브룩 교수의 고려대 강연에서 받은 강렬한 인상이 큰 영향을 미쳤다. 당시 브룩 교수를 초대했던 역자는 브룩 교수가 제안한 세 가지 강연 주제 가운데 하나를 골랐는데, 바로 이 책의 내용을 근간으로 한 "물길을 통해 보는 세계지도: 17세기 세계 무역을 재조명하다"Mapping from the water: Recentering World Trade in the 17th century였다. 당시 강연을 들었던 청중 100여 명은 2시간 가까이 진행된 강연 내내, 브룩 교수가 들려준 드라마틱한 지도 이야기의 매력에 흠뻑 빠져들었다. 지도에 대한 강연이라면 당연히 시각적 보여주기가 주가 될 법한데, 브룩 교수의 강연은 지도를 보여주면서도 내용은 지도와 관련한 다양한 군상群像이 지구적으로 연결되는 이야기를 들려주기 기법으로 진행했다. '보여주기'와 '들려주기'가 절묘하게 조합된 브룩 교수의 강연에 역자뿐 아니라 꽤 많은 역사 전공 교수가 '도전'을 받았음을 후문을 통해 확인할 수 있었다.

강연 직후 이 책의 번역을 별 고민 없이 받아들이게 되었고, 마침 〈혼일역대국도강리지도混一歷代國都疆里之圖〉를 소재로 중국과 조선 사이에 진행된 지리 지식의 교류를 연구하던 제자 손고은 선생과 의기투합하여 번역을 진행하였다. 하지만 반가움과 흥분 속에서 번역을 결정한 두 역자는 실제 번역을 자세히 하면 할수록 점차 미궁에 빠지는 느낌을 받았다. 지도를 처음 접하고 자세히 규명하고자 했던 저자의 느낌이 이러했을 것 같았다. 매력적이긴 한데 명쾌하지 않거나 '우연'의 연속처럼 느껴지는 부분이 적지 않았다.

이는 무엇보다 끝까지 해명되지 않은 지도 제작자와 제작 의도를 추론하기 위해 저자가 선택한 대단히 우회적인 서술 방향에서 기인한 측면이 많다. 즉 저자는 지도에 대한 본격적인 분석을 맨 마지막 8장으로 미루고, 1장부터 7장까지에는 마지막 장을 서술하기 위한 배경과 실마리를 다양하게 배치했다. 저자의 표현에 따르면, 이는 지도의 역사를 직설적으로 설명하기가 어려웠기 때문에 선택한 '거꾸로 떠나는 여행'이었다. 즉 지도의 기원이 아니라 '지도를 읽은 사람', 즉 법률가 존 셀던과 도서관 사서 토머스 하이드, 마이클 심(심복종)에서 이야기가 시작되어 '지도를 획득한 사람', 곧 존 사리스와 리처드 콕스 그리고 이단李旦 이야기로 옮겨진 뒤 후반부에서 '지도를 만든 사람'을 찾아가는 그야말로 거꾸로 여정이다. 그런데 '지도를 만든 사람'마저 진짜 셀던의 중국 지도 제작자가 아니라 새뮤얼 퍼처스, 존 스피드, 메르카토르, 오르텔리우스, 나홍선羅洪先, 장황章潢 등 조연배우들뿐이다. 이 지도를 제작한 주연은 끝까지 등장하지 않았다.

따라서 이 책을 처음 접하는 다양한 독자의 취향을 고려하여 이 책의 독법讀法이라 할 수 있는 또 다른 나침판이 필요할 것도 같다. 먼저 중국과 영국을 오가면서 이야기를 전개하는 저자의 우회적이지만 독특한 스토리텔링 기법을 맛보기 원한다면 당연히 1장부터 8장까지 순서

대로 읽어가는 것을 권한다. 특히 중국사뿐 아니라 영국사에 대한 관심이나 지식이 많은 독자라면 이 과정에서 동서양이 경제적으로 긴밀하게 통합될 뿐 아니라 지적 관심사에서도 분열과 소원疏遠보다는 통합과 상호작용 쪽으로 전환이 시작되었음을 확인하는 희열을 맛볼 수 있을 것이다. 16세기 후반에서 17세기 전반으로 넘어가는 시점에서 영국 런던과 중국 해안 도시들이 셀던의 지도로 연결되는 세계화의 서막을 구체적으로 발견하는 기쁨이란!

　하지만 저자의 관점보다 새로 발견된 중국 지도의 역사적 의미를 더 중시하는 독자라면 1장에서 바로 5장으로 건너뛰어 8장까지 읽어가는 방식을 추천한다. 2장에서 4장까지 이어지는 영국을 중심으로 한 유럽의 정치적·지적 취향을 굳이 다 이해하지 않아도 셀던의 중국 지도가 지닌 정수를 이해하는 데는 크게 무리가 없다. 오히려 스튜어트 왕조의 정치적 분위기나 해상의 영유권과 항해권을 둘러싼 네덜란드와 영국의 대립 상황에 대한 묘사가 지도에 관심이 있는 독자의 흥미를 떨어뜨릴 가능성이 있기 때문이다. 이 부분이 삽입된 의미는 다시 언급하겠다.

　5장은 셀던 지도에 나침도(나침판 그림)가 왜 등장했고 그 의미는 무엇인지를 검토하며, 유럽에서 해도의 정확성을 높이기 위해 등장한 포르톨라노 지도와 비교를 시도한다. 일정한 축척과 방위의 일관성을 유지하며 항로를 지도에 표현하기 위해 포르톨라노 지도에 등장한 것이 나침도와 항정선航程線이고, 포르톨라노 해도가 대략 17세기까지 유럽인에게 큰 반향을 일으켰으므로, 셀던 지도 제작자 역시 유럽인의 포르톨라노 지도를 보고 모방했거나 그 원리를 활용했을 것이라는 추론이 가능해진다. 셀던 지도에도 나침도 밑에 눈금자가 있는데, 이것이 단순 장식이 아니라 실제 축척을 반영하였다는 것은 마지막 8장에서 밝힌다. 8장 내용을 먼저 소개하면, 현재 이 지도의 축척은 475만 분의 1인데, 자의 1촌寸(3.75센티미터)이 4노트 속도로 하루를 항해한 거리로 계산하면 이 축척과 일치한다. 그런데 이 4노트라는 선박 속도는 명대의 항해노트인 『순풍상송順風相送』을 영국까지 찾아가 분석했던 20세기 중국의 역사학자 향달向達이 밝힌 것으로, 기존에 알려진 6.25노트보다 느린 수치였다. 즉 브룩은 지도에 등장하는 눈금자가 장식인지 아닌지에 대한 흥미로운 문제를 5장에서 제기하고, 마지막 8장에서 눈금자가 단순 장식이 아니라 지도 제작자가 항로를 그릴 때 실제 사용한 축척을 그대로 반영한 것임을 밝히고 있다.

6장은 지도에 그려진 항로와 항로가 지나는 지명을 자세히 고증하면서, 지도가 제작된 시기에 중국과 주변 지역을 연결하는 해상 유통망을 소개하고 있다. 지도에 등장하는 모든 항로는 중국 동남부 푸젠성福建省에서 출발하는데, 그 기점을 장저우漳州와 취안저우泉州 사이에서 확정하기는 곤란하다(그림 16 참조). 축척이 크기 때문이기도 하지만 어쩌면 취안저우와 장저우 모두를 아우르려는 지도 제작자의 절묘한 배치일 것이다. 명초 정화의 '하서양下西洋' 항로에 기초한 『순풍상송』은 항로가 취안저우에서 시작하지만, 장저우 출신인 장섭張燮이 저술한 『동서양고東西洋考』에서 항로의 기점은 장저우의 월항月港이었다. 이 두 책은 브룩 교수가 셸던 지도를 분석하기 위해 활용하는 가장 중요한 자료인데, 셸던의 지도 제작자 역시 두 책에 담겨 있는 해양 지식과 항로를 조합해놓았다. 차이가 있다면 일본으로 향하는 '북양北洋' 노선이 추가된 것이다. 통상 『동서양고』라는 제목에서 보여주듯, 동쪽으로 필리핀에 도착하여 남쪽 방향의 향료제도까지 연결하는 '동양東洋'노선과 베트남과 인도네시아를 거쳐 인도양으로 향하는 '서양西洋' 노선이 명대 푸젠성의 일반적인 항로였다. 하지만 셸던 지도는 '동양'·'서양'노선에 '북양'노선까지 더하여 세 방향으로 항로가 뻗어나간다. 물론 류큐, 고베, 나가사키로 연결되는 '북양'노선은 일본을 거점으로 활동하는 상인들에게 종종 '서양'노선의 연장으로 이해되곤 했다. 하지만 지도에 명확히 등장하는 '북양'노선을 통해 저자는 일본에서 1610년대까지 활동하던 영국 동인도회사의 세 인물(상관장 리처드 콕스, 선장 존 사리스, 협력자 윌 아담스)에 주목하게 되었고, 그들이 남긴 일기와 편지 자료에서 이 지도가 어떤 경위로 동아시아에서 영국의 셸던에게 전달되었는지를 마지막 8장에서 제시할 수 있었다. 결국 다시 8장과 연결되는 것이다.

7장은 중국의 전통적 세계관인 '천원지방天圓地方'이 세계를 포괄하는 지도에 어떤 방식으로 왜곡되어 표현되었는지를 열거하면서, 곡선을 지도평면에 어떻게 나타내려 했는지 노력의 점진적인 진화 과정을 추적하고 있다. 곡선을 평면에 어떻게 표현할지가 근대적 지도 제작법의 핵심 과제이고 이것이 '투영投影' 방식으로 해결되었음은 주지의 사실이다. 우리에게 익숙한 메르카토르도법이 여기서 등장한다. 여기서 더 나아가 저자는 서양의 지도 제작 방식을 중국의 지도, 특히 나홍선과 장황이 그린 지도와 비교하며 해양에 대한 왜곡을 지도상에서 어떤 방식으로 줄여가는지를 제시한다. 하지만 어떤 방식도 곡선을 평면에 옮기는 과정에서 발생하는 일정한 오류를 피할 수는 없었다. 이 대목에서 7장 내용은 다시 8장에서 메르가토르도법을 활용하지 않았던 셀던 지도가 보여주는 놀라울 정도로 정확한 해양 부분에 대한 설명으로 이어진다. 물론 셀던의 지도 제작자도 심각한 왜곡을 완전히 피할 수는 없었는데, 그 지점이 남중국해의 가운데 부분임을 '고무판 기법 rubber sheeting'이라 불리는 작업을 통해 밝혀주었다(그림 26 참조).

이처럼 셀던 지도를 하나씩 분석해가는 5장에서 7장까지의 주제들은 마지막 8장 '셀던 지도의 비밀'로 수렴된다. 따라서 셀던의 중국 지도가 가진 특징을 바로 이해하고 싶다면 마지막 8장부터 읽고 개인적인 선호도에 따라 관련된 이전 장을 선택할 수도 있다. 하지만 저자가 제시한 여섯 가지 비밀 가운데 첫 네 가지(지도에서 중국 대륙이 전혀 중요하게 취급되지 않았다는 점, 17세기 무렵의 지도라고 할 때 놀라울 정도로 정확한 축척을 유지한다는 점, 게다가 지도에 당시 자기장의 특징이 반영되어 있다는 점, 남중국해의 가운데 부분이 축소되었다는 점) 비밀이 간결하게 제시되어 있으므로, 그것이 왜 비밀스러운지는 쉽게 납득하기 어려울 것이다. 8장을 먼저 읽더라도 결국 앞부분을 펼치지 않을 수 없겠지만, 8장 내용을 일단 각인해놓는다면 그 앞에 7장 분량으로 배치한 저자의 의도를 이해하는 데 도움이 될 것이다.

이상이 셀던 지도의 핵심 줄거리라 할 수 있다. 하지만 이 책은 지도 자체에 대한 관심 이상으로 지도를 둘러싼 사람들의 지적 관심사와 경제적 연결 고리를 소개하면서 학술서와 대중서 사이의 경계를 넘나들고 있다. 이는 오늘날 일대일로—帶—路 정책으로 유라시아대륙뿐 아니라 해양으로 발전을 추구하며 주변국과 영토 분쟁 가능성을 높여가는 중국과 어떻게든 관계를 유지해야 하는 한국인에게도 유의미한 생각거리를 던져준다.

먼저 지도에 담긴 왜곡의 의미다. 왜곡이란 그것이 의도적이건 우연이건 상관없이 분명히 오류이기에 기피해야 할 대상임이 틀림없다. 지도를 제작할 때는 말할 것도 없지만, 지도를 해석할 때도 마찬가지다. 하지만 역사적 관점에서 왜곡 자체가 흥미로운 연구대상이자 해석의 실마리를 던져줄 때가 있다. 역사적으로 언제, 왜, 어디서 이러한 왜곡이 발생했는지를 확인하는 것이 중요한 이유이기도 하다.

예를 들어 7장에서 지적했던 셀던 지도의 왜곡을 보자. 분명 셀던 지도에는 해양 부분에 특별히 심각하게 왜곡되어 축소된 남중국해가 존재했다. 물론 이것이 지도 제작자의 한계나 실수일 수도 있지만, 관점을 달리해서 보면 이 지역이 지도 제작자에게 그리 중요하지 않았음을 알려준다. 사실상 수많은 작은 암초로 가득한 이 지역은 당시 정크선 선주들이 기피하는 위험 구역이었다. 따라서 지도 제작자는 곡선을 평면에 옮기는 과정에서 피할 수 없는 왜곡을 이 지역으로 집중하는 대신 선주들의 거래지역인 그 주변의 도서 지역이나 대륙을 더 정확하게 강조했다.

흥미로운 사실은 셀던 지도 제작자가 얼버무렸던 위험한 지역이 오늘날 중국이 주변국들과 해상 영토 분쟁을 벌이는 핵심지역이라는 사실이다. 난사군도南沙群島 혹은 스프래틀리군도the Spratly Islands나 시사군도西沙群島 혹은 파라셀군도the Paracels가 여기에 포함된다. 게다가 이 지역은 이 지도의 정중앙에 해당한다. 이 대목에서 브룩 교수는 남중국해에 대한 현대 중국의 영유권 주장과 셀던 지도 사이의 연관성과 비연관성을 동시에 제시한다. 연관성을 언급하기 위해 저자는 1장에서 2001년 4월 미 해군 정찰기가 중국 공군 제트기의 추격을 당하다가 충돌하여 비상 착륙하고 중국의 왕웨이 소령이 떨어져 사망한 지점이 지도의 정중앙과 일치함을 지적한다. 이는 순전히 우연의 일치이지만, 저자는 이로써 배타적인 영토개념과 민족주의에 근거한 안보 의식에 충일한 중국 정부의 입장을 간접적으로 비판한다. 이는 "역사를 죽은 것이나 지나간 것이 아니라 또 다른 차원의 세상이라고 볼 수 있다면, 우리는 과거와 현재가 모든 면에서 서로 연결되어 있음을 발견할 수 있"다는 저자의 역사관에 근거한 것이다(1장). 하지만 비연관성을 지적하기 위해 저자는 셀던 지도가 철저히 상업적인 관심을 가지고 그려진 해도임을 강조한다. 이를 통해 저자는 오늘날 옛 지도를 근거로 바다

영유권을 주장하는 극단적인 민족주의자들의 태도가 얼마나 시대착오적이고 자기중심적인 것인지를 강조한다(8장). 즉 저자는 이 지도의 재발견으로 새롭게 대두될 수 있는 과거와 현재 사이의 연관성에 대한 관심을 환기하지만, 오히려 역사적 맥락과 현재의 정치적 의도 사이의 간극을 명확히 강조하고 있다.

　사실상 지도를 가지고(그것이 옛 지도이든 오늘날의 지도이든) 민족국가의 경계를 구분 짓고 확대하려는 시도는 남의 이야기가 아니다. 한국인이라면 이 지도에서 먼저 울릉도나 독도를 확인하고 싶을 것이다. 하지만 '조선왕朝鮮王'이라는 모호한 지명이 달려 있는 한반도는 양쯔 강 하구까지 남쪽으로 길쭉하게 뻗은 좁은 반도로 묘사되어 있다. 다른 어떤 지명이나 연결된 항로를 찾아볼 수 없다. 지도 제작자에게 조선이 중요하지 않았던 것인데, 이는 해도를 필요로 하는 17세기 해상海商들의 관심사를 그대로 반영하는 듯하다. 길쭉한 오이처럼 배치된 한반도는 16세기 후반과 17세기 전반기 유럽의 지도에 새롭게 등장하는 전형적인 한반도의 모습과 유사하다. 저자의 한국어 서문에도 밝혔듯, 셀던 지도의 제작자가 유럽의 지도를 참조하였음을 보여주는 또 하나의 증거일 것이다. 반면 매우 부정확해도 일본 남부 지역의 지명이 다수 등장하고 일본으로 이어지는 '북양'노선이 다시 동남아시아 여러 지역을 연결하는 '서양'과 '동양'노선과 연결되어 있음은 17세기 초반 동남아시아 각지로 파견된 슈인센朱印船과 그 지역에 설치된 니혼 마치 日本町의 네트워크로도 해석이 가능하다. 물론 바다로 진출한 일본 상인들은 각지에서 이미 경합 중이던 중국 상인과 포르투갈, 스페인, 네덜란드 상인들과 치열한 경쟁을 피할 수 없었을 테지만 말이다.

혹자는 1402년 조선에서 〈혼일강리역대국도지도〉(이하 〈혼일도〉)를 제작했음을 상기할 것이다. 물론 이 지도는 조선의 창작이 아니라 기존에 중국(원), 조선, 일본의 지도를 종합한 세계지도이지만, 당시 조선 나름의 관점이 담겨 있을 뿐 아니라 서양보다 약 100년 전에 아프리카의 온전한 모습을 그려냈다는 점에서 그 가치는 대단히 높게 평가받고 있다. 〈혼일도〉와 셀던 지도의 제작자가 포괄하려 했던 지역은 상당 부분 겹치지만, 강조점이 확연히 다르다. 〈혼일도〉가 육지에 관심을 둔 대륙적 관점을 표현한 지도라면, 셀던 지도는 반대로 철저하게 바다에 관심을 둔 해양적 관점이 담겨 있다. 이는 〈혼일도〉가 그려진 1402년 단계와 셀던 지도가 그려진 1600년 무렵이라는 2세기의 시간 차를 정확히 반영하고 있다. 2세기 동안 남중국해를 비롯한 세계 각지의 해양에서는 전례 없는 변화가 발생했다. 특히 남중국해에서는 엔소니 리드Anthony Reid가 명명했던 '상업의 시대The Age of Commerce'가 본격적으로 열렸다. 좀 더 정확히 표현하면 2세기 사이에 바다에 대한 인식이 바뀌었다는 것인데, 이 책 2장부터 4장에서 다루는 내용이기도 하다.

지도는 바다에 대해 무엇을 말하고자 하는가? 해양 주권은 분명 근대 유럽의 소산물이지만, 셀던 지도에서 그 중심이 해양이기에 저자는 해양에 대한 영유권 논쟁을 본격적으로 소개했다. 논쟁의 핵심은 간단했다. 바다는 자유로운 왕래가 가능한 곳인가, 아니면 누군가의 배타적 지배를 받는 닫힌 공간인가? 이 논쟁을 위해 저자는 『자유로운 바다 Mare Liberum』의 저자이자 우리에겐 라틴어 이름 그로티우스Grotius로 더 널리 알려진 네덜란드 학자 하위흐 더 흐로트Huig de Groot를 등장시킨다. 어떤 국가도 바다에 대한 독점적인 관할권을 주장할 수 없다는 그로티우스의 주장은 사실상 포르투갈과 스페인이 1494년 토르데시우스조약으로 양분하던 세계의 바다에 진입하려는 네덜란드동인도회사 VOC의 이해관계를 대변하기 위해 등장하였다. 그런데 브룩 교수가 선택한 그로티우스의 상대역은 포르투갈이나 스페인이 아니라 영국의 법학자 셀던이었다. 실제 셀던은 네덜란드와 영해권을 놓고 대립하던 영국의 찰스1세를 위해 『닫힌 바다Mare Clausum』를 집필하였고, 영국의 바다 주권이 북해 전역으로 확대되는 데 크게 기여했다. 뚜렷한 승자와 패자로 갈렸다고 보기는 어렵지만, 그로티우스와 셀던 사이에 벌어진 '선의의' 경쟁을 통해 합리적 관할권과 이동의 자유가 혼합된 바다의 국제법이 탄생할 수 있었던 것이다.

셀던 지도를 본격적으로 분석하기에 앞서, 그가 왜 이 지도를 소중히 여기게 되었을지 해석의 실마리를 여기서 발견하게 된다. '지도를 읽은 사람'의 관심사가 바다에 있었기에, 셀던은 비록 중국어를 읽을 줄 몰랐지만 바다가 정중앙에 배치된 이 지도에 각별한 관심을 갖게 되었을 것이다. 셀던이 이 지도에서 '닫힌 바다'에 대한 자신의 생각에 어떤 아이디어를 얻게 되었는지는 전혀 알 도리가 없지만, 실상 이 지도는 철저한 상업적 마인드, 즉 '열린 바다'를 토대로 그려진 해도였다. 그랬기에 셀던은 이 지도를 획득한 후 더는 지리 지식 확산을 시도하지 않은 채 보들리안도서관에 보관시켰을지도 모를 일이다.

하지만 역사에서 기억의 선택권은 그 자신에게 달려 있는 것이 아니다. 역사 속에서 무엇이 보존되고, 무엇이 사라지는가? 무엇이 기억되고, 무엇이 잊히는가? '영원성'이라는 경쟁이 끊임없이 발생하는 역사 속에서 이 문제는 결코 간단한 질문이 아니다. 저자가 미궁 속을 헤매듯 지도의 여러 실타래를 풀어가며 마지막으로 우리에게 던지는 질문이기도 하다. 300년이 넘도록 영국 보들리안도서관에 보관되었던 지도 한 장의 우연한 발견으로, 셀던을 비롯하여 토머스 하이드, 심복종, 존 사리스, 리처드 콕스 등 '지도를 읽은 사람'과 '지도를 획득한 사람' 수십여 명이 지금 다시 우리 앞에 소환되어 뇌리에 각인되었다. 그렇지만 우리 역시 이 모든 사람을 기억할 수 없으며, 또 그럴 필요도 없을 것이다.

그럼에도 한 가지 아쉬움이 끝까지 남는다. 꼭 기억하고 싶었던 이 '지도를 만든 사람'에 대해서는 기억할 만한 정보를 많이 제공하지 않았기 때문이다. 물론 이 지도 제작자가 동남아시아의 도서 지역을 근거지로 남중국해와 중국 동남부를 활보하던 중국 상인의 세계관을 반영하였다는 사실은 확실하게 기억해도 좋다. 하지만 이 지도가 어디서 누구에게 획득되어 영국까지 전달되었는지에 대한 저자의 추론은 여전히 희미한 기억으로 남을 것 같다.

사실 역자에게 이 문제는 그리 중요하지 않다. 오히려 명나라 조정과 그 시대를 살았던 사람들이 가지고 있던 바다에 대한 인식이 더 중요한 질문이다. 겉으로는 조공체제와 해금海禁 정책이 강고하게 시행되는 것 같은 이 시대를 이해할 때 셀던 지도는 분명 기존 관념과는 사뭇 다른 이미지를 강렬하게 심어주었다. 밀무역과 묵인된 사무역이 점차 증가하는 모순적인 해양 인식을 이 지도처럼 가시적으로 명료하게 보여주는 자료는 지금까지 없었기 때문이다. 마테오리치의 〈곤여만국전도坤與萬國全圖〉가 등장하기 전까지 중국 지도는 조공과 해금이라는 외피만 상징적으로 보여주었다. 하지만 셀던 지도는 강력하게 웅변하고 있다. 당시 중국과 동아시아는 결코 바다로부터 고립된 사회가 아니며, 세계가 본격적으로 연결되기 시작하는 드라마틱한 상황 속으로 빠져들고 있었음을 말이다. 브룩 교수를 통해 우리 앞에 펼쳐진 이 지도의 제작자 역시 지도로 이렇게 말하는지도 모르겠다. "당신은 (이 지도를 통해) 그 시대를 알고 있다"고.

이 책의 번역과 관련하여 감사드려야 할 분들이 적지 않다. 먼저 이 책의 저자인 티모시 브룩 교수는 방학 때 밴쿠버 UBC에서 만날 때마다 늘 밝고 긍정적인 모습으로 역자 번역에 대한 감사와 격려를 아끼지 않았다. 때로는 자신의 연구실에 있는 책을 역자가 마음대로 빌려가서 참조하며 공부할 수 있도록 격에 넘치는 호의를 베풀어주었다. 저자와 지적 교류뿐 아니라 정서적 교감을 나누면서 번역 작업을 진행할 수 있는 인연이 생긴 것은 향후 역자의 연구 활동에 값으로 따지기 어려운 자산이 될 것이다. 함께 번역에 참여한 손고은 선생은 가정법과 간결하면서 은유적 표현이 많은 이 책의 초벌작업을 도맡아 진행해주었다. 손 선생의 동역이 없었다면 이 책의 번역은 의욕만 앞설 뿐 얼마 못 가 영어에 대한 절망감 가운데 중단되고 말았을 것이다. 어떤 상황에서도 긍정적인 자세로 학문적 성실함을 잃지 않는 손 선생에게 깊은 고마움을 느낀다. 그녀의 남편이자 역자의 후배인 채경수 선생은 해양사에 대한 연구 관심뿐 아니라 손 선생의 반려자로 이 책 번역에 음으로 양으로 큰 도움을 주었다. 또한 고려대학교 역사교육과 대학원 수업에서 이 책을 강독했는데, 당시 수업에 참여한 장수민, 조상혁, 이제혁, 정광필 수강생은 흥미로운 토론과 자료 조사를 진행하며 번역 작업에 활력을 불어넣어주었다. 이처럼 여러 분의 도움을 받았는데도 여전히 해결되지 않은 번역문의 어색함과 혹시 있을지 모르는 오역은 전적으로 천학비재淺學非才한 역자 탓이다.

마지막으로 너머북스 이재민 대표의 안목과 인내에 감사를 표하지 않을 수 없다. 이 대표는 이 책이 출간되자마자 번역의 필요성을 확인하고 2015년 1월 브룩 교수가 한국을 방문한 기간에 역자에게 번역을 적극 추천하여 브룩 교수와 식사 회동을 통해 단숨에 한국어판 계약을 구두로 성사시키는 추진력을 발휘하였다. 그리고 지금까지 3년이 넘도록 역자의 게으름으로 지연된 번역의 완성을 기다리며 격려해주었다.

이렇게 여러 분의 많은 은혜를 입으며 또 한 권의 번역서를 마무리한다. 곧 이 책은 장정이 되어 한국의 주요 도서관에 입고될 것이다. 셸던 지도처럼 한국 독자들에게도 오래 기억되는 책이 되면 좋겠다는 바람을 가져보지만, 혹 그렇지 않으면 어떠랴. 오랜 시간 후 도서관을 뒤지던 누군가에게 발견되어 의외의 기쁨을 제공할 수 있다면! 이제 기억의 선택권은 저자와 역자들의 영역을 떠나 독자들의 영역으로 넘어간다.

2018년 10월

안암동 이족당二足堂에서 역자를 대표하여 조영헌 씀

찾아보기 》